◆ 八十生辰（2008年，加州花园住宅客厅）

◆与东北大学出版社社长郭爱民（右）、重点项目部主任牛连功（左）合影

◆2019年10月摄于天安门金水桥。1949年10月，作者作为大学生代表，在中共中央直属机关队列中，站在此处参加开国大典

◆ 辽宁社会科学院为作者举办贺寿宴。左一为辽宁作家协会主席王秀杰，左二为中共辽宁省委宣传部原部长沈显惠，右一为中共辽宁省委宣传部原部长王充闾（2008年）

◆ 曾祖父与曾孙女彭湘莱莫

15

耄耋集

彭定安文集

彭定安/著

东北大学出版社

·沈阳·

ⓒ 彭定安　2021

图书在版编目（CIP）数据

彭定安文集.15，耄耋集 / 彭定安著.— 沈阳：
东北大学出版社，2021.8
ISBN 978-7-5517-2356-5

Ⅰ．①彭… Ⅱ．①彭… Ⅲ．①社会科学—文集 Ⅳ.
①C53

中国版本图书馆CIP数据核字（2021）第124916号

出 版 者：东北大学出版社
　　　　　地址：沈阳市和平区文化路三号巷11号
　　　　　邮编：110819
　　　　　电话：024-83680267（社务部）　83687331（营销部）
　　　　　传真：024-83683655（总编室）　83680180（营销部）
　　　　　网址：http://www.neupress.com
　　　　　E-mail:neuph@neupress.com
印 刷 者：辽宁一诺广告印务有限公司
发 行 者：东北大学出版社
幅面尺寸：170 mm × 240 mm
插　　页：4
印　　张：14
字　　数：237千字
出版时间：2021年8月第1版
印刷时间：2021年8月第1次印刷
责任编辑：杨世剑
责任校对：周　朦
封面设计：潘正一
责任出版：唐敏志

ISBN 978-7-5517-2356-5　　　　　　　　　　　定价：63.00元

所谓《耄耋集》，即耄耋之年的文字集纳，但不是集纳多年的旧文出版于耄耋之年的意思，而是全部文字均系耄耋之年以后所写。从80岁到90岁的10年中，留下了这样一些文章，它们在一定程度上反映了作者本身暮年的生活状态、思想界域、情感波纹，客观上也反映了一些社会的、生活的、文化的与文学艺术的情状和积淀。这应该是本书结集的意义所在吧。

本书涉猎文章的类别较多，有论文、学术与文艺评论，有序跋、时文、杂忆及演讲，或叮称为"杂文集"；但其与已经成为专属文学形态称谓的"杂文"并不一样，只是各个方面的文章皆有而已。文章没有完全按时间先后排序。

事实上，笔者耄耋之年所撰写的文章远不止这些。有几篇长篇论文虽然写于近一两年，是年届九十之作，但是均按其内容的性质而分别收入各专题论集了。例如，《辽河文化略论》、《再论辽河文化》和《诗经：构筑中华魂元素的经典（上下）》编入《文化学与文化社会学》论集，《辽河：我为你歌一曲历史畅想》则编入《散文集〈秋日的私语〉及其他》中，等等。

彭定安

2021年6月

目录

九十抒怀[1]

"岁月不居，时节如流"，不知不觉间我已经90岁了。平生坎坷，竟能达此年岁，实在出于意料。我曾经婉谢一位朋友邀我口述、为我写少年时代传记的好意，当时心中想的是：连少年时代在内，我的一生太平淡又太平凡，有何可写？又太坎坷，无须诉说，也不愿回顾。

不过，我却由此想起"口述历史"这档子事。现在相当流行的"口述历史"学术工程，是很有历史意义和社会价值的，美国哥伦比亚大学在这方面做得很出色，他们所作顾维钧、张学良的口述历史，就是很有历史价值的文献。由此，我想到个人口述历史的意义和价值问题。

我理解，所谓"滴水映太阳"，"个体"之中"全息"地蕴存着整体的点点滴滴。比如，我的平生风雨、起落浮沉，都不完全是个人命运所致，而是有着时代的风云、历史的印记、社会的状况和文化的生态等蕴含其中。在这个意义上，一个人的经历，就不仅是个人的，而且在某种程度上

---

[1] 本文发表于2018年3月28日《沈阳日报》。

是历史的、时代的、社会的和文化的。就我来说，平生九十年，历经两个时代、多个历史时期，也接触到一些重大历史事件。从这"滴水"中，也还能够窥见一点社会情状、时代风云、历史行迹吧。只不过，我这个"滴水"，却是历史、文化内涵稀薄，不足道哉。

同时我还想起，从"口述"中可以述说一点人生体验的问题。我一直认为，人一生的起落浮沉、成败得失，皆取决于三个连接在一起的因素，即时代、机遇及个人的性格和努力。这三者缺一不可，而且要相互关联地发挥作用。而其中，重要的一环则是性格。性格即命运，确实如此。机遇再好，倘若性格忤逆，终会无用，遇而复失；时代条件再好，即所谓"海阔凭鱼跃，天高任鸟飞"，的确充满施展才华、为国奉献、取得成就的机遇，但如果性格不济又不知努力，终会痛失良机空悲伤。拿我来说，平凡一生中的成败得失、起落浮沉，皆与此三者及其综合的力量血肉相连。

关于长寿，我也想说一点体察。记得2005年，我去北京参加中央文史研究馆举办的"纪念抗日战争胜利60周年座谈会"。与会人士中，有著名画家、作家郁风女士。她当时已经90岁，但仍然身心健朗、行动自如、思维清晰。会间休息时我们闲聊，我问她："郁大姐，您高寿而又健朗，有什么养生秘诀？"她笑着回答说："我呀，就是个'没心没肺'！"说完莞尔一笑。这话表面上看简单而带着调侃意味，但我过后细思量，却觉得其中有深意。我想到了这位中外闻名的杰出女画家、作家的身边人。父亲郁曼陀，著名爱国人士，在沦陷期的上海，为保护爱国者、惩治叛国者，伸张正义，被日本侵略者杀害；叔父郁达夫，著名爱国作家，在日本已经投降时，竟被日本宪兵秘密杀害于苏门答腊，父叔均被人民政府追认为革命烈士；丈夫黄苗子，著名书法家、作家，也曾被放逐北大荒。可见，她是生逢坎坷、经过风雨的，俗话说也是"翻过筋斗"的老人。故此，她之所言，其实就是事关一己祸福得失，不能说一点不往心里去，但却能秉持家国情怀，摆脱一己悲痛，不伤心伤肺、过于伤怀，而能坚毅豁达。愚以为，应该是这个意思吧。于是我想到自己也该如此，甚至也曾经如此。多少次颇有发展前途的上好机遇丧失，多少回风雨载途前路茫茫，多少坎坷多少困顿，多少忧伤多少凄苦，还不都一一挺过来了，拂去"已经"的伤痛，排除面对的困顿，保持心理的沉稳、心境的安详，面对现实、面向未来，眷顾妻儿，沉住心性，打起精神来工作、读书、生活。这就是个"没心没肺"吧。说得文雅一点，就是范仲淹在《岳阳楼记》中所说的"先天下之忧而忧，后天下之乐而乐""不以物喜，不以己悲"。大而言之，就是抛却个人得失恩怨、喜怒哀乐，以天下为己任之谓。

然而，我还读到了另一种说法。那是著名翻译家、画家高莽先生说的话。他于91岁高龄去世。生前，他与一位年轻学者谈话，那位女士说，她想"做一年'没心没肺的人'"，高莽则回应说："别说你做不到没心没肺啊，就连我这么大岁数，想扔也扔不掉呢。"应该说这是"得道之言"，是从很高的思想修养境界来品味这种世俗的说法。他说得有道理，要真正做到"没心没肺"，即"不以物喜，不以己悲"，完全抛却一己之私，而以天下为己任，那是一种很高的人生境界，一般人很难达到。不过，虽不能至心向往之，但作为思想修为的目标还是可以的、需要的，而且是有益的。

当然，我的缓解与解脱，最主要的还是靠读书。读书，使我能够与古今哲人大师进行思想的对话，在他们的箴言教诲、宇宙人生真谛的体认及思想境界、人格魅力中，来受教、化解、升华，从书本到现实，排除思想的尘垢、消解精神的危机、安详地面对困顿，而循着他们的思想和人生足迹，锻炼修为，砥砺前行。

九十忆"平生三书"①

九十忆华年、忆平生，何所忆、何所思、何所得？

我忆念起"平生三书"。

真的，读书，惟有读书，曾经救我于精神的泥潭，豁免于思想的危机，而振拔心性，目光向前，虽说跌跌撞撞，却坚定不移地走过革命的

---

① 本文发表于2018年5月21日《沈阳日报》。

征途、人生的险滩、问学的旅程。记得有一次接受《沈阳日报》记者采访时，曾经述说过"平生三书"，即影响我的思想和灵魂的三本书。其实，那次所说，应该是第三个"平生三书"，此外还有三个。以下对它们的略述，既是我自身的温馨追忆，也期望或许可供人们借鉴吧。

第一个"平生三书"，阅读于20世纪50年代初期到中期，它们是《共产党宣言》、《马恩列斯思想方法论》（此书1951年购于齐齐哈尔）、《马克思主义与文艺》（周扬编于延安时期）。那是1950年冬，抗美援朝初期，为备战、防不测，需要疏散部分年轻干部。我从《东北日报》被分到了北国荒寒之地的克山县。由于没有采访任务，我便自学理论著作，第一本就是《共产党宣言》。初读它时就被震惊和吸引。其理论的宏达深邃、论列的开豁明朗、语言的流丽优雅，还有对革命的最高理想和对实现理想的全新叙论方略，让一个22岁的青年学子立时沉醉其中，引发了思想、理论与文脉的觉醒，并从此自觉地走向马克思主义道路。若干年后，我又相继阅读了中央选定的"干部必读12本书（马克思主义经典著作）"。后二书则攻读于1951—1953年，书上至今犹存稚嫩的眉批，是心得体会。故我称它们"启蒙三书"——启革命之蒙、启马克思主义之蒙、启学术之蒙，三者最终都是启人生之蒙。

第二个"平生三书"，则是《马克思、恩格斯论中国》、吴玉章的《论辛亥革命》和胡绳的《帝国主义与中国政治》。在第一本书中，马克思论述了小农经济与家庭手工业的"合成一体"，"这种闭关自守的村社……始终是东方专制政体的稳固基础"；马克思、恩格斯还分别论述了两次鸦片战争、太平天国运动及中国的革命走向。马克思指出，英国的大炮"迫令'天朝'与外洋接触"，它就像"严密封闭在棺材内的木乃伊一样"，迅疾腐烂，而革命就发生了，并成为"东方的曙光"。吴著和胡著则分别从辛亥革命和帝国主义侵略两方面论述了中国走向进步和革命的历史必然。它们除了历史知识的传输作用之外，更重要的是，在哲学和史学方面，尤其在马克思主义理论方面，给我以理论的启迪及学术规范的理解与感悟。故我称其"论学三书"。记得拙著《鲁迅评传》问世时颇获佳评，其中有评论认为，"作者于中国近代史有较深的研究"，论述起来"驾轻就熟"却鞭辟入里。能获此评便是得力于这"三书"。以后的诸多著述，也都蕴含着它们的"理论基底"及其潜移默化的影响。

第三个"平生三书"就是"救赎三书"了。那是艰困的20世纪50年代。我在被放逐之前，在机关内劳动，白天拉纸、运煤、掏大粪；晚上读书，主要是读鲁迅、读美学。日后我回忆道："我在最不美好的时候，寻找和研习美。"正是此时，我读到世界妇女运动领袖、德共领导人克拉拉·蔡特金的《列宁印象记》。其中写道，列宁批评蔡特金为当时犯错误的德共领导人保罗·李维辩护，并指出，李维"暂时脱离政治生活"，"那可以成为一个潜心研究和自我了解的时期"。斯时也、斯夜也、读斯书，而猛然觉醒，好似电闪雷鸣，轰然惊诧猛省："潜心研究"！这不正是自己今后应该选择的道路吗？于是，尔后几十年的岁月中，就在这"四字箴言"引导下，走过人生道途，直至如今。第二本书是德国领导人、杰出的马克思主义理论家罗莎·卢森堡的《狱中书简》。她在狱中写作不自由的情况下仍寄出许多书信。在面对苦难和死亡的时刻，她书写阳光、鸟雀和小草，表现出为革命牺牲前的坚定、沉稳、乐观的情怀。她写道："我怀着必要的开朗、沉着的心情去承担命运的一次次坎坷"；"人们在社会演进中也要像在个人生活中一样，必须镇静、豁达、面含微笑去对待一切"。她的教诲，均入我心。再一本，则是被德国法西斯政府杀害的、工人出身的德共领袖恩斯特·台尔曼的《台尔曼狱中遗书》。他在自述经历时指出："德国历史，童年时代的磨练，对人们生活过程的观察，唯有这些才是我的导师。"这是台尔曼的教导，使我认识、体会到个人的成长和命运与国家历史、社会生活及自身的磨练分不开。在人生的关键时刻，集中读到的这样三本书，虽然都是小册子，但却成为我的革命征途、人生道路的"导引大书"，指引身处困顿、尚未到而立之年的我，驱除心头的阴影，避免精神的危机，排除思想的困惑，而振奋精神、砥砺前行，去正确认识"小我"与社会、家国、历史的关系，而选择向上的精神择取和正确的人生道路。因此说它们是我的"救赎三书"。

第四个"平生三书",则是最近二十几年中阅读并研习的起引导作用的学术著作。它们是斯宾格勒的《西方的没落》,雅克·巴尔赞的《从黎明到衰落西方文化500年(从1500至今)》,以及马歇尔·伯曼的《一切坚固的东西都烟消云散了:现代性体验》——主要是其中的第二章:《马克思、现代主义和现代化》。马克思揭示和批判了资本主义与文化的根本矛盾,因为它改变了人们相互之间的关系及与自身的关系;它"把个人尊严变成了交换价值"。而斯宾格勒则在20世纪伊始,就唱响了西方文化没落的丧曲。巴尔赞则在21世纪,以大量的事实揭露并论证了西方文化没落的命运。他们共同引导的结论是:人类文化要走向新的途程。中国现今正大步走向世界、立于世界舞台的中心,中国的文化自信,以及不断为世界提供中国智慧、中国道路、中国方案等,则正体现了这一人类文化发展的大趋势。这是我近些年来探求的学术视域,故我称它们为"探索三书"。

九十回首,往事前尘,所思无垠。然而至今思平生,难忘书中情。我还将读书以度余生,仍将在读书中思索进益。这就是我从海德格尔的哲思中凝练出来的我的"'存在'的'此在'性"和"'此在'的'存在'性"。

几经"书灾"(离城下乡,净身出户)、数度搬迁(从城市到边陲),几番赠书,捐出百分之九十的藏书。而此四个"平生三书"中的前三个"平生三书"中的9部著作,历经数十年人生风雨,至今犹存。虽然书封破损、书页萎黄、印迹模糊,但思想与精神之光,熠熠生辉,始终照亮我的心灵和回忆中的坎坷人生。

我欲从书中寻觅、演绎、凝练,并结合现实生活,以文字的形式呈现自己的思想、意绪和情怀,以奉献人间。

学行自述

一、绪言

今逢生辰九十，再次追述学术生涯的蛞蝓行迹，感叹无限，所思良多，有书不尽言之慨。1978年，我在颠沛流离20多年之后，才回到城市、回到工作岗位，并且得以进入科研机构，从事专业学术研究。这是50岁以后的事情，至今算来已逾40年，其中包含离休后的30年。岁月流泻不居，年岁日益滋长无休，我所能够倾尽全力、聚精会神地从事学术研究的"纯时光"，不是很多。所以所谓"学行自述"，"学行"的时光是并不多的。许多著述是在繁忙工作中挤时间撰写的，犹记得很多文字常常是在夜晚、清晨、旅途，甚至是在病中赶写的。

我常以蒲公英自比，并写过散文《荒原上一株蒲公英》，陈述胸怀。追述平生，略而言之基本如此：青春岁月，陷入"右派深坑"；哀乐中年，"文革"风起，再次遭难，40岁全家下乡插队，一去十载，如我自己所写的"十年荒原弃置身"；行年五十，始回城归队；年届半百才过上正常的生活，才能正常地学习和工作，才能正常地做研究、搞创作。这样的生存境况，是颇为类似在荒原上生存、"挣扎"并奋发的蒲公英的，所以我一直以"蒲公英意念"为人生圭臬，期盼默默开出平凡花，默默于世能有用，默默挣扎追求人生意义和生命价值，哪怕尘芥之微，终非为一己存活。60多年来，我的学术生涯、创作经历所获成果，就好比繁花似锦的学术-文化百花园外，"离离原上草"上，甚至是茫茫荒漠里的一株蒲公英，它微末而谫陋，但它奋斗了、尽力了、奉献了，终究是一粒籽实。区区此心，天地可鉴。

二、少年读书积心储

1928年农历十一月，我出生于江西省一个古老的文化小镇——鄱阳县鄱阳镇。说它古老，是因为它在秦代就设立县治。它具有深厚的文化内蕴，很多古代文化名人均与它关联，或出生于此，或出任此地，或吟咏过它，如吴芮、李白、陶侃、范仲淹、颜真卿、洪浩和洪迈父子、姜夔（白石道人）等。我就出生于这样一个古老文化城里的一个中落书香之家。我从小受故乡传统文化的熏染，熟记家里门庭上的楹联："忠厚传家久，诗书继世长"，时常仰望挂在侧门顶上的早逝父亲的遗墨"觉园"。这些文化遗迹与汁液，浸润了一个穷苦中生存和求学的少年的心。没落书香家，穷的是钱，富的是书。在那中西合璧式二层楼房的老屋里，我的卧室与书房相连，环屋皆书。老式的书柜装的是线装书，拉动式书柜门上刻印着"茹苦含辛""含英咀华"等劝学励志的格言。父亲留下的古书占多数，长兄、姐夫存放的则是现代著述和时兴刊物杂志。我在学业之余，就徜徉、游弋于这些书的世界里。至今记忆犹新的是一些知识的碎片：邹韬奋的《经历》和范长江的《中国的西北角》是我最早读到的新闻记者的著作，也是勾起我的"记者梦"的诱惑之书。那些著名作家如冰心、徐志摩、朱自清、俞平伯等的散文，更有鲁迅的作品，是我最初饮入的文学甘汁，也是诱发我的"作家梦"的灵泉。鲁迅在《呐喊·自序》中的那段话，刺中了我的少年忧患心，它印证并启迪我认识和体察人生的苦况与凄凉。书中是这样写的：

> 有谁从小康之家而坠入困顿的么，我以为在这途路中，大概可以看见世人的真面目。

这话语让我联想到自己的家世和贫困生活及世态炎凉，而它引发的不仅是悲戚和忧伤，更有对人生体验和抒发这种体验的抒写萌动。

当然，《千家诗》《唐诗三百首》《白香词谱》《绝妙好词》，都是不时翻读、偶有背诵的诗词选本。我经常翻阅的刊物有当时流行的《良友画报》和《东方杂志》。前者引导了我对美术的爱好，后者则是看不懂而瞎看的刊物。我至今记得在《东方杂志》中读到过一篇关于农村调查的报告文本，其内容对于一个中学生来说，是完全不能领会的，但我对那篇文章，即学术文本本身却颇有兴味。这是我第一次感触到学术文字的浸润。以后，应该是从初中到高中的时期，课外阅读了比较多的中国现代文学作品，直到接触到俄苏文学，如《毁灭》《铁流》《静静的顿河》我都囫囵吞枣式地读过。美术方面则迷上丰子恺，竟临摹了一本《丰子恺漫画集》，还临摹过法国农村画派画家米勒的《初步》。而学术著作则陆续读了艾思奇的《大众哲学》，潘梓年的《逻辑学》，翦伯赞的《历史哲学》，狄超白的《经济学》。吴恩裕的《马克思的政治思想》则是我读的第一本有关马克思主义的图书（但它不是正宗的马克思主义著作）。恩格斯的《反杜林论》竟曾啃过，因为那时的大学进步学生中，特别是地下党员中，流行读它（还有尼·奥斯特洛夫斯基的《钢铁是怎样炼成的》），我也就受他们的影响先后拜读了。当然读不懂，但知道了这本马克思主义经典著作的重要意义。

从中学时课外阅读图书的系列和范围，可以看见我初始知识结构的驳杂和浮泛。这种知识基底，决定了我此后的发展路径。

还有五个故事，是我在课本上或课外阅读中读到的；读后就进入我的脑际以至心灵，而至今不忘，时常忆起。我曾以《润我心灵的往昔故事》为题，记述过它们。

第一个故事我清楚地记得是在课本上学的，题目是《了海和尚》。故事讲的是两个深山古凹里的小山村被一座大山所阻隔，附近寺庙里的了海和尚发誓凿通山体开出隧道。他独自一人，铁凿一把，日日夜夜，孤灯人影，开凿隧道，经年累月，终于成功。教科书上附有一幅插图：黝黑的山洞、如豆的孤灯，瘦骨伶仃的了海举着手臂凿山。这画面深深打动了一个少年的心，"了海精神"从此注入我的心灵。

第二个故事也是教科书上的，名为《鸽子医生》。故事说的是一个乡村里有一位医生，带着鸽子、骑着自行车行医，看过病、开了药方，就绑在鸽子腿上放飞回家；取了药，鸽子再飞回病人家。如此周济穷苦乡民。一次，鸽子照旧携带药方飞回，又取了药飞回病人家。不幸的是，在飞行路上它被顽皮孩童的弹弓击中了，但它负伤飞行，坚持到底，等飞到病人家后便倒地不起。它为拯救他人慷慨付出了生命！书上也有一幅插图，是鸽子倒地的场景。我记住了这个感人的故事，尤其那幅简陋的插图，竟深深刺入了一个敏感少年的心。那牺牲的鸽子舍己为人的精神，一直留在我的心里，并不时忆起，直至今日。

第三个故事很可能是课外阅读的一篇外国小说，题为《燕子南飞》。故事述说一群燕子南归飞过一座小城时，停留在广场的大时钟上，却有几只燕子钻进了时钟的内里，站在了齿轮上，导致时针运行缓慢了，于是一系列悲剧接踵而至。因为全城人以这时钟为行动的指导，因它变缓，有的人因迟到而被解雇，有的新郎因婚礼迟到而被分手，等等。偶发事件和命运捉弄人，芸芸众生为细小的意外而命运跌宕，可怜可悯。这是我当时幼小心灵的一点模糊印象和体味；而日后，则连同自身的命运有着切身的体认，而咀嚼、而感叹、而惆怅。

第四个故事应是外语课外读物上读到的，题目为"Too dear for the whistle!"（得不偿失）。这可能是美国科学家富兰克林的故事：他的一个小侄子，常常到书房来玩闹，很是影响他读书和科研。那么，怎么引走这小家伙呢？他想到买一个口哨给他。果然，孩子不来闹了，但是，他却整天在屋里屋外吹个不停，比进屋来还要更闹人。于是富兰克林慨叹道："Too dear for the whistle!"这样一个蕴含人生体验的故事，对于一个少年来说，也就只能算从字面理解"得不偿失"而已。而以后的长期岁月中，我不断记起这则故事，因为时常会因为解释一件误会、修正一个小错、纠正一个偶犯，而惹起更多的误会、更大的麻烦和更甚的错误，这真是为了消除小事而惹起更大的事，我甚至觉得那语句不如直译好："太贵了为了那个口哨！"

第五个故事就更深奥了，题目是"Life is suffer!"（生命即受苦）。故事讲的是一位国王忽发雄心要读天下名著，便令大臣们精选。大臣们通过数年努力精选天下精粹，用七匹马驮来；国王摇头，抱怨书太多，令大臣再精选为一匹马驮来的书给他读；大臣们再次历经数年努力精选出用一匹马能驮来的书，国王仍然嫌多，让大臣们将其结集成一本书，供他来读；大臣们遵命，又努力数年汇总为一本书，敬呈御览；可是国王垂危，只好说我读不了啦，你们用一句话告诉我吧；大臣们紧急商讨，汇总出一句话进奏国王："Life is suffer!"（生命即受苦）。这深奥的生命哲理，远不是当时一个高中生的我所能领会的，我只是很欣赏那种叙事策略：一步步进展、深入、精萃化，最终"图穷匕见"，道出真谛。不过在经历人生风雨、见识世事倥偬之后，我却逐渐领略到一些其中的滋味，而"真谛的彻悟"，则是哲人大师悲天悯人襟怀与超越自我、超越世俗的"天地境界"，唯彻悟者如庄子所云"真人"方能领会。

从少年到弱冠，这五则中外故事，注入我的心灵深处，始终难忘，至今仍不断回味与思索。它们成为我思想与文化-心理基质的最初的文化元素，并投射于我的生平与学行之中。

三、风雨途程述平生

1949年5月，南昌解放，我参加中国人民解放军，在二野四兵团文工团任宣传员。同年初秋，入北京新闻学校学习（那所学校招收高中毕业、大学肄业及大学毕业的学生，还有已经在《大公报》《文汇报》担任过记者的，实际具有高等学校的资质）。在这里，除了接受革命教育，我还先后谛听了胡乔木、范长江、杨献珍、吴冷西、黎澍、叶圣陶、金中华、萨空了、狄超白、丁玲、胡华、彭子冈等著名学者、理论家、新闻记者和作家们的报告，获得当时最新也是高层次的政治、思想、文化、学术的信息和知识，并接受其进步影响。印象最深的是黎澍的报告。他当时的身份是新华通讯总社资料室主任。他一席精彩的报告，让许多同学对资料工作产生极大兴趣，竟纷纷表示毕业后要去当资料员。这是当时的报告对青年学生的思想影响的一例。

1950年毕业后，我被分配到《东北日报》担任文艺编辑。此后，大区撤销，《东北日报》改制为《辽宁日报》，依旧做文艺编辑。就这样，在新闻工作岗位一干20年，这算是圆了我少年时代的"记者梦"。1956年，我国第一次也是唯一一次招收副博士（即硕士）研究生。我因政治上不受信任，决定"一心向学"，参报考试，得教育部特许获准报考。但因是"审干对象"，未获批准报名而作罢。但从此萌发"学者梦"。

回顾20年新闻工作历程，编发稿件数量堪称巨大，发表的自作也不在少数。但可一述的大约只有两件事：鲁迅研究与雷锋报道。

1954年在《辽宁日报》发表《对怎样学习鲁迅的几点体会》（1954年10月19日），这是我"写鲁迅"的第一篇文章。1956年为了纪念鲁迅逝世20周年，在《辽宁日报》上连载了长篇文章《鲁迅的一生》，类似鲁迅传略。这是我第一次全面书写鲁迅生平。1962发表鲁迅诗选释一首（《读〈赠邬其山〉》）。总其事，这算是我的持续终生的鲁迅研究的滥觞期。

另一件则是影响巨大的雷锋报道，即报告文学《永生的战士》的写作与发表。此文既是雷锋事迹的第一次全面、系统的综合性、总结性书写，也是首次总结、提炼雷锋精神的实质：助人为乐，发扬共产主义风格。该文于1963年1月8日见报，引起巨大轰动。后经《中国青年》杂志提请毛主席题词获允，3月5日，毛主席的"向雷锋同志学习"的题词发表，一场全国性学雷锋活动轰轰烈烈展开，至今坚持，并产生众多学雷锋先进模范人物。这算是我20年新闻从业经历中的一次光荣记录，堪慰平生。不过，"文革"风起，我再次被打倒，这一报道竟被诬为"一株不折不扣的反毛泽东思想大毒草"，罪加一等。

学雷锋活动兴起后，挚友李宏林邀我一同创作电影剧本《雷锋》，他是剧作家，我熟悉雷锋，正所谓"珠联璧合"。长春电影制片厂一审通过并决定立即开拍，省剧协答复："二人都是右派，事关'什么人占领舞台'，剧本决不可用。"于是第一部表现雷锋的电影胎死腹中。

也是在1963年，我花费整整十年业余时间积累历史资料、酝酿腹稿、黾夜写作，创作了电影剧本《忠王传》。寄呈我熟悉的革命前辈、时任中宣部副部长张磐石。他初步认可，又交周扬同志过目。周扬指示："可作为电影文学剧本先行发表。"我于是寄给著名导演郑君里，他又嘱我寄海燕制片厂文学部主任石方禹审读。结果因种种原因退回。我的"'地下写作'问题"于是暴露，遭到内部"小整风"批判。"文革"中，又因此增加"为叛徒树碑立传"的新罪名。

不过，1956年萌生"学者梦"之后，我业余时间一直在悄悄进行这方面的努力。1958年以戴罪之身劳动，拉纸、运垃圾、掏大粪，但坚持晚间"夜读"。幸哉斯夜，美哉斯夜。某夜，我读克拉拉·蔡特金的《列宁印象记》，其中记：蔡特金为犯错误的德共领导人列维辩护，列宁批评她，并指出，列维离开政治的旋涡，正是他"潜心研究和认识自己的时期"。啊，"潜心研究"！如雷轰顶，电光一闪，击醒了我，照亮了我。"潜心研究"四字箴言，不正是我今后应当选择的人生道途、为革命继续工作的光明正道么？于是，我开始正式研习向来喜爱的文艺理论和美学。在自身最不美好的时候，寻觅"美与美的规律"。蔡仪的《美学》、朱光潜的《文艺心理学》、车尔尼雪夫斯基的《生活与美学》、普列汉诺夫的《没有地址的信·艺术与社会生活》等均是此时夜读的"心灵的辉光"，我还写下了不少美学笔记和以《美学遐想》为名的美学随感，可惜均失落于"文革"时期。收到1958年版《鲁迅全集》后，我一本本捧读，时有所得。就此二种研习主题，我先后撰写了《论形象思维早于逻辑思维》和《少年鲁迅》、《中国革命历程与鲁迅思想发展》等文，当时发表无望，但均在20世纪80年代先后于学术刊物上发表。

从1950年起，我正式地研读马克思主义经典著作。1950年，推行干部学习制度，分初级、中级、高级三个等次。我按资历本应该在初级组，最多在中级组；但我却被分配到高级组，与社长、总编、副总编和总编室主任等主要领导干部在每周三的学习日一起学习。

但，"文革"终止了我的这一切。

1969年，我被宣布"与原单位脱钩"，办理"五带"（带户口、工资、粮食、党员和团员关系）手续，举家远赴昭乌达盟敖汉旗一个深山沟里的生产队插队落户。此一去，十年飞度。正如我自吟所云："十年荒原弃置身，边陲深寨服沉沦。"

第二次"书灾"中，我的藏书被抄家、贱卖一扫而空，除《毛泽东选集》之外，只留下《鲁迅全集》一部供我继续研读。犹忆塞外北国，寒夜冷寂，孤灯人影，在农村大队部卧炕拥被，捧读鲁迅著作的情景与心绪。"弃置之身"，却"位卑未敢忘忧国"，犹追随鲁迅的笔墨宏文，徜徉驰骋于中国、世界、社会、历史、文化、人生的广袤天地，思绪绵绵，时有心得体验。再后来我被按"改行分配，就地消化"的政策，分配到旗农业局，每年四季拉练奔走于全旗24个公社。敞篷汽车，加之碌碌道途，对于晕车的我，诚为畏途，但我只能顶风冒雪，挺立车头。为排除晕车、寒冷和内心积郁，我暗中背诵鲁迅诗作，后又一一在心中注释、翻译为白话，等夜驻公社或大队后，再在昏暗电灯以至油灯下记录下来，如斯而成《鲁迅诗注释与白话翻译》一书。后又草拟《鲁迅杂文读本》，选鲁迅重要杂文详注并解读、诠释，但篇札零散未成著述。前者后来成为我的第一本鲁迅研究著作；后者则为尔后撰写《鲁迅评传》积累和整理了资料。

时光匆匆，世事变幻。1978年，在世道巨变之后两年，我才得以回城，时年整50岁。调令让我回辽宁日报社，我则去意已决，执意从事学术研究，便怀揣一纸调令，坚持半年未曾报到。还好终获批准，进入新组建的辽宁社会科学院工作。从此，我心无旁骛，于行政工作和社会活动之外，悉心致力于研究工作，迄今已逾40个春秋。

四、耄耋回首愧学行

冯友兰在他的《三松堂自序·自序》中说，古之著述，每常附以自序，以"述先世，叙经历，发凡例，明指意"，由此而"知其人，论其世，更易于断其书短长之所在，知得失之所由"。我在前面，略微记述了此论的前半段，即略述经历途程，然岁月悠长、历经坎坷、为学艰辛，而事繁文短，言不及万一。而后半段，仅略窥"其人""其世"，略知"其书之短长所在"与"得失之所由"而已。

秉此，我分领域略述平生著述如下。

（一）鲁迅研究：起点与终点

我的第一部鲁迅研究专著，是被我称为"春天的第一只燕子"的《鲁迅诗选释》（以下简称《选释》）。这就是那部在汽车颠簸中"意著腹稿"的修订本。如果这算是我进行鲁迅研究的正式起点，那么，《鲁迅学导论》则权且算是"终点"。这里所谓"起点"与"终点"，都是取概而言之之意，并非"写实"。《选释》之前有过数篇关于鲁迅研究的文章，包括长篇连载的《鲁迅的一生》和广播电台连播稿《鲁迅的生平、思想与著作》，而《鲁迅学导论》之后，我还写了通俗读物《〈呐喊〉解读与诠释》一书和长篇论文《鲁迅：现代中国的民族寓言与民族文本》，并产生比较广泛的影响。但总体上，在大的研究格局上，是这么一个起讫机制。

《鲁迅评传》问世之后，又陆续出版了数种鲁迅研究著作，它们是：《在世界的海边——鲁迅的少年时代》、《鲁迅思想论稿》、《突破与超越——论鲁迅和他的同时代人》、《鲁迅杂文学概论》、《走向鲁迅世界》、《鲁迅：在中日文化交流坐标上》（主编并撰写主要部分）及《鲁迅学导论》。

《突破与超越——论鲁迅和他同时代人》一书，被评论认为开辟了一个鲁迅研究的新领域、建构了一个"鲁迅研究群落"，季羡林先生谓："研究鲁迅者多矣，这样研究的还不多见。"（致作者信）。《鲁迅杂文学概论》一书则是第一部全面梳理、研究、评述鲁迅杂文的专著。

除研究专著之外，还先后发表了数十篇关于鲁迅研究的论文，分别收入《历史的灯影》[见《彭定安文集》(第4卷)] 和《鲁迅探索》[见《彭定安文集》(第5卷)] 中。

总体上,我在历史、社会、时代、家族的广阔背景并结合鲁迅独特生活经历与心灵历程的视角下,探索和描述"鲁迅之诞生"与"鲁迅的世界",并陈义"鲁迅如何做人以及教我们如何做人"。在此基础上,解读和诠释鲁迅的思想特色、艺术思维、创作心理,以及作品的思想创获、审美特征与社会效应。在社会学、文艺学、美学、创作心理学、传记学以至接受美学与比较文学等多元化、跨学科基础上,构筑了一个独具特色的鲁迅世界及其作品的诠释框架与理论范畴。

评论认为:我的系列研究著述,对"鲁迅世界"的研究与诠释,具有新的视角,开辟了新的领域,具有新的开拓与建构。而且,著作的资料翔实、论证严密、富有理论色彩,语言生动流丽,并具"自身情怀"。有论者评论《走向鲁迅世界》时指出:"作者兼备诗人与学者两种素质,著作熔诗情与学术于一炉。"(见《人民日报》1993年2月9日)

1981年,我首先提出创立"鲁迅学"的倡议,后又多次论述鲁迅学的形成及其内涵、特征和结构等,还发表了《"鲁迅学":中国现代文化文本的理论构造》等数篇重要论文,为鲁迅学理论体系的构建,奉献了一己之力。当前,鲁迅学已为学界认同并有鲁迅学论文与鲁迅学史等著作问世。

(二)中国现代文学:宏观研究与史的探索

我从鲁迅研究起步,进入鲁迅世界,就必然进入中国现代文学,因鲁迅乃"中国现代文学之父"。我这方面的研究,侧重点和特点是对课题进行宏观的、综合的、比较文学的以至世界视野中的研究。我的关于中国现代文学之产生及其"对现代性的追求与创获",对20世纪世界文艺思潮在中国之传播、接受与消解,以及中国现代文学分期等问题的研究,均被视为"有独到的研究与见解",为学界所瞩目。

我被研究界视为"第二代中国现代文学学者"。我既亲炙过第一代现代文学学者李何林、唐弢、王瑶诸先生的教诲,也与同辈学者有思想与学术的交流。在应邀为《第二代中国现代文学学者自述》撰稿时,我倾诉了对中国现代文学研究的寄情与执着,这是因为中国现代文学与中国革命、中国人民的求解放、争自由的运动和命运血肉相连、运命与共。它具有不同于一般文学的思想力量与精神价值。它培育了一代又一代革命者与知识分子。这是我对中国现代文学史的基本定性与价值评断。所以这不是一般的学术研究，而是与现实、与人民命运、与革命进程的研究紧密联系的研究。

（三）美学与艺术心理学：边缘与创辟

美学研究可以说是我的整个研究体系中的边缘。我一直钟情美学与美学研究，但被鲁迅研究"挤兑"，还有其他各项现实性更强的学科研究占了先风，以后，则由此转向文艺心理学的研究，而疏忽了对美学的继续深入研究。因此，除了几篇短小的美学论文之外，只出版了一本仅有十几万字的著作——《美的踪迹》。其主要意旨是从人类生产与生活的实践中，对作为客观美好事物的反映和对具有美的结构的产品的体察，而产生美感，即从马克思所论述的"自然的人化与人化的自然"中，启迪对美的感觉和欣赏能力（审美能力与审美理想）。这种从人的美感产生的历史中，探索美的产生及其有关的规律，是一种唯物主义美学观的美学理论。本可以据此展开对美的全面探讨，而建立一个属于自己的美学理论体系。但由于上述的原因，我在此止步了。

后来，我转而进入创作心理的探讨，这确是具有创辟性的研究。60万字的专著《创作心理学》，不同于当时还限于单篇研究的格局，它依凭心理学、艺术心理学、美学、创造学、传记学及比较文学等多种学科，对作家的创作心理展开了全面、系统、深入的研究，不仅探索了创作心理本身，而且研究、评述了创作心理形成的过程和规律，还研究和论述了创作心理在作家创作时如何运行及运行的机制与作用力。特别是，其中创辟了一系列创作心理的理论命题与范畴，它们是：创作心理的"四大家族"（自我家族、意识家族、感情家族、记忆家族）、创作"十魔"（从创作冲动、潜意识与梦到悲剧意识等）、创作心态"十佳"（从强迫状态到自由感、顶峰经验等）。

该书出版后得到了广泛好评，有评论指出，此著之问世，是"艺术心理学这一新兴学科在我国趋向成熟的标志之一"，也被有的大学采用为教科书。

（四）比较文学：倡议、实践与终结

1981年，我国正式输入比较文学学科研究，我即兴趣浓厚，投入这一新学科的研究并首倡成立辽宁省比较文学学会，培养了在省内与国内应属第一批有成就的比较文学学学者。

论文《鲁迅的〈狂人日记〉与果戈里的同名小说》属于影响研究的学域，入选了国际比较文学学会第13届年会（德国·慕尼黑），我应邀与会；后又撰写论文《两种民族心态、文学气质与接受意识——〈三国演义〉与〈战争与和平〉比较研究》，这属于平行研究的主题学与接受学研究，入选国际比较文学学会第15届年会（加拿大·埃德蒙顿），我应邀与会。此外，属于比较文学研究成果的论文还有《鲁迅的艺术思维与艺术世界里的中西文化》《20世纪世界文学思潮》《20世纪中国文学》《在世界格局中的我国当代文学》等。

我在比较文学研究方面的主要成果是93万字的专著《鲁迅：在中日文化交流坐标上》（以下简称《坐标》）。此著我担任主编，并邀请了几位中国现代文学学者和日本文学研究家参加，由我拟定全书写作提纲与章节目录，然后分头撰写，我再修订、补充并统稿、定稿。我撰写了《绪论》和《结束语》及第三、四、五、八章内容，并对第六、七两章内容进行补充。

在这同时，我还接受和学习了接受美学的理论，并在研究实践中与比较文学一起运用。《坐标》一书即是如此。

《坐标》问世后，我属意其他方面的研究与撰写，几乎不再撰写比较文学的论著，故称"终结"；但在研究工作中，时常贯穿着比较文学和接受美学的论域和理论、命题和范畴。

（五）文艺理论-批评："立体型文学批评"的践行

我的文艺理论-批评活动，是在学术研究之余，应约或有感而发写作和参与的。我在持守马克思主义文艺理论的基础上，比较广泛地接受和"以我为主"地运用西方诸家文艺理论-学说的资源。我坚守文学的社会-历史根源的本性，进行文学理论研究与文学批评。我提出了"立体型文学批评"的标的，其内涵包括：（1）生活→作家→作品；（2）作家→作品→读者；（3）作品→评论→读者；（4）作品：文学评论→文学理论→文学史；（5）生活→作品→评论；（6）作品（评论）：见识→理论→文采。先后发表了数十篇理论文章和文艺批评，均收入《历史的灯影》[见《彭定安文集》（第4卷）]。

（六）文化社会学：文化-经济-社会发展与转型

我在这一学科领域的研究与跋涉，可谓视域广泛、驳杂、深入，涉及历史、时代、社会、经济、文化、生产、生活等各方面，研究范围涵盖国内和国际。有评论指出："彭定安先生的学术思想和理论框架，正是站在发展社会学的学术场内，逐一对文化学、人类文化学和文化社会学进行自己卓有创见的深入研究。""特别近十多年来，从彭定安先生发表的大量著述中，我们可以看到，他对建设具有民族特点的马克思主义社会科学体系和开创新的文化研究已有深思熟虑的见地；他的关于从传统到现代的文化比较和现代化与现代人的文化社会学研究，已有大量文章发表；他的关于经济社会发展战略的文化思考表现出超前的现代意识，以及他对中国现代化过程中出现的社会热点难点问题的评析等，都构成彭定安先生学术思想的主体。"近年来，我先后发表了应当重视环境保护、敬畏自然和"将环境成本计入DNA"等论说；在《光明日报》发表了《当代人类文化发展与十大趋势》的讲演文稿。

我在这方面的研究与论著，主要在于探究在世界遽变-文化转型的时代潮流中，将中国纳入世界格局，研讨中国经济-社会-文化从传统到现代创造性转换中的问题和应有走向。

（七）文化学研究：宏观文化的发展与人类文化的走向

对于文化学的研究，我没有执滞于一般性学理研究，而是从现实出发，立足现实问题和状态探究发展的路径与方向，故重点和着力点在于传统文化向现代创造性转换、传统文化对现代化的选择和现代性对传统文化的选择，由此涉及人的现代化这个重点的现实问题，并将文化比作社会运行与社会性质的"软件系统"，而探求其作用与终极价值。由于从现实出发、立足现实问题，必然面对时代思潮、国际文化，因此，把中国文化纳入世界文化整体格局、纳入人类文化发展的大趋势中来考察。由此也进入整个人类文化发展的趋势、走向与问题的研究领域。

（八）社会科学学：学习、探索与期盼

对于社会科学学，我曾经涉足并有零星的与略带系统性的研究和论述，其中包括参与撰写我国第一部（目前可能还是唯一一部）"社会科学学"专著——《社会科学学》。关于我在这方面的研究与成果，有论者指出："他对于社会科学学……研究，也多有自己独具个性的深思、筹划与建构，虽无专著，但那些散在篇章，亦自成一完整、周密的系统，具有深刻的理论意义与重要的实践意义。"

在集体著作《社会科学学》一书中，我撰写了重点章节"社会科学的历史发展"，首次梳理和简述了社会科学的发展历史。其中，概略叙述了社会科学发展的基本线索、轨迹与分期，以及中国社会科学发展的民族特点。

多年以来，科学学研究沉寂下来，社会科学学更无人问津了。但社会科学学研究意义重大，我期盼其再次引起学者的重视，进而对其开展卓尔有效的研究。

（九）文化选择学：寂寞的探寻与潜在的意义

《文化选择学》一书是立足选择，对文化对于人类整体与个体的成长的根本性、本质性意义与决定性作用的探索。我立足于马克思关于"人化的自然和自然的人化"的论证，以及恩格斯关于"劳动在从猿到人过程中的作用"的论证，从文化学、文化人类学、心理学、社会学、选择学以至创造学等学科的角度，对此论题进行了历史的、社会学与文化人类学的系统研讨，得出了人类的成长和人的个体成长都是一个漫长、复杂、深邃的文化选择过程的结论。我提炼了一个系列性选择机制与构成及其成效的命题与范畴，其中重要的有："食与色：人类文化开窍的两支金刚钻与文化选择的两块基石（需要圈层）"；"天、地、人、神：文化选择的四重结构（精神圈层）"；"人类文化选择的'四大家族'：'生命、世俗、审美、科学'的文化选择"；"文化选择（狭义）的'八支房'：哲学、艺术、科学、技术、教育、宗教、思维、情感"；"人类文化选择的'五朵金花'：游戏、巫术、宗教、艺术、科学"；"'七星高照'——人类文化选择的'技巧'、杠杆和方式：语言、技术、仪式、神话、习俗、象征、转换"；等等。这些命题和范畴，概括和提炼了人类整体和个体人的文化选择的全面性、系统性、理论性过程和规律，对于现在教育培养儿童、促进少年健康成长，对于初、中、高等教育对人的成长与人才培养的战略思维与方式方法，对于人们的自我成长，均具有战略性与战术性的指导意义和功用。

有一位艺术研究专家和文化学家，对于此著予以青睐，"常翻和取用"云云，此说令我欣慰；但向来均被轻忽与弃置不顾，则令人感到遗憾与寂寞！

（十）"沉潜往复，从容含玩"：读书记与读书笔记

王元化先生曾多次提及并赞誉熊十力的"读书圭臬"——"沉潜往复，从容含玩"。我亦以此为读书精要，而力求践行之。其"果实"则有《安园读书记》与《安园读书笔记》两书之问世。

《安园读书记》收录的文章有关于一般读书的，有书评、评论、购读记及自己著作的序跋等，还有一般文化散论。其中"阅读五议"，还有一点理论意义，它们是：《阅读：双向互动的创获过程》《阅读策略》《阅读活动：开掘与释放》《成为'读者'：接受与效应》《冲破阅读的樊笼》。其中有"三议"曾发表于《东北大学报》，引人注目，有的教授剪报留存。

《安园读书笔记》则是将数十年的读书笔记选择整理成书。因为我的初意只是自己写下读书心得体会，无出版打算，所以散乱无章，不成系统；但却"自由潇洒"、放言无忌，行文尚属洒脱形散一路。多数在摘录之外，都有读书的接受、感应、启发、思索与发挥。不少读过者说："放置床头案边，时而翻读一二则，随意随情，倒还轻松，有一点兴味。"

犹忆撰写《创作心理学》时，引用有关著述，全凭手边好几本有关心理学、创造学、艺术心理学、美学、接受美学、比较文学等学科的笔记及自己读书的感应、记录与发挥，60万字的著述，"一泻而成"，竟无一行改动。笔记之功卓著焉。

（十一）决策建议：发挥功效的与散落无为的

我长时期担任辽宁省委、省政府的决策咨询委员，还曾担任过几个市的决策咨询委员，写过不少决策建议。我的一些文章，也有不少带有

建言献策的含义，如《探讨发展战略要拓展思维空间》《重构文化市场的内涵与范型》《多方位开放观念与城市建设》《要将'环境成本'计入DNA》《一个社会课题：建立现代礼仪庆典》等。因是报刊文字，实际效应是否存在，不得而知。但这些建议还是有现实意义和实用价值的。

虽然都曾在《咨询文摘》上发表过，但多数决策建议都"散落无为"了，未见效应。不过，有三项建议在决策建议和实际效用上具有重大意义和巨大价值。作为一个社会科学研究者，对此我深感欣慰并有一种成就感。

1.《关于建设辽宁省"'中部城市群-辽东半岛'现代化经济-社会区域"的建议》（刊于《咨询文摘》1999年第35期）

时任中共辽宁省委书记闻世震批示：

"请计委在制订'十五'规划时，考虑这一建设。发挥沈阳中心城市功能作用，建设辽宁中部城市群现代化经济社会区，是一个重大发展战略。"

2.《关于建立江西省"青山湖科技园区"的建议》（刊于《江西经济》1990年第5期）

作为江西人，我曾先后给中共江西省委写过多次决策建议，这次是在位于青山湖的宾馆开会，观察其人文与科技环境，以及江西的经济-社会发展状况，产生"科技兴赣"的思路，并决定撰写这一建议。其中写道："建议江西省下决心在近期内有领导、有计划、有步骤地以较快速度兴办一个以高科技为特征的科技园区，区址就在青山湖地区，故可命名为：江西青山湖科技园区。"建议除前言外，分四大部分详细陈述，包括区址的基础结构、环境架构、总体构想、具体建议等内容。

后江西省建立了科技园区，区址就在青山湖，命名亦为"青山湖科技园区"。据报道，该园区目前每年能创获很高的经济效益。

3. 关于在开发建设时保存开封老城区的建议

1993年，我应邀访问日本，与著名汉学家竹内实约定日期在京都会见，但他因故迟到一天。见面时，他解释说，日本一家大出版社邀请他撰写一部介绍中国三大古都的书，故访问中国，踏访三大古都。但所见北京和西安，均旧貌无存，唯开封老城尚存。说者无意，听者有心。我回国后，立即呈书时任河南省省长李长春，转述了竹内实说的情况，然后建议他作决定，在开封市经济-社会发展过程中，另辟新区开发而保留老城区。后接到李长春令他的秘书给我的回信，告知"你的信，长春同志已经批示开封市委执行"。这个建议和省长的批示得到执行，开封老城区保留下来了，现在已经成为举世瞩目的文化圣地和旅游胜地，每年创收可观。

（十二）文学情怀与文学写作：剧本、散文与长篇小说

文学一直是我心中的灵犀，从少年到中老年以至如今的耄耋衰年，都是如此。但数十年来，由于生活的坎坷，也由于近十年的行政工作的牵扯，除着力于学术研究与论著的写作之外，文学不免被"挤兑"到次等位置。但是，文学情怀从未衰退，文学抒写也从未停滞。其主要有三种形式：电影剧本、散文和长篇小说。

电影剧本已如上述，有费时尽力、十年不辍的电影文学剧本《忠王传》的创作，终因客观原因而"胎死腹中"；继有电影剧本《雷锋》，则是由于"作者的政治问题"而"临产殒命"；再有就是另一部"临盆被戕"的电影剧本《鲁迅和他的日本朋友》了。那是20世纪80年代初，我与挚友李宏林再度合作创作的电影剧本。宏林还邀请他在中央文学讲习所（现鲁迅文学院前身）第一期的同学胡海珠参与。海珠当时是北京电影制片厂的文学编审室主任，她很乐于同我们合作，曾几次参加讨论，并曾来沈阳与抚顺同我们共商创作事宜。1983年，剧本完成，经海珠向制片厂领导汇报并获同意，决定拍摄，并邀请当时获奖的中日合拍电影《一盘没有下完的棋》的中日两位导演段吉顺、佐藤纯弥再度合作、联袂执导，还决定部分场面去日本拍摄。最后阶段，海珠安排我住进北影招待所，对剧本作最后的修饰。半月后，我完成最终的修订，万事俱备，只等开拍了。恰好这时日方导演佐藤纯弥要来京领奖，双方导演和剧作者见面会商，开拍在即。没想到还是出意外了。我们的电影作品也就立时下马。总之，我的"电影梦"均告破碎。

散文陆陆续续发表了一些，但重情的散文写作，在我却"情少理多"；也有一些抒情之作，而理性较浓的文章不少，有评论者好意誉为"学者散文"。结集出版的只有《秋日的私语》一本。

长篇小说，可谓酝酿数十年，2003年终于开笔，春于斯、秋于斯，朝于斯、暮于斯，三年中我停止了学术研究与写作，专注于此，终于完成160万字、三卷本的长篇小说《离离原上草》。诸多报刊发表评

论，一致认为是"一部中国现代知识分子的心灵史"，是"近年长篇小说的可喜收获"。它获得辽宁省第10届曹雪芹长篇小说奖。也有评论誉其为"学者小说"。

如斯，我的文学创作，也与学术研究有着内在的关联、血肉的亲缘。

五、结语

数十年来，我孜孜矻矻于学术的研究和撰著。这与我的心性和思想、志向分不开，有如顾颉刚在他的《古史辨》自序中所说："我之所以特别爱好学问，只因学问中有真实的美感，可以生出我的丰富的兴味之故。""学问"具有我生活中、工作中的"真实的美感"，这是基因，但还另有所宗，即前述的生活经历中"潜心研究"四字箴言的人生道路的抉择。两者结合汇融，而笃定心性。同时，也还因为我信奉社会科学工作者是"社会的产物"，也就要为社会服务，我愿尽微薄之力，以自己的科研工作和著述为社会服务、为人民服务，这是我的生存方式、我的志向、我的人生意义和幸福之所在。

我曾经引述过恩格斯在《路德维希·费尔巴哈和德国古典哲学的终结》一文中，对于费尔巴哈晚年思想没有"前进"，而"被挤到后台去了"的论述。他指出，导致这种状况主要是由于费尔巴哈"在穷乡僻壤中过着农民式的孤陋寡闻的生活"，不能"从同与他才智相当的人们的友好或敌对的接触中产生出自己的思想"。我之所以引述这一论述，主要是由此清醒地来认识自己在思想发展和社科研究上的缺陷和局限，这也就带来了我的学术著述的不足和缺失。前已述及，我的几十年的生活，颠簸坎坷，从纯体力劳动到十年乡村蛰居，其情景和状态与当年的费尔巴哈相比，是相差很远的。我不仅生活于穷乡僻壤，没有条件安居，而且过的是另类人的生活，多么难于切实地做科研，又多么难于"与才智相当的友好或敌对的接触中产生自己的思想"呢？我生命中的岁月，多半荒芜于艰困扭曲的生活中了。这是我的生活的一种消极的状况，它不能不影响我思想、学术的进展。不过，却还有另一面。这就是王元化先生依据自身的跌宕生平所说的"生活经历激发了思考"，却也可收获思想之果。而我自己的体认则是，由于身处社会底层，好似越过肌肤而深入到它的腠理，故对于认识、理解中国社会、历史、文化以至中国人，以及对于鲁迅对中国历史、社会、文化和国民性的深刻理解与沉痛批判，均可结合生活实感更好地领会。这些，我感觉也都沉潜隐约进入我的思考和论著之中了。这也促进了我的夙愿"为学不欲做冬烘"的形成。也许这可勉强喻为"种下的是跳蚤，收获的却是龙种"，或者说"蚌病成珠"吧。

郭沫若晚年病重时，著名作家沙丁去看望，对他一生事业学问的巨大成就多所赞誉，而郭氏慨叹曰："唉！十个指头摁跳蚤，一个也没有摁住啊！"我不时记起，且常以此自问自责亦自叹自警。

宋人徐铉说："青襟空皓首，往事似前生。"皓首述往事，书何能尽言。献兹文而愧赧，乞余生犹有为。

感谢与陈述

我的第一部长篇小说《离离原上草》获得曹雪芹长篇小说奖，这对于我是一个巨大的激励。

《离离原上草》是以20世纪40年代到80年代为时代背景，以描写生活在新旧社会交替的两对男女知识分子的人生经历为主线的，一部带有自传性质的长篇小说。综合先后发表于全国多种报刊的评论，认为这部小说是"一部中国当代知识分子的心灵史和精神编年史"，它"激荡着时代的欢乐和痛苦、人民的潜力和追求，浸透着作家自己的沉思和歌哭"，它充满"理想主义的诗意，所探讨的、所追问和思考的，是有关知识分子的本质特征、人生命运、生命存在意义、价值取向、复杂而多彩的人性，充分体现了作家生命的自觉是小说最主要的特征"，"在一个价值紊乱、理想跌落的时代，欧阳独离们以对国家的忠诚、对事业的热爱，为这个时代重新点燃了理想主义的火炬"（孟繁华）。"人物描写是十分成功的，除了较成功地塑造了主人公欧阳独离，对他周围的人物的描写也是同样成功的。作品中的几个女性也写得有特色，极具个性"，"成功地塑造了以欧阳独离为代表的众多血肉丰满的人物形象。这些人物或幽雅洒脱，或悲慨凝沉，或凄婉忧郁，或乖张虚伪，都是带足了文化意蕴的'这一个'"（马秋芬）。

评论还指出，在艺术类型上，《离离原上草》是一部"学者学说"，它的创作特征和艺术手法是传统与现代的结合，在叙事范型上，是现实主义的，是"比较传统的文学叙事形式，但又有意识地穿插了现代意识流的表现手法"。著名评论家孟繁华先生在评论中指出："应该说，《离离原上草》是当代中国知识分子题材小说创作的重要收获"，"它将成为我们重要的文化遗产而得到长久的注目"。著名评论家古耜先生则指出："我深信，随着岁月的延伸，这部作品跨越时空的文史价值和审美意义，也将越来越清晰、越显赫地留驻于文坛。"

我打算对小说的缺点和不足，作简略的探讨。

一部作品产生缺点和不足，有两种不同性质的原因。一种是先天性的，就是作家在创作时，他的艺术设计里头，就有"原始性缺失"，或者叫"缺失基础"；另一种则是后天性的，是作家在创作时的艺术处理不当所造成的。《离离原上草》缺点和不足的产生，两种原因都有。

我先说一下我的"创作立意"和"创作设计"。我想要通过一滴水，来映照社会生活和历史面貌。我试图让作品成为历史记录、社会档案、时代映像。就是人们形容维特根斯坦的著作时所说的"具体人生的历史显现"。我试图提供一个个体-群体（就是知识分子群体）的、社会的、历史的文学阅读文本，而无意追求"好看"和畅销。我尝试写罗曼·罗兰所说的那种"长河小说"。这就决定了它的篇幅是会很长的。有的评论家指出《离离原上草》是"流浪汉小说"模式。正是如此。这也是结构主义关于叙事模式中最普遍的一种，即所谓"英雄故事"。它必经几个人生阶段：诞生——受挫——奋斗——遇救（往往是神仙或美女、好汉或贤人出现）——成功或失败——死亡。若这样按时按序地写下来，必然拉长篇幅。这里就暗含着"原始缺失基础"了。不过，问题的实质不在于采取什么模式，而在于如何来完成、实现这个模式。这就牵涉到艺术处理水平和艺术才能的高低了。我现在觉得有些事件、有些地方写得多了，显得拖拉，显出了艺术处理的失当和艺术才能的不足，甚感在艺术创作上，也许某种程度的狠心舍弃和忍痛割爱倒是必要的，是成功的"秘诀"。

再有，我力求自己的作品具有社会意义、历史意义、思想意义、人生感悟、生命体验等意义。这是我的原初立意。虽然现在不大讲"文学是生活的教科书"了，但文学依旧是人们生活的教科书，具有塑造灵魂的功能。思想性应该是文学的灵魂。我这个立意，如果有问题，那就真是"原始缺失基础"了。但我甘愿因此失误，而不求作品"热闹"、"轻松"、"好看"、畅销，却意义缺失、思想苍白、内容虚空。感谢评论家在评论中肯定了《离离原上草》的意义价值和意义实现。但我深知还要从另一面来思考问题，那就是"思想"艺术地进入文学作品中的问题。别林斯基重视作品的思想性，他认为思想不会妨碍艺术，只是要研究思想如何进入文学作品。如果是内在地、艺术地进入，就会是思想与艺术融会一体；否则，思想是外在地、非艺术地进入，也就是硬性掺进去的，那结果就是思想妨碍了艺术。以这个原则衡量《离离原上草》，我不免惭愧地感到，其中有的部分、片断情况就是思想和意义妨碍了艺术。武斌同志在为《离离原上草》所写的序言中指出："可以说，彭先生在身份转变上是成功的，他是以'作家'的身份在写作。但是，那位'学者'彭定安却一直站在'作家'彭定安的身后，或'指手画脚'，或'密切注视'，总之是一个挥之不去的'影子'，是一曲优美但有些恼人的'背景音乐'。"这种情况确实存在。"影子"和"背景音乐"确实恼人。这种困惑和烦恼，同样是艺术才能、思想才能限制了主观的意图和想法的完好实现。

同时，这也与我原初的艺术设计有关。我有一种写昆德拉所说的"理论小说"的想法，也还想学戴维·洛奇的《小世界》的写法，就是写所谓"学院派小说"，在小说中写文学理论，有的部分甚至成为可读的新理论篇章。有的评论家口头上指出《离离原上草》"连学术会议也写上了"，这个含蓄的批评我是接受的。小说中写到的学术会议也好、接受理论也好，这些部分都是写得不成功的。深夜思之，不免自嘲：志大才疏，此之谓也。

第三个问题，叙事方式的新旧问题，也不妨说是叙事策略上的"传统"与"现代"问题。一开始，我是用现代派写法叙事的。开头就是作品主人公欧阳独离的突然不明原因的猝死。他的死因一直是一个谜、一个悬念。谜底要到作品结尾才揭晓。接着，便是欧阳独离与第二男主人公上官元亨之间的死者与生人的对话、阴间与人世的对话。这个对话充满了机锋，充塞着历史与现实事件的矛盾与争斗，行进着生活与人生的欢乐与痛苦。后续的叙事打算时空倒错、阴阳互通地进行。但是，到第二章叙述半个世纪甚至百年以上的往事，传统的地域风光习俗、传统的生活、传统的人物、传统的文化，用现代手法写起来就格格不入了，用上海话说就是"不灵光"了，叙事语言与方式与叙事对象不契合。我于是改用传统叙事方式，立见功效，两者契合无间，叙事顺畅通达。自己也感受到一种创作的快慰。于是，我舍弃了已经写完的十来万字，改变整体叙事策略。这时候，我深入地思考了文学叙事的问题。

结构、故事进展的流程、叙述节拍及对话等，是《战争与和平》的模式，叙事的构造和语言，吸收话本的精魂。正如我在《创作笔记》中所写："话本＋托尔斯泰＋屠格涅夫＝《离离原上草》的叙事模式。"

这样处理是不是保守、陈旧呢？我不这样看。我以为，中国古老的文学传统，一方面继承不够，另一方面也确实仍然具有生命力，可以作为现代文学创作的民族的优秀文化资源。而且，我还以为，中国当代文学，可以一面是现代的、前锋的、时尚的；一面则是运用传统文学艺术资源，与现代生活和现代审美结合，从而创造出真正中国风韵、中国气派的现代文学，去参与世界的文学艺术事业。因此，我没有死守在传统里，而尽力注入现代的成分。比如叙事语言，以经过加工的现代语言为骨干和核心，而辅以传统的话本式叙事语言，当然，更为主要的是人物的思想、情感的现代性和整个作品的意念、观点、思想的现代性。此外，还有意识地使用象征、意象、反讽和意识流等手法，来表现人物的思想、情态和意念活动。当然，这也只是我的立意，究竟在新旧融合方面做得怎么样，还需要进一步研究。

最后，我还想就叙述语言说几句。我被自己的"学者"阴影笼罩着，加上我又在一些地方侧重于或者说偏爱了理性的、理论的叙述与议论，所以隐然给人一种印象或者说想象：他哪会写小说，那肯定是在写论文。其实，我在三年内，朝于斯、暮于斯，努力创作小说的情景历历在目，历史风貌鲜活呈现，诸多人物形象和事件景况，在我心中眼前翻腾，这完全不是写论文的感觉和情景。我内心的意念与词语化作的叙述话语，是情感的、激情的、形象的，是感觉性而非概念性的，它们饱和着生活的汁液奔涌流泻，不可遏制。创作中，我有时候热泪盈眶，难乎为继。这难道是写论文的情境吗？所以，评论均肯定《离离原上草》的叙事使用的是文学语言，并且具有个性特色，"简约、凝重、节制"（王充闾），具有书卷气和文化质地，而且形象地表现、刻画了几个生动的人物。还有的评论认为，对话写得比较成功，知识分子、干部、农民，南方人和北方人，老人和年轻人，都有其年龄、职业、身份、地域和文化分层的特色。不过，有两位作家朋友出版前看过作品，指出成语用得多了，有的章节的开头综述形势，是非形象化的陈述。我接受意见并进行了认真修改。但是，现在审视，成语运用还是多了一些。有些段落的开头，形象地表达描述还不够，尚残留着理性陈述的痕迹。语言陌生化是文学语言的一大特色，我在理论上知道，在写作实践中，却未能贯彻好。这也是艺术处理不当和艺术才能不济的表现。

注：本文为作者于2008年11月4日在辽阳某颁奖会上的发言。

清正廉洁，一代风范

——读《李荒传略》

李荒同志曾多年在辽宁省担任领导，并曾任中央党校常务副校长，后因工作需要，又被"要"回辽宁担任省委常务副书记、省政协主席。在解放战争期间，他在著名的《东北日报》主持笔政多年，在新闻战线的卓著业绩亦常为人们称道。

今年欣逢他93岁华诞，读到《李荒传略》，再回顾他的平生和我与他的接触，感受良多。

李荒同志长期在辽宁担任领导，特别是主管文化教育工作，对辽宁的经济社会发展和文化建设倾注了心血，做出了重大贡献。正值他的高龄华诞，我们不能不想起他的业绩，尤其是他的人格风范。这不仅是历史的追忆，而且是现实的企望。我省已故的另一位老领导郭峰称赞李荒同志"清正廉洁"，这是最公正、最恰当的评价。这一评价，在今天还有着十分重要的警世育人的意义。

李荒同志的高风亮节，表现于诸多方面。

我作为长时期在李荒同志领导下工作的文化界的一般干部，虽然直接的接触不算很多，难于言说圆全，但我青年时期在《东北日报》工作时，受到李荒同志具有党性内涵的人格风范的熏染，可谓"亲炙謦欬"，至今难忘；而近期出版的《李荒传略》（郑奇志著，辽宁人民出版社版），于此记述甚多，我从中略窥大概。综合两个方面之所得，愿作一简述，以供世人高山仰止。

1950年，我从北京分配到东北日报社工作，年刚及冠，正是世界观、人生观与一生定向的关键时期。当时李荒同志正主笔政于全国著名且居各大区报纸前列的《东北日报》。整个报社充溢着昂扬奋发、紧张严肃、团结友爱的氛围和革命精神，处处显示着党报工作者的勤奋刻苦、认真踏实、实事求是的作风。这是当时革命胜利、新中国成立初期的整个形势使然，但一个具体单位的风气，则是领导者在整体形势背景下带头营造而成的。当时李荒同志任社长兼总编辑，确实以身作则、言传身教，在报社培育了革命的、向上的、严肃的风气和文化氛围，形成了理论联系实际、求真朴实的文风。我正是在以李荒同志为典范的这种革命的文化氛围下，走上成长的道路。我曾回忆说："对于我，最早的人生观教育、革命教育和新闻教育，都是在东北日报社得到的。我在东北日报社度过了自己美好的青春时光。"此语出自肺腑，绝非虚言。至今我想起那段难忘的岁月，仍然心动神往。那时才三十几岁的李荒同志的朴素、严谨、廉洁奉公的形象，至今在我的记忆中仍然是鲜活的。耄耋忆青春，依然感谢李荒同志在思想上与精神上对我的栽培。

从1945年参与创办《东北日报》到1953年离任，在报社工作的8年，是李荒革命一生的第一个辉煌期。《东北日报》在解放战争期间，在动员群众、配合前线、巩固建设后方等方面做出了杰出的贡献。在新中国成立初期和第一个五年计划期间，在报道社会主义建设、贯彻党的新的方针政策、指导工业化等方面，均走在全国新闻界前列，并在新闻工作上创造了崭新的经验。《东北日报》在这期间培养了大批新闻干部。它向南方新解放地区、《人民日报》输送了成批的干部。先后任《人民日报》副总编辑、总编辑的王揖、潘非、张沛、范敬宜，都出自

《东北日报》。还有许多著名作家、艺术家、记者在东北日报社，在李荒领导下工作过，如华君武、严文井、刘白羽、华山、白朗等。他们每忆及在东北日报社的工作经历，都会赞扬称誉李荒的清正廉洁。要诉说李荒对《东北日报》的贡献，我想他培育的这种精神财富及其对他人、后人的影响，是最宝贵、最恒久的。

此后，李荒同志曾担任辽宁省委副书记多年。"文革"刚结束，他受命于危难之时，主持大连市委工作。1981年还曾奉调任中共中央党校主持常务工作的副校长。在这些领导岗位上，他对辽宁的党的组织与党风建设，对地方工作的方方面面，对党校工作，多有奉献与贡献。《李荒传略》中对此多有阐释和论证。这里只略举清正廉洁事例言说。在任辽宁省委常务副书记时，他到营口调研，顺便去乡下老家看看，市委领导要派汽车送，他却与秘书等三人骑自行车前去。"文革"期间，他被降职使用，任大连工学院党委副书记，他不要小车，坚持乘公交车上下班。粉碎"四人帮"后不久，他任大连市委书记，为纠正"文革"歪风，给市委常委订立《约法五章》，包括"市委同志下去，不要被当作客人招待"，不接受下面送来的任何礼物，"把上照片、电视镜头减少到最低限度"，党内同志之间不称职务，等等。一次，当时的阜新市委书记送来一小汽车当地矿务局农场矸石山上产的西瓜，给省委领导"报喜"和"尝鲜"。李荒认为此风不可长，强令办公厅退回。他奉调去中央党校工作，立即让家属从书记住宅中迁出另住。如此等等，"大人物"的日常"小事情"，实与大事、大节相连。千里之堤，溃于蚁穴。许多"大人物"之溃，即始于这样的一些小"穴"上。李荒同志这些身体力行的事例，与当前一些不正之风及贪污腐败的种种现象形成了鲜明的对比。

廉洁是领导干部党性、思想、人格在物质领域的表现，同时会体现于其他方面。李荒同志在廉洁之外的体现，则是思想与工作作风的清正、文风的朴素。"文革"初期，造反派追查所谓"销毁800万册毛主席著作"问题（实际是奉上级指示，将印制质量不合格的毛主席著作要收回烧掉），在一时未查出批准者时，李荒面对"被造反派乱棍打死"的威胁，主动为省委承担责任，站出来承认是自己批的（实际上是另一位省委副书记批准的）。对此事，两位省委第一书记黄火青、郭峰均给予高度评价。在"反右"等政治运动中，李荒尽可能保护了一些干部。

他离休以后，向时任中央组织部副部长李锐推荐《胡杨泪》一文，并在信中指出："从文中可以看出'左'的思想如何埋没和摧残人才，现行的人事制度的某些方面又如何压制人才。"后来，李锐的一篇《请读〈胡杨泪〉》震动全国，反响强烈、影响重大。李荒同志讲短话、写短文是出名的，他提倡别人这样做，自己更要身体力行。这里只是略举其概，但仅此已可窥见李荒之清正风范。

李荒同志清正廉洁，堪称一代风范。它保持发扬了马克思主义思想路线，坚持了我党艰苦朴素的作风，这些都是现在亟需发扬光大的。在庆祝李荒同志93华诞之际，略述他的事迹，我想是会引人一读的。而他的传略的出版，更会受到欢迎。

林声的人生境界

现在，我就林声同志的人生境界讲一点理解和认识。

我的主要意思是，林声同志在长期担任地方和省的领导职务时，无论分工主管文化部门还是其他部门，都注意文化的建设和发展，心中有文化，追求文化的效应。无论在阜新担任市长还是在省里担任副省长，都是如此。作为高级领导，这是难能可贵的。至于离休以后，他就更是以文化为他的业余职志，全力从事文化活动了。他既引导、倡导省里文化界、文艺界的创作和活动，更以巨大的努力、炽热的情感调动自身的智慧和艺术才华，在书法、绘画和陶艺等方面从事创作，且取得了大量成果，可谓成就卓著、艺术精进、特色独具，受到省内外广泛赞誉。近年来，更是在精研历史艺术珍品辽三彩的基础上，发挥创造性，创辟了属于辽三彩范畴却又超越辽三彩的新辽三彩，获得了业内外各界的赞赏。

这样，林声同志就使自己的人生，达到了一种高境界。我称它为"林声现象"，或者叫"林声人生"。

王国维在他的著作《人间词话》中指出了"成大事业、大学问者"的三种境界，就是"独上高楼"、"为伊消得人憔悴"和"蓦然回首"这样的三种境界。冯友兰的四个境界则是将整个人生境界分为四个层级：第一境界是"自然境界"，就是温饱求生、平平常常活着；第二境界是"功利境界"，是寻求、创造事业成功、学问精进、人生如意的境界，是一种"事功"的境界；第三境界是"道德境界"，就是无个人追求，也不为功利操心了，是立德、立言之境；第四境界是最高层级的境界，即"天地境界"。这是一种什么样的境界呢？简单说，就是与天地同在、天人合一、无我的境界。张载的话足可概括之："为天地立心，为生民立命，为往圣继绝学，为万世开太平。"

林声同志进到哪种境界了呢？当然不会是"自然境界"，"功利境界"也早越过了，他已经达到"道德境界"了，可以向着"天地境界"去修为了吧。虽不能至，但努力为之，悬为人生目标去追求，可以使自己成为一个高尚的人、纯粹的人、于人民有益的人。

秉此，我试拟一副对联赠林声同志：

为官倾心文化，堪赞；

人生达此境界，足矣。

以上所言，未必有当，敬希方家指正！

社会档案、历史文献与私人记载

——读《孙奇日记》有感

承孙奇同志不弃，先后赠我他整理出版的《孙奇日记》数册。我很有兴味地断续拜读了这些日记，内心充满由衷的敬意，还感受到这部私人纪事的公开问世具有多方面的意义和价值。高级官员一般都政务繁忙，事务庞杂，心净维艰，难得沉静。但孙奇同志却几十年如一日，坚持不断地写日记；而且，更重要和有价值的是，他不是烦琐杂记日常生活或家事，也不是如有些人的习惯，借日记之"酒杯"，抒私心之"块垒"，静夜无事，书写几许文字，以"一吐衷肠"；更不是那种事先想好来日问世，虚情假意地写些东西，或美化自己，或攻击他人。不是这些，《孙奇日记》就是一种完全"自己为自己""自己记自己"的私人记载，初衷毫无予以发表的想法。而所记，皆每天的工作，但又不是流水账式的记事，而是比较详细却又有重点地记录了工作内容。其包括具体事件的来龙去脉，有关领导的指示或意见、安排，自己执行或指导的意见与作为，等等，内容翔实但不烦琐，简明扼要却事实清晰。这样，这部日记就产生了多方面的意义，具有了现实价值。

我想到的，可以概括为"三性"，这就是真实性、质朴性和私人性。真实性，不言而喻，他是每天纪实性地把经过的事情、所做的工作、工作中所遇到的人和事等如实写来，不加润饰更不予掩饰，真真实实，一切如实际那样"记录在案"。正因如此，其所记内容也如真实事物那般质朴。事实本身是质朴的，记录也便是质朴的，甚至其情其感也是质朴的，没有增补更没有虚假，没有减少也没有隐瞒。至于说到"私人性"，则需要多说几句。现在流行"口述历史"，其重要意义就在于它的私人性。这是亲历亲为者直接的叙述，不是间接的"告知"，也不是别人的记叙或转述，因此，具有真实性、鲜活性、直接性。诸如胡适口述自传、顾维钧口述历史、张学良口述历史，都是现在中外学界瞩目的珍贵史料。《孙奇日记》也同样具有这种私人纪事的性质和优点，以及历史与现实价值，虽然他不是"口述"，而是"笔录"，但正由于这一点，他是当时的"即时纪事"，比事后的记忆口述更具有真实性和可靠性。这样，《孙奇日记》就越过私人纪事的藩篱，而具有了珍贵的社会档案和历史文献的意义。

从这方面来考察《孙奇日记》，我以为有三方面的意义，这就是政治意义、历史意义和文化意义。为什么这么说呢？孙奇作为一位官员，是"起自民间"，一步步从基层到中层到高层，在实践过程中，在工作经历中，在不断的考验、考核中，锻炼出来的，提升起来的。他的经历本身就是党的组织路线、干部政策的演变与发展在一个"个案"上的体现，是不同历史时期党和社会的政治气候、政治原则的变换与演进的"人格化、个体化"的体现。这是政治意义的一个方面。另一方面，他的日记所记之事，越到后来，越具有政治意义，因为他的职务不断上升，进入高层了。研究历史和社会学的人，以及研究政治学以至文化学的人，都可以从中获得或者"窥见"各个时期的中国政治生活、社会状态、干部政策、干部心理等方面的实际的、鲜活的资料。这便接触到历史意义了。这是鲜活的当代历史的记录，从中可以看到社会生活、经济发展、政治状况，大至政治运动、政治风云，小到机关政治状况和日常生活，可以看到从政府行为和政府官员角度所反映的社会历史面貌。前面说过，这是可贵的"直接史料"。

至于文化意义，倒不是指这部日记具有出色的文采，这本来不是作者的追求，他只是老老实实记每天的日记而已。这里的文化意义，是指他如实记录了他所接触到的各级领导、一般干部及普通群众等的心态-心理。这种心态、心理，是随着时代的变更、社会的发展、党的路线方针政策的发展等客观原因而逐步变化的。这就是社会心态史，就是社会文化发展的轨迹。而日记的价值也就于此显现了。记得我在阅读《孙奇日记》的某些片断时，时常会产生"哦，原来如此"的感叹，或者产生会心的微笑。我想，后人读这部日记，对于了解历史，了解过去的社会状况，了解从前人们的心态，都会有更多的感受和收获。

继承儒学传统，涵养清廉风骨

——述关东王尔烈

辽阳王尔烈久有文名，有"关东第一才子"的美誉。人们向来以出众的才学称道他，然而他更是一位正直的清官廉吏，这一点却被其文名所掩盖，常为人忽略。

关于王尔烈一生廉洁清贫的故事很多，而且很感人。比如他为官多年仍两袖清风，穿着寒酸。后被委以安徽铜山掌管铸钱之职，但三年之后回京，"除三枚铜钱外，依旧一无所有，两袖清风"。这三枚铜钱，都是王尔烈当时铸钱的"钱样子"，常年手握，磨得溜平锃亮。嘉庆称赞他为"老实王"，因此加以重赏，为他在家乡辽阳建造府邸，但他却把府邸用以办学，自己只住几间平房。

这些虽然不见史传，但我们可以从他的言行著述中体察到一些他的为人处事的品性。他在为治学之道所作的《学道篇》中写道："学道者比如游山，必上绝顶。"其意境起点甚高，接着便说静观万物、内省自心，要"智仁合一"。这表明他不仅重视学识，并且注重道德，要求"智"和"仁"二者合一并进，这样才能"体认天理，则私欲还释矣"，意思是体察认清天地的自然规律，消除私心贪欲归本释源。王尔烈临终前还给儿孙留下了这样的家训："耕田为本，读书为上""居官莫狂，为民莫惘"。这些都表明他的道德文章交相辉映。

追索王尔烈清正廉洁的道德言行，可以发现，他从家风家教中也受到了儒学伦理道德的熏染与教诲。他的祖父王天禄精通儒史和医道，既以医道治病救人，更以儒学精神训诫后辈，教育他们要"尽诚于事"。王尔烈的父亲王缙曾任深州学政，学识渊博，家教严正。所以《辽阳县志》述王尔烈为"少承家训，性行纯静，笃于孝友"。

归宗明义，关东才子王尔烈不仅学问高深，为有清一代关东地区首屈一指的士人，还是继承发扬儒家精神的践行榜样。他的思想行为值得我们思索学习，他的道德风范值得我们发扬光大。

注：本文于2016年5月10日发表于中央纪委监察部网站。

一代廉吏刘应麒，践行家教树亮节

刘应麒作为宋朝的一代清官廉吏，其成长中既有乡邑传统文化的潜移默化，更有家教训诫的涵养陶冶，二者汇融，铸就了他博涉经史、服膺先贤而心性刚毅、节操圣洁的秉性与品格。他一生行事，无论高层为官还是息影民间，均是心系元元、刚直不阿、主持正义、为民谋福，故人称"匡山威凤，鄱水神龙"。其去官时所吟诗句"来时行李去时装""不将山水带回乡"流传至今，成为古今为官清廉的象征期许和明亮写照，至今仍有深刻的现实意义。

刘应麒，江西鄱阳县人氏，约生于明嘉靖十八年（1539），卒于万历四十年（1612），明隆庆二年（1568）进士。曾先后任礼部主事、广东和广西督学、四川参政、湖广臬长，后升任浙江左、右布政，直至应天巡抚（明朝应天府在南京）、江苏巡抚等职。

明万历九年（1581），刘应麒在广东提学副使任上，恰逢朝廷实施"沙汰例"——就是在科举考试中，实行"汰劣选优"的制度。但在具体实施时，地方势力、豪门权贵却反制倒行、营私舞弊，不是"披沙拣金"，却乃"披金捡沙"。刘应麒坚持公正、正义与之抗逆，却不敌恶势力，反倒受责难。他于是"以疾乞休"愤而辞官归里。（事见《明神宗显皇帝实录》）

明万历二十年（1592），刘应麒任应天巡抚，遵旨推行按亩计征田赋徭役，遭到以戎政尚书凌云翼家族为代表的地方豪绅势力的阻挠，他们倚势蔑法，既大肆兼并农田，又瞒产逃税；而被掠夺田产的农民却既失土地又须交赋税。刘应麒体惜民艰，主持正义，与之斗争。他从实参奏，请旨查理，触犯了豪门利益，因而开罪豪强，反遭诬陷，终至再次以"回籍养亲"为名，愤而辞官归里。（事见《明神宗皇帝实录》）临离府衙前，他在府邸墙壁上留下了一首告别诗。这首诗堪称明志诗，亦可谓坦诚表白诗。全首诗为：

> 来时行李去时装，午夜青天一炷香；
> 画得海图留幕府，不将山水带回乡。

全诗意谓来去衣装未改，两袖清风一炷香，连自己为了地方建设发展而花一年时间画就的海图也不带走，其中山水也留下以作纪念。可见，其为官一轮，除开为民尽粹，未带走一丝一毫事物，干干净净，一尘不染。

刘应麒高风亮节、志气高远、刚正不阿的官品人格，并非"独善其身、闭门修养"所致，却是有着乡风家教、乡贤文化的深厚孕育。鄱阳乃千年古邑，秦时设县，历代文人学士、清官廉吏不绝如缕，道德风尚润益乡里。仅有宋一代，就有洪浩、姜夔、范仲淹、颜真卿等与之关联，或出生鄱邑、或主政饶州（鄱阳故称），他们都是或廉政清官，或文人雅士、布衣终身，但均道德文章传世、清廉奉献扬名。他们的道德风范流传民间、润泽后昆。刘应麒自幼读书研习，自是受到他们的精神熏染和心性培育。

而且，明嘉靖年间，他少年问学，正值饶州知府应鸣凤重教化、育才人，在刘应麒故家附近名胜浮舟寺创办浮舟书院，延聘博学名儒执教，培育学子。天资聪悟、勤奋好学、志向高远的刘应麒正就学该书院。先生以于谦精神教育学子，并引其诗"清风两袖朝天去，免得闾阎话短长"勖勉诸生。少年刘应麒感应深沉，铭记心中，并吟诗一首以言志：

> 风雨潇潇湖上扉，我于此处可忘机；
> 更栽十里绿荷芰，他日归来可制衣。

少年抒怀，已经显露出不同凡响的才华与志气，以及日后志德高远、心性雅洁的思想滥觞。

除开乡土文化的浸润之外，更重要的是，来自高标严峻的家风家教的直接养育。在流传久远的鄱阳刘氏族谱中，刊载有《刘氏家训八条》《刘氏家规十二款》《刘氏垂规凡例二十三则》等。综合其要则圭臬，是要以"忠诚为立身之本"，要求"明理义，励志节""宁方勿圆，宁直勿曲""取法圣贤，积功累仁"。其总则要旨就是要效法古之圣贤，忠诚立身，深明理义，砥砺志气节操，方正刚直，以此节志，为官为民。

刘应麒的思想品格，源自乡邑文化的熏陶，更来自家风家教的深厚养育。它作为"历史的文化遗存"，启示我们：首先，作为一个城市、区域灵魂的历史文化，对生于斯、长于斯的一代代乡人的文化认同、人格成长有重要意义，我们应该重视乡贤文化的传播和运用；其次，家风家教对于人们思想、人格的成长具有切近而深沉的塑造作用。

至于刘应麒对我们的直接启示，则是注重家教、继承传统、廉洁奉公，以及保持"为官"与"为民"的一致性：当身居官位，虽已"去民"，却凭官爵之权力，为民求利获益；一旦为民，即便"去官"，却仍然为民求情请益。心中元元，附身服膺，无论身处何处。

我看《我见文学多妩媚》

（按：本文原题如此。充闾先生审阅后，改为《我从〈妩媚〉见文学》，并将此作作为"附录"收入《充闾文集》第20卷。我颇以此为荣焉。不过此处仍用原题，以存真。）

题记：

在今天的高度，对于往昔的追忆；

在今日之文化构造中，对于往昔文化生活的"重构"；

在追忆中，评骘过去；

"过去"的"延伸"，是今日的"接续"；

其教育意义即寓于此。

前记

这是我拜读王充闾先生的《我见文学多妩媚》时，断断续续随手敲下的读书笔记，随读、随感、随写，有则多说、少则少说、无则不说，记录读后之感、学习心得而已，己学己用，不欲示人，更未曾设想发表。所以，随意挥洒，"率性而为"，长长短短，"不成体统"。读完敲完，觉得虽然无大意思，但有的地方还有点趣味，觉得也不妨发给充闾同志一阅，消遣一笑，文人作家之间，文字交往、情趣汇流吧；不意，充闾竟不仅不以为忤，还建议发表。我不好拂他的美意和鼓励，只好接受，算是把学习体会、读书笔记公开，与大家共赏，请方家指正。

一、序言 "三分人事七分天"

好一个"三分人事七分天"！我很被这诗句触动。

真的，三分是人事，七分是天分、天力、天定。人的一生，就是这样过的。完全靠天，不可能。全凭己心己力，也不成。没有天分是不行的，全靠天分而自己不努力，"天分"也白搭。虽是大白话，却是真道理。

人的心性天分是有先天差别的，不承认这一点，是唯心主义；承认先天决定的因素，是唯物的。马克思在《1844年经济学哲学手稿》中说过，"对于没有音乐感的耳朵来说，最美的音乐毫无意义，不是对象"，也就是一个"不存在"；他还接着说："由于人的本质客观地展开的丰富性，主体的、人的感性的丰富性，如有音乐感的耳朵、能感知形式美的眼睛，总之，那些能成为人的享受的感觉，即确证自己是人的本质力量的感觉，才一部分发展起来，一部分产生出来。"在这里，马克思肯定了人的天分的差异，只有具有音乐感的耳朵，音乐才具有意义，才存在；对于美术作品的感觉，也是如此；他特别指出，个体的人，如果具有那种能够感知音乐美和绘画美的"耳朵"和"眼睛"，他的这种先天禀赋，就会使他的音乐感知能力和绘画感知能力，一部分发展起来，一部分产生出来。至此，我们还可以延伸补充说，只有具有文学感的人，文学对他才有意义，才能够存在。

这样，落实到说王充闾身上，你看，他说得多么好："我见文学多妩媚。"这就说明，他具有感知文学魅力的先天能力，文学对于他来说，不仅存在，具有意义，而且是个"香饽饽"，是美人香草，具有妩媚的魅力。这"七分天"有了；再加上他自己的"三分努力"即"三分人事"，就成全他、成就他，成为一位出色的作家了。

王充闾的拿"三分人事七分天"这句诗语，来追忆、论述自己平生尤其少年时代事，看来，他就是在大体上"人事"与"天分""三七开"的比例上，来述说往事童年的。我很同意他这种认识和态度。当然，所谓"三七开"只是个概数，不是数学意义上的精确比例关系。而在"三七开"中，重点又在"三分人事"即自我努力上。

二、卷上　青灯有味忆儿时

（一）泥土世界

说到家乡，开篇如此写道：

"童年时节，村子留给我的鲜明印象，就是那里是个泥土世界。路是土路，墙是土墙，屋是土屋，风沙起处，灰土满天。形容长相叫作'土头土脑的'，人们穿的、盖的是土布，过的是'土里刨食'的日子；岁数大了叫'土埋半截子'，伸腿瞪眼咽气了，叫'入土为安'。那时候，住砖瓦房的全屯不过三四户，绝大多数人家都是住土房，垒土墙，土里生，土里长，风天吃土，雨天踏泥。"

回忆经过思想和情感的滤过，"泥土"成为主要的、影像深刻的形象。这是一个有意味的象征，一个附着了"意义记忆"和"情感记忆"的记忆，这以"泥土"开篇的回忆，显示作者意念的"返回"和"反刍"：不忘泥土。

出泥土而接受乡土气息与乡土文化。

文章济世不忘"土"：土者，乡土文化、传统文化，乡土即人民情怀也。

中国几千年的农业生产与农业经济，产生了中国的具有特殊文化传统的"乡土社会""乡土文化"，它以乡土经济为基础，以儒家文化和民间文化的结合为灵魂（儒家文化以通俗形式进入社会学所说的"小传统"而深入民间，根深蒂固），对乡党加以文化养成和奠定文化心理结构的滥觞。"乡下孩子"就是这样地成长着，形成自己最初的世界观、人生观和文化心理结构。许多人日后变化了，实现了文化转换，有的人甚至背叛——我曾读到几个犯腐败罪的省部级高官的忏悔心声录，他们出生于农村，家境贫寒，应该是受过淳朴乡土文化的熏陶至少是熏染的，但是后来背叛了；到忏悔时，痛诉往事旧情，批自己忘本。

王充闾日后亦实现了这种属于他的高层次的文化转换；但他未曾"遗忘"更没有"叛变"，心灵深处却遗存着乡土气息和乡土文化，以至现今回忆往事，仍然记忆犹新，能够栩栩如生地描述，说明历历往事，深刻记忆，保留为心中甜美的沉淀。这成为他的创作的良好传统根基和乡土情结。所以说"乡土即人民情怀"。这是很宝贵的作家心态。

从"记得青山这一边"到"狐狸岗子"再到"泥土世界"，构成一个"王充闾的故乡"。每一个作家都有他的"故乡"：鲁迅有他的绍兴"鲁镇"，沈从文有他的湘西"边城"，萧红有她的呼兰河边的"呼兰"；外国作家中，托尔斯泰有他的"纳斯塔法·波梁纳"，福克纳有一个被他称为"邮票那么大小"的约克纳帕塔法县，马尔克斯有他的马贡多，大江健三郎有他的北方四国森林，杜拉斯有她的湄公河岸……王充闾也有一个属于他的盘山县——狐狸岗子。他目前尚未创作小说，一旦写小说，"盘山县里狐狸岗子"定会出现，以它作为环境背景，以及那里的"曾经的社会和生活"。现在，虽然小说尚未出现，但散文中，已经隐然或公开存在了。

啊，作家的故乡！

这个故乡，和作家的心灵故乡是相通的。

（二）母教

母亲有言："一不当蝗虫，二不当蛆虫。"这是基本的价值观与人生观的教诲。

这一教诲具有很深的意义。"蝗虫""蛆虫"都不能当，这是基本的为人标的，也可以说是一个高标准。因为在人生高层次意义上来要求，"蝗虫"和"蛆虫"不一定就是闹得那样"蝎虎"，只要无所作为、一生碌碌，就有点此"二虫"体性了。

母教是中国伦理文化中重要的内容，也是中国传统文化中的宝贵财富。一是我们向来看重母教；二是传统母教起的作用特别大。这大概是因为母教与慈爱紧相连，慈爱与教诲混融一体，所以影响深远。传统母教中，流传着孟母三迁、岳母刺字的事迹和传说，则是"母教的母教"，对中国的传统母亲影响深远，既影响了一代代母亲，也培育了一代代有出息的子女。王充闾也是其中的一位。

而且，其延伸义，具有现代意义。现在，即使在官场，这种王氏母亲谆谆教诲儿子不要去当的"蝗虫"和"蛆虫"还少吗？

作者老而不忘慈母的幼教，足见心理刻印之深、心灵影响之大。即此一点，这位母亲就是一位可敬的孟母类型的母亲。

读他人，想自己，追忆我幼时的母教，一是母亲常常向我念叨"忠厚传家久，诗书继世长"这副家中厅堂的楹联，"忠厚""诗书"，在我的心灵中刻印深沉；二是，大概因为我是幼子，有点娇生惯养，在兄弟和小朋友中，好拔个尖，母亲没有批评，却总是有意对我表扬我的二哥，称赞他是"孟尝君"，"门下能养食客数千"。第三样事情印象最深：母亲常常开玩笑地说，"我仔莫不是个'秋白梨'？"吾家南国多"秋白梨"，长相洁白秀丽，但其酸无比，不可食。母亲以此教诲其子勿沦为"秋白梨"——表面清秀内里孬。此幼教，至今铭不忘记也。

（三）母系

母系有艺术素质传统，有满族文化的遗传。此亦颇可贵。

母亲很不简单，称得上是民间剪纸艺术家。你看她的剪纸艺术作品：作者有几段介绍，先是一般提示满族剪纸的艺术特色——"满族剪纸，在艺术上具有本民族特定的语言和风格，有'无字天书'之美誉。就其文化渊源来说，它属于氏族社会未形成文字之前，远古风情的形象记忆，折射着一个民族的充满原始意味的图腾文化信息。"而后，就是母亲的剪纸艺术创作的风貌了：

> 她的作品……里面以人物为最多，大别之有三类：一是各种神祇，有头戴尖盔、手持利斧、胸围阔大、勇武有力的天神与山神，旁边分布着熊、狼、虎、豹，衬托其威武，或者作为猎物。有的羊角、人面，头上点缀一些叫不出名字的装饰。二是千手观音，头上站着神鸦，十几只手同时举起，每只手上各托一只朱鸟，双脚踏着双头双尾的蛇轮。三是形形色色的祖神，也就是女神，或者叫母亲神。萨满文化中崇尚女神，其中有盗火女神、创生女神、百谷女神、争战女神，还有什么柳树妈妈、佛陀娘娘、泰山奶奶、蜗皇老母；而最多的是各种各样的生殖女神。有的腰围肥大，乳峰高耸，

双脚叉开，旁边是九个拉手的娃娃。母亲所剪的嬷嬷人儿，都是身着旗装，头梳高髻，或者顶戴达拉翅的满族装束；人物正面站立，两手下垂，手和手相连，五官一律阴刻，鼻子为三角形。

这些作品，完全可以看作民间剪纸艺术的优秀作品。内容和形式，有民族特色，有艺术个性，有思想寄托，有生活祝福。

这种母系的艺术禀赋，自然会遗传给后代。

从谱牒学、优生学的角度来稍稍细究，王充闾的父系与母系，均是"颇有来头"的。

仅从母系说，爱新觉罗皇族，满族世家、大家闺秀、家传黄马褂，顶戴雕翎，还有八股文试帖……看，皇族的世系、满族的民族性、家庭的教养、性格养成及艺术素质的禀赋等，都是遗传因素和家教渊源。而且，"母亲个性刚强果断，自尊心强，端庄稳重，有一种不怒自威的气质"。这又是一种母性的人格魅力了。

一个人，或者说一个人才，就是这样从遗传因子开始，一步步这样走着、成长着。重要的是，家庭是个起跑线，很重要。"靡不有初，鲜克有终。"

（四）"童年镶嵌在大自然里"

"童年镶嵌在大自然里"——自然的养育——是东北大地（狐狸岗子）特殊地域的自然养育。作家对家乡自然的印象和眷爱，是其创作活动和作品基质的重要元素。

"童年镶嵌在大自然里"，这一点非常非常的重要，意义重大。儿童与大自然有一种天然的契合，自然能够陶冶儿童的心性；儿童又能系童心于自然。童心天真系自然，颐养心性育真纯。山水林田，花草树木，蓝天白云，飞禽走兽，把自己的童年"镶嵌"在其中，那是怎样的一种天然情趣和氤氲气场；尤其大荒乡狐狸岗子，旷野广袤、草木繁茂、野物出入，荒僻而大气，冷峻而肃然，与我熟悉的小桥流水人家的江南景色迥异，那对儿童心性的培养，以及对他日后的文风的影响，也都是不可忽略不计的吧。

童年镶嵌在大自然里，也是大自然镶嵌在童年中，自然环境的影响，会嵌入到思想性格之中。这与作者后来的寄情山水，写出优美山水游记散文，应该是有渊源关系的。

（五）"父亲"

这位父亲，是很可以一写，也很有可写的。

"父亲性格外向，内心的'风云雷电'，全都写在脸上。"

这是一位应该属于"耕读人家"的父亲。这在南方湘赣鄂我所属的地区，所见多有；但在东北不多见。其性质是既是农耕之家，以耕种为生活来源，但又懂诗书、通文墨，是"忠厚传家久，诗书继世长"那种类型。

从文化的传承来说，充闾的父教属于小传统中的民间文化灌输与潜移默化，但又有中国国学的传授。这后一点更重要、更有意义。对王充闾来说，也更具文化养育的珍贵意义。应该说，王充闾的国学修养，在这时候就打下基础了。幼学渊源，源远流长，这对他日后的成长意义真是很重大的。

王充闾这样描述他亲爱的父亲：

> 他除了经常吟唱一些悲凉、凄婉、感伤的子弟书段子，像《黛玉悲秋》《忆真妃》《周西坡》之类；还喜欢诵读杨升庵的《临江仙》词："滚滚长江东逝水，浪花淘尽英雄。是非成败转头空。青山依旧在，几度夕阳红。"

再就是郑板桥的《道情十首》：

> 吊龙逢，哭比干，羡庄周，拜老聃；
> 未央宫里王孙惨；
> 南来薏苡徒兴谤，七尺珊瑚只自残；
> 孔明枉作那英雄汉——
> 早知道茅庐高卧，省多少六出祁山！

嗯嗯！子弟书、通俗说部、板桥道情，居然还有杨升庵的《临江仙》等，还有庄子，等等，这是何等样的文化传输与文学训练！——民间文学、通俗文学、雅文学、国学……

自从电视剧《三国演义》播出后，随着那主题曲的流行，"滚滚长江东逝水"的豪唱高歌，风靡全国，打动人心；那"浪花淘尽英雄，是非成败转头空，青山依旧在，几度夕阳红"的意境，历史感丰厚沉郁，发人深思，感动了、也启迪了多少现代人！这种蕴含沉郁深挚历史感的诗句，幼小的充闾，就受之于父教了，即使是少不更事吧，潜移默化中，也是得其心意之蕴藉的。这与他日后的历史文化散文的创作和成就，是不是有一种渊源关系呢？研究者于蛛丝马迹中，该是可探其微的。

至于这里提到的子弟书《黛玉悲秋》《忆珍妃》，我也是很欣赏的，真是雅俗结合、情真意切、动人心扉的诗性作品。

我也很欣赏这道情最后的几句词："孔明枉作那英雄汉——早知道茅庐高卧，省多少六出祁山！"

这里含着颇为深沉而朴素的人生哲理："茅庐高卧"与"六出祁山"对称-对立-相比，从一位蛰居乡野的乡村知识分子的立场来说，过着耕读生活，平安度日，躬耕课子，茅庐高卧，是比争胜好强、建功立业要更具人生意义的。

读到这里，想起小结一下。

王充闾的回忆与陈述，令人想起《荒原》作者艾略特的话："在迈向未来时，继续在精神上与自己的童年以及民族的童年保持着联系。"——这可以用以解读今日之王充闾心态及他的作品。

还有美国历史学大师、九十岁完成世界名著《从黎明到衰落》的作者雅克·巴尔赞的话："机缘也是助我成书的一个因素，家庭背景、生活时代和出生地塑造指引了我的写作。"

这"三样"——家庭背景、时代和出生地塑造，也指引了王充闾的写作；也造就了他的文学成就。这里特别突出的是他的"出生地塑造"。

还有德国共产党的创始人、国际共产主义战士，工人出身的台尔曼，在希特勒制造的"议会纵火案"中，蒙受冤狱，他在法西斯的监禁中，写下了他的《台尔曼狱中遗书》，其中写道："德国历史，童年时代的磨炼，对人们生活过程的观察，唯有这些才是我的导师。"我以为，这里提到的三条：祖国历史、童年磨炼、对人们生活过程的观察，也是适用于广泛人众的，当然也适用于王充闾。不是吗，国家历史、童年生活，还有对现实生活的观察，这样三条，影响了、塑造着人们的世界观、人生观及一切的价值体系和行为准则，当然还包括思想和创作。王充闾童年成长于20世纪40年代末期到50年代初期的中国，这个时期的"中国历史"，加上他自己的"童年的磨炼"，再加上他对"狐狸岗子"及其周围的"人们生活过程的观察"，都成为他成长的"导师"了。

（六）老哥俩

父亲与魔怔叔这是两位蛰居乡野的老哥俩。但绝不是普普通通的乡村野老，他们居村事农，但是知书识礼，文化修养很不一般。他们既掌握一定的民间文化，又通晓应该是属于国学系统的知识学问。这哥儿俩还加上刘老先生，可以说是在荒僻之地的狐狸岗子构筑了一个可贵的"文化岛"，它是荒野里的孤岛，但却在精神上联系着外面的世界。不过他们居乡而不羡公侯，农耕而乐为村夫。王充闾父亲的这首和前人的诗作，是颇有意境的：

> 不羡王公不羡侯，耕田凿井自风流。
> 昂头信步邯郸道，耻向仙人借枕头。

诗的后面，他还加小注云："阮籍有言：'布衣可终身，宠禄岂足赖'！"可见其心地是不鄙布衣不羡宠禄，有名士气息、隐士情怀。

这是父辈的潜移默化，应该会对充闾产生影响吧。

父亲后来由于家事窒滞，常借酒浇愁，诗作意态缠绵抑郁。我试集王国维句以赠，不晓得合不合适：

> 为情困酒易怅怅，回避红尘是所长。

还有很可注意的一点，童年时，小充闾还听父亲唱过一个名叫《扇坟》的子弟书段子，讲了庄子里的《扇坟》的故事，让他第一次听到庄子的名字。后来，父亲去河北大名府探亲，路过邯郸时，还买回一部扫叶山房民国十一年印行的四卷本《庄子》。他参照里面的晋人郭象的注释，读得十分认真。

这是王充闾初识庄子。于是想起他后来的名著《庄子传》，试诌几句打油咏之：

> 童稚得识庄，渊源久矣哉；
> 日后撰庄传，幼教灵犀在。

（七）刘老先生也来了

请到了有"关东才子"之誉的刘璧亭先生来教学，这是一个跃进。当时，在日伪统治下，读的是伪满皇帝康德的《即位诏书》《回銮训民诏书》和《国民训》等伪国顺民的糟糠，思想中毒，文化上受害。而刘老师教的却是《三字经》，接着就讲授"四书"，从《论语》开始，依次地把《孟子》《大学》《中庸》讲授下去。

这也非同小可呀！从消极方面说，避开了伪满洲国的教育，如果上学就避不开殖民教育；而师从刘老先生，却读到了《三字经》以至《论语》等，中国传统文化的精粹在养育未来的精英。

从《三字经》到《论语》是一个跳跃，从国学基础跳到国学高层，从启蒙跃到"进学"，一位学者型作家就这样在"酝酿"中，也是被塑造中，亦是被培养中。

这里，少年王充闾所学，已经涉及国学基本。这很重要、很有意义——在文化上、思想和人格的进取上的意义。我把国学（我更愿意采取"现代国学"的说法）分为高低、雅俗两个等次：高雅者，"四书""五经"等；低层次、通俗者，把《三字经》《百家姓》及《龙文鞭影》等都算在内。少年王充闾这时所学，是"雅俗兼及""高低同研"的。这是一个很好的文化雅驯基础，对王充闾日后的成就具有重要的作用。

（八）童子功

啊，了不起的童子功！童子功是国学的基础功、基本功，是作者日后文学成就的基础、知识结构的基石，是文学成就的基本构造，不可忽视。

他这"童子功"，可是了得。六七岁的年纪，便读《诗经》《论语》了，还能背诵，还讲习书法。这时的传授，是比较多样的。这对后来的发展，起到了打基础的作用。作者说儿时的他很喜欢《诗经》中的《蒹葭苍苍》，因为它"整齐协韵，诗意盎然，重章叠句，琅琅上口，颇富节奏感和音乐感"。这就是最早的文学欣赏习练和审美启迪了。对文学的兴趣，即是这样引发的吧；而审美的启迪，则是在《诗经》这样的中国传统诗歌之"祖"的高层次经典作品启动的。这都是很好的开头。

作者这里说，他这时候就喜爱《诗经》里的《蒹葭苍苍》，不知道这是不是就是他的"文学第一击""审美第一击"？这"第一击"很重要，很有意义。它是以后艺术觉醒与审美情趣的奠基与基点，有此和凭此，就日渐生长、发展、建设文学与审美的方向和路数。萧红小时候是从祖父那里，学来了"两个黄鹂鸣翠柳，一行白鹭上青天"，她也是喜爱那音调，那音乐的美，实际是中国古典诗歌的音韵美。连小说都带诗性的作家萧红，是否最初的那"审美第一击"，起了作用？

我记得自己的这种"第一击"，是读了朱自清的美文《匆匆》，那里这样开头：

> 燕子去了，有再来的时候；杨柳枯了，有再青的时候；桃花谢了，有再开的时候。但是，聪明的，你告诉我，我们的日子为什么一去不复返呢？——是有人偷了他们罢：那是谁？又藏在何处呢？是他们自己逃走了罢：现在又到了哪里呢？

文章的本意是在说时光之易逝和应该"惜寸阴"吧，但我喜爱的却是那美丽动听的排比句，和那种层层推进的述说。

从现在王充闾的散文韵味和他对于古典诗歌的稔熟，说《诗经·蒹葭苍苍》是他的"文学与审美的第一击"殆可成立吧？

反观今日之王充闾，可以见到这种"童子功"的巨大深远的意义。中国传统教育中的"童子功"，讲的是死记硬背，所以记得扎实，几乎是"永志不忘"。至于理解，日后成长时期中，会随着人生阅历的增长和知识学问的进益，而不断扩展、不断深化，"后续劲"是很大的。王充闾今日国学修养和学术精进，得力于这种"童子功"不小。我是后进，缺乏童子功，长大以后的断断续续、零敲碎打学点东西，就支离破碎，可怜兮兮，比不得充闾了。

（九）"马缨花"下：长学问、识缪斯

这一节，实际上可视为"童子功"的继续追忆与回味。

事实是，除了刘老先生之外，父亲和魔怔叔共同参与了对幼小充闾的教育。那写到的他们在一起谈诗论文，这种诗教，是颇有水平、颇具诗文意境的。虽因年小，不能完全领会，但耳食之言，也受到熏染之效。更重要的是，这时已经在念习"四书"、《诗经》之后，接着，依次讲授《史记》《左传》《庄子》，以及《古文观止》和《古唐诗合解》了，并且强调要把其中的名篇一一背诵下来。王充闾日后的博学强记、具有令人惊佩的背诵古诗文的能力，就是在此童子功的基础上奠基的。

尔后就练习作文和对句、写诗。先生出上联："歌鼓喧阗，窗外脚高高脚脚"。他能见景生情，对出下联："云烟吐纳，灯前头枕枕头

头"。聪颖与文采已经"锋芒初露"了。

马缨花—对对子—童心！优美地渐入佳境！文学的意识和心境滥觞！

私塾读书苦，枯燥受拘束；但是，生灌、死记、硬背，却能接受知识与学问的远后效应。

这样的童年是枯苦的、寂寞的，但又是惬意的、幸福的，助人成长的。有这样的童年，方有后来的王充闾。

因为，教书先生很不一般，有"关东才子"之誉，国学功底深厚，还做过县里的督学和方志总纂，只是因为不愿为敌伪效劳，才困居乡村，息影山林。学问上等，经历不凡，这样的老师，同一般冬烘先生教书匠相比，是有天壤之别的。王充闾说，他从六岁到十三岁，"像顽猿箍锁、野鸟关笼一般，在私塾里整整度过了八个春秋"，"苦读"情状，难以缕述。但是，他回顾总结，说道："经过数十载的岁月冲蚀、风霜染洗，当时的那种凄清与苦闷，于今已在记忆中消融净尽，沉淀下来的倒是青灯有味、书卷多情了。而两位老师帮我造就的好学不倦与长于思索的良好习惯，则久久坚持，数十年如一日。"

"青灯有味，书卷多情"，这是多么令人深思而回味无穷的况味呢？难怪他以感慨无端，深情笔触，写下这样的文字，来反刍和纪念那段难忘的少年求学岁月：

> "少年子弟江湖老。"六七十年过去了，无论我走到哪里，那繁英满树的马缨花，那屋檐下空灵、清脆的风铃声，仿佛时时飘动在眼前，回响在耳际。马缨—风铃，风铃—马缨，永远守候着我的童心。

赏马缨，听风铃，读经书，习写作，童心之外，更有学识的增长，还有与缪斯神的相识。一位未来学者型作家的雏形，在此时酝酿、滥觞。

这节关于马缨花的文字，颇有散文韵味，淡雅隽永。

我在拙作《创作心理学》中，曾提出"人生三觉醒"的范畴。意思是，每个人，大体都在幼年和少年时代，先后产生三个觉醒：性觉醒、人生觉醒、艺术觉醒。而且这"人生三觉醒"，都会随着年岁的增长、社会的发展、时代的变化，而发生一再的"再觉醒"。少年王充闾这时已经产生艺术觉醒了。以后还会有多次的再觉醒。

（十）"魔怔"叔正式登场

在前面已经多次与这位魔怔叔邂逅，现在，要正式与他相识，认识"庐山真面目"了。

这是一位大人物，一位至关重要的人物，"王充闾的诞生"，他不可或缺。最初的引路人，人生和文学的引路人。"出生地塑造"，他是主要的塑造者。

他的重要性，不仅在于使小充闾能够"多识于虫鱼草木"，更重要的是在为人处世方面的影响，可以说既是知识学问的师长，又是人生导师。刘老先生是"国学深厚"，魔怔叔则是"杂学丰富"，在知识学问方面，刘老先生略胜一筹，而在人生历练方面，魔怔叔则在刘老先生之上。不仅他们的传授使学生获益；而且在人生抉择上，也给予影响。这一切均发生在他的少年时期，应该说是人生的基本功，打底子的性质。影响是既深且远的。

魔怔叔可以说是翻过筋斗、经过世事的人，四十年华，在那个战乱时代，就算是一大把年纪了。他把世事看得很透，但是消极面居多，难免消沉厌世，但对于少不更事的小学生来说，这些消极方面的渗透力是微弱的、可以不计的。

他真是一位可以进入小说的人物，很有特点。

这类乡村知识分子，为传统文化所装备，生根乡村，立足乡野，文化心理上却是一种"寄寓"，他们身上有一种"乡土气息"的儒家传统，实际上在农村传播着文化，培育着后辈。王充闾与魔怔叔属于这种关系。

中国现在的农村，急剧向现代转换，已经很缺乏这样的乡村知识分子了；耕读和茅庐高卧，就更不可能了。在新型城镇化的过程中，需要考虑和解决这个问题。

论起魔怔叔和刘老先生，对于王充闾的成长，应该说是有功之臣，他们的作用，重要的是在文化传输方面，是积极作用。人品方面，总体说，也是不错的。但是用世俗的眼光来看，他们被讥评为"魔怔"，缺点、问题也确实不少，刘老先生呢，不说其他，也不问原因，他确实抽抽鸦片，即吸毒。这些，又是不容于世的。人是复杂的，社会是复杂的，只用好坏两分法来论人，的确简单化了。试设想，他们若是长寿，日后的命运会怎样？……

很明确地，王充闾这时已经具有明确而方向正确的人生觉醒了。

（十一）子弟书与"子弟书下酒"——饯别会

子弟书，雅的民间文学，民间文学的雅文化成就，它的熏陶，既是民间的、文学的，又是雅文学的、雅文化的；这个熏陶与"民间国学"的结合，构成作者的"高雅文化-民间文学"的知识结构与"文学训练"。这很重要。

这个以子弟书为媒介的兄弟饯别会，是一次乡间野老的高文化的饯别，留下了文化的余香与余绪，影响及于后一代，是乡土文化的一次有意味的展现。

子弟书是东北文学的一枝花，也是满族文学——更准确地说是"满汉文学结合"的一枝花。它的带着浓重的民间文学质地和气韵的艺术品性，交融着雅文学的神韵，表达顺畅而脱俗，充满民间生活和民间语言，又不乏雅致的文学语言，二者融会结合、水乳交融，特有一种韵味和引人的力量。

（十二）嘎子哥的影响与"影响消失"

嘎子哥，少年的朋友，淘气的伙伴，童年影响不小，后来却都消失了。那是一颗少小世界中的流星。少小友善老大离，人生途路各东西。文化的分野带来人生的殊途，人生的殊途导致文化的分置。不过，各人有各人的人生和人生意义与生命价值，不可"比"，让我们祝福"嘎子哥"！

小充闾和嘎子哥两个小兄弟、小朋友，少小友善，长大"分道扬镳"，各有前程。其中，鲜明地表现了个人心性的不同，导致发展途路和人生境况的迥异。这既透露了"七分天"的不同；又显示了"三分人事"的异途。王充闾是兴味盎然和顽强地向着文学这个他幼小心灵中、具有妩媚之丽与力的"香草美人"去了，其寄望之切，用功之勤，心力投入之深，非同一般。而嘎子哥就别有所衷，向着别样的道路去发展了。这里，有两个"选择"正确与否的问题。一个是，家长是否把握好并顺着子女的心性爱好去着意培养；一个是自己能否认准自己的心性所向，而有意努力为之。从王充闾来说，这两个方面的选择，都是正确的，所以成功了。

这种各人资质和心性的不同，导致人生选择和发展道路的不同，最突出的显例，是鲁迅和胡适。说起来很有趣，我且举一二例。比如，他们两人都在十一二岁的年纪上，读了一本简易历史读本，鲁迅读的是《鉴略》，胡适读的是《纲鉴易知录》，鲁迅读后，几乎没有产生什么值得一说的影响；而胡适读后，却引发对历史的浓厚兴趣，接着便读《资治通鉴》，接着更在11岁的小小年纪上，就编了一个《历代帝王年号歌诀》。这个"工作"，被他自己称为"可算我'整理国故'的破土工作"。鲁迅和胡适小时候都接触到民间迎神赛会，看过社戏《目连救母》，也都看过《玉历钞传》这本宣扬阴间鬼神和善恶报应的书，鲁迅由此在心中产生了一个自己想象中的"鬼神世界"，从此喜爱身处阴阳两界，专管死生的、鬼而人、人而鬼、鬼而情的"无常"，更欣赏长发白衣带着恐怖之美的复仇女鬼——女吊，并在自己的作品中，深情地描述其动人形象。而胡适怎么样？他吓得疑神怕鬼，对生死产生无奈和忧虑；直到长大，读了范缜的《神灭论》，才心中有了无神论，得到精神解放。看看两人的心性有着多么大的不同。这就是作家和学者的心性的巨大差异。

现在，做父母的如何根据子女心性资质的不同，因材施教，以及每个人自己如何依据自身的条件，来选择发展路途，可以从以上王充闾和嘎子哥的实例中，以及鲁迅与胡适的突出"历史个案"中，得到启发。

（十三）"草根诗人"：遗传因子与后天习得

作为"草根诗人"（我更喜欢说"农民诗人"）的父亲，其父训，是双重的——文学的和为人的，包括"文学的'为人'"。

第一，以子弟书的文学质地为根基，以古代诗词为附丽。这种文学修养，既有高雅文学的熏陶，又有民间文学的灌输。其对少年王充闾的影响，是前者为主、后者为辅；但经过成长起来的王充闾日后的文学-文化进益与修为，"倒过来"了：高雅文化成为根基，民间文学则转为附丽了。这在他日后的创作中，表现出来了。

第二，为人：正直、本分（身份确认）、"为创作而创作"，著述不为稻粮谋，也不为名利累，抒发襟怀而已矣。这里既有为人之道，也有为文之道。这是正确价值观的传输。以后，王充闾则在此基础上，升华了，提高了。

这里又出现庄子。看来少年充闾与庄子结缘甚早，且数度邂逅，留下了最初的也是刻印深的早期印象。这与日后的撰写庄子传，不能说没有渊源关系。

（十四）关于嫂嫂和碗花糕：人间挚情

这人间挚情，充满了中国味，是中国传统文化的范例之一。作者为此写过挚情之文，它的意义，不仅在于文学，而且在于对于中国传统文化的回溯与追忆，足可引起今日世人的警觉。——不过此处就王充闾的成长来说，就是在其心灵中种下了"真与善"的幼苗。

这种亲情之真挚与深沉，是中国伦理文化的可贵品性。中国向有长兄若父、长嫂似母之说。旧时人家，子女众多，长兄幼弟年岁之差相当大，长兄大嫂往往有这种作用。这种伦理文化是中华文化中的感人之处。

这位嫂嫂表现了中国农村妇女所葆有的传统伦理文化的美好精神与品格。她善良、质朴而重亲情，视公公、婆婆如亲生父母，故能待幼弟如亲子，呵护、照顾有佳。她虽因夫故而改嫁，但视婆家仍如自己家，不改旧时情。这种良好的亲情，给予小充闾是一种温馨与惬意，留在了幼小心灵中。这是他的创作心理构造中，早期的生活记忆和情感记忆，是善良、温情的幼苗。

由此才产生了作者后来的挚情抒情散文《碗花糕》。

（十五）从《哭灵》到《文化牲格》：乡土社会与乡土文化

这是从第二十四节到第三十节的内容，它们反映了从狐狸岗子到盘山县，以及可以望见的高升镇的乡土社会的状况和乡土文化的状貌，读起来都是很有意味的。主要是感受到了那个时代，那个历史时期的这块冻土地带的社会性质和文化质地。

费孝通写过《乡土中国》和《江村经济》，那都是中国南方的情形，今读此处所写，则是东北地区南部荒野里开发时期不很长久，经济和文化都还带着原始蛮荒的遗存，和费孝通所写，是多么的不同啊。无论是哭灵还是猎鹰，还是土特产和"绺子"，以及押会，直至"汇总"性的"文化性格"。在在不同，处处相异。这里主要是反映了这块在经济上和文化上都属于新开垦的处女地，也是带着蛮荒野气的乡土社会和乡土文化，如何养育他的"文学的子弟"、作家王充闾。

大概可以推断，如果没有那个由他的父母亲和魔怔叔、刘老先生及他的有文化的亲属所构筑的荒原上的"文化岛"，在他幼小的时候，就灌输了富有高智能文化滋养的中国传统文化（其中包括高层次的国学基本经典），是不可能产生日后的作家王充闾的。即使产生了，也会大大不同于出身南国的学子。

我感觉，这里描写的狐狸岗子以至盘山县的乡土社会与乡土文化，虽然与以后王充闾的作品，没有直接的联系，但是，其作品的选材、风格，是潜在地有着"出生地塑造"的影响的。而更重要的则是，王充闾日后对于中国社会的了解、对于历史的掌握、对于人物性格的分析，都是与他这个时期对于故乡的乡土社会与乡土文化的理解和记忆有关，当然，它们是潜在的、隐形的、自觉或不自觉的。

那个西厢房的房客的故事和他的几块大洋的遗留及母亲几十年的守候他来取，都是很感人的，也是那个地方的乡土社会与乡土文化的出色表现。至于那个老榆树被眼看着烧死的情景，令人深思，而作者的那段描写，颇有鲁迅的《故乡》《风波》的风韵，白描、真实、质朴、深沉：

> 有一件很小的事，给我留下了深刻的印象：一天傍晚，"罗锅王"门前的那棵半枯的老榆树起了火，烟雾迷漫，呛得围坐在一起纳凉的人们一个劲儿地咳嗽。任谁都叨咕：这烟实在呛人，却又谁也不肯换个地方，更不想拎桶水来把它浇灭，尽管不远处就有一眼水井。

> 连那个说故事的，也被呛得咳嗽起来，随口插上一句："哎呀，这棵树烧完了。"旁边有谁也接上说："烧完了，这棵树。"

> 听不出是惋惜，还是惬意，直到星斗满天，各自散去。

> 一年三百六十天，人们就是那么因循将就，得过且过。

对于作者来说，这件事给他留下了深刻的印象，以至现在他还记得，他还真实地活灵活现地写出来了，这正证明了前面所说，他所拥有的具体的乡土社会与乡土文化对于他与他的创作的影响。

（十六）艺术觉醒的开始

作品——处女作《花云》产生了。

前面说到对中国传统社会，尤其乡村社会，又尤其是东北乡土社会，以及乡土文化的了解，对于这些的了解，是一个作家成长的必备的与优厚的条件。他具备了。中国是一个乡土社会，中国的乡土文化是中国文化的根基，中国的基因——文化的DNA。

现在，他是要表现，要"出手"了，老师命题，学生作文。

> 当时，很费了一番脑筋。后来琢磨出一个思路，用现在的话讲，运用了联想（其实，这里面也有思辨）。我把郊游中看到的梨花景观，同我外祖父家的梨园作了比较。我讲，外祖父家的梨园是在平地上，我进入里面，感觉像是穿越花海；而郊游中看到的梨园，却是在一个丘陵坡地上，站在下面往上一望，仿佛是一片花的云霞浮在头上。所以，我的题目叫作《花云》，写了大约有五六百字。卷子交上去后，我就注意观察先生的表情。他细细地看了一遍，摆手让我退下。第二天，父亲请先生和"魔怔"叔吃春饼。坐定后，先生便拿出我的作文让他们看。我也凑过去，看到文中画满了圈圈。父亲现出欣慰的神色。

他运用了比较、联想、比喻等"艺术手法"。

这是他人生觉醒的发展，其中也包含不自觉的"艺术觉醒"的因素。

《花云》则是艺术觉醒的开始和表现。

一个未来的作家，就是这样在成长。

（十七）"命名"

"充闾"的由来。

这是人生之旅中的重大事件。

"命名"——可以有海德格尔关于语言是对世界的"命名"的意义。

"充闾"之名，不仅有《幼学琼林》中的"子光前曰充闾"，而且有《晋书》中的"充闾之庆"，更巧的是他家就在医巫闾山脚下。这里储存的信息很多，可以试用《易》学的推衍来予以解析。科学与不科学皆有，那会是很有趣味而又具有意义的。

（十八）小好姐——"绿窗人去远"

这是本书比较少见的"情感篇"之一，写得朴素无华，情意缠绵而颇含蓄；本来就是"青山隐隐水悠悠"的事，不宜多诉明说，但少年情感的丝缕，历历可诉。

这是真实的生活，但却有似戏剧小说，两小无猜的儿女，相处了若干年，有一种朦胧的情愫，对年龄稍大而懂事了的女孩来说，意识更明朗一些，但尽在不言中，临分别，为之整理好了读过的书籍，留下了临别赠言，情真意切，却朴素无华。事情到这里，都还一般；"诡秘"而动人的是，二十多年以后，那个男孩已经由幼小无知，进到成家立业的中年岁月，才无意间打开尘封多年的书包，这才发现了那张字条！写得很朴素而又真切：

> 我要走了，也许以后我们再也不能见面了。
> 嘱咐一句话：你太淘气，闹了几次危险了。

略加品味，我觉得有点诗意。

记得年轻时读过一本艾青写的诗论著作，其中举例说，他一次在一个印刷所看到一位工人在黑板上的留言：

> 小伟
> 别忘了那自行车

艾青说，这就是日常生活中的诗。如此说，小好姐留给小王充间的字条——临别赠言，也堪称诗，而且比那黑板上的留言，更具诗意。看了很感动人。

胡诌打油一则：

> 两小无猜情缘在，缘路阻塞两分开；
> 鸿雁纷飞各西东，雪泥鸿爪怨命乖。

"姻缘前世定"，这种迷信的天命论里，含着科学的因素：所谓命定，实际是社会、生活、时代、家庭等因素的综合力量，形成了个体表现的"命运"；"前世"也者，"今生"的"命运"表现而已。记得鲁迅年幼时，也有与表姐的一段动人情缘，为母亲的"八字不合"而断缘。据说，表姐青春离世，诀别时喃喃哀语："周家为何不来提亲？"

现在，这种事情已经永远结束了；在人的情感篇上，这是好还是坏？……

这是一段很美好的少年记忆。少年时代的情愫、年华远去的回顾、人生际遇的刻痕，是一种生活印记和心理情结，它们都是创作心理的基因。作家情感世界和理性世界的碎片。

联系到父亲、母亲以及他们的教诲，还有嫂嫂的亲情，等等，这是一种伦理情感的积累。大凡作家在成长过程中，总要进行生活积累、知识积累、心理积累、情感积累（尤其情感积累很重要，是创作心理要素之一），即《创作心理学》中所谓"作家的生活学"。王充闾在这几个方面都是"积累丰富、准备充分"的。这是他的文学成就的基础和前提。

有朝一日王氏写小说，凭想象在事实基础上，虚构，添油加醋，定是精彩篇章。

（十九）"淘书"知读书

看其所淘，知其所读。其中不少国学基本。这是这位学者型作家-作家型学者的基本功，也是学养，非一般所能。现在这样的学者少，这样的作家就少而又少了，几可谓绝迹的吧？呜呼！

这时候，他已经涉猎"十三经"和《史记》《汉书》《资治通鉴》等经典了，现在，又挑选了这样一批古籍：《渊鉴类涵》《纲鉴易知录》《贞观政要》《韩文起》《朱子语类》《涵芬楼秘笈》《秋水轩雪鸿轩句解尺牍合璧》《词综》《李太白诗文集》等四十左右种，还有十二册铜版的《金玉缘》和一部《容斋随笔》。这是很丰富的国学著述，能够在这个年纪上，就阅读这些古籍，还浏览了笔记小说之类的名著，既是国学修养，又是文学修养，二者融会贯通，像阳光雨露一样，浇灌滋润着一个向学成长的少年心灵，养育他的智性成长和灵感思维，为日后的成就的取得，奠定了坚实的基础。

章太炎有"经学即史学""子学即哲学"之说，据此，王充闾的经学知识，既是经学的，又是史学的，也可以归入史学了。还有一种说法，即所谓"刚日读经，柔日读史"，这好似说的"阅读选择"吧；我现在借来一用，意思却是指经史的内涵性质。就是说，"经"是刚性的，是哲学的、理论的、理性的、说理的、论证的；"史"是柔性的，讲述性的，是讲事、说人、讲故事，是情感性的、抒发性的，但二者却又是汇融一体的。王充闾涉足经史，就二者皆获，刚柔兼得。这为他日后的为文，起到很好的作用，"经"使之具有理论、理性、哲理、分析与评骘，有"骨"；"史"使之具有史实、故事、事件、人物，有"血肉"。经纬结合，纵横捭阖。

回顾和纵观王充闾的学养基础，国学是突出的奠基石。

我觉得中国作家，具有国学的修养，对其成长和成就，作用至巨。王充闾日后的文学成就，即是明证。他的文章的厚度与深度，皆得力于国学的根基。中国文化向来文史哲不分，所谓国学，即文史哲皆在其内。作为中国作家，了解了国学，在一定的程度上打下了国学基础，就能够使自己的作品在历史知识、文学知识和哲学思维上，具有优势，从而使文章蕴涵深厚，有读头。王充闾即是如此。老一辈作家中，鲁、郭、茅，都是如此。中国的"新文学作家"，了解国学，掌握国学，至关重要。一般的状况是，成名的中国当代作家，在取得一定的成就后，也都渐渐学习国学，了解国学，并有一定的成绩，有的还比较突出。不过现在的网络作家们，似乎不在此列。

中国作家掌握国学的好处，就是可以使自己的作品，具有中国气派、中国韵味，那是很有文学气韵和文化底气的；只是我们向来以西方文论为依据评论作品高下，以西方美学为审美圭臬，怠慢了自己的文化传统和审美理论与审美情趣，所以评论往往舍弃自己的民族规范而就西方。

（二十）每一个人都在文化选择中成长

王充闾在淘书中，显示了他的文化兴趣和文化眼力，这是一种自觉性的文化选择。

每一个人的成长，都是在文化选择中进行的，有怎样的文化选择，就会有怎样的人，甚至应该说，整个人类也是在文化选择的途中日渐成长的。我在拙著《文化选择学》中，从人类的成长到个体（每个人）的成长，论述了这种"在文化选择中成长"的路径和规律。仅就个体来说，"首先是文化选择人，文化烙印于人的身上，从机体到心灵；然后，是人凭此以选择生活方式、生活目标、行为规范等等；正是在这种文化选择中，他进行这种自我塑造，也是为文化所塑造。"

王充闾的成长，也是循着这个路径一步步走着的。首先是他的父母和亲人、师长以"文化的眼和心""选择"他这个儿子和亲属、学生，这就是他的父母对他的家教和谆谆训诲，比如母亲所说的"不做蝗虫和蛆虫"就是。这种选择，客观上就是塑造。而后，就是小王充闾自身的主体性文化选择，比如他记住了父母的教诲，记住了父亲所吟诵的子弟书，记住了魔怔叔和刘老先生的种种文化教诲和传授；现在，则是在淘书中的文化选择。他就是这样一步步在文化选择中成长的。

值得注意的是，他的这种从幼年到少年时代的文化选择，其文化性很浓重，其文化质素比较高，是在前面所说的他的家庭和师长所筑成的"文化岛"上所做的文化选择。所有这些，都成为王充闾成长的环境条件和文化境遇，唯其有这些，才有后来的王充闾。

从以上情况，可以看到，王充闾是如何一步步正确地进行了他的文化选择，因而得以一步步"胜利地前进"，一步步走向作家、学者的坦途。

（二十一）试做小结

至此，我们可以小结一下了。

马克思、恩格斯在他们早期的合著《德意志意识形态》中就说过："一个人的发展取决于和他直接或间接进行交往的其他人的发展。"又说："总之，我们可以看到，发展不断地进行着，单个人的历史绝不能脱离他以前的或同时代的个人的历史，而是由这种历史决定的。"这些话落实到王充闾，就可以说，他人生早期的发展，被他的父亲、母亲、嘎子哥、魔怔叔、刘老先生，还有嫂嫂、小好姐等，这些和他直接或间接进行交往的人的发展所决定；他这个"单个人的历史"，取决于他的以前和现在与他是同时代的人，即父母、嘎子哥、魔怔叔和刘老先生等人的历史。至此为止，可以看到，他的周围人，他与之交往的人们和他们的历史，在他身上都是发生着好的作用、好的影响的，是今天常说的，是他的良好成长的正能量。用通俗的话说，就是"打了个好底子"。

幸哉，王充闾，有这样好的父母、亲人、师长和朋友。这里说的"好"，主要是指正确的人生观、价值观的潜移默化和中国传统文化的训教、传输与熏陶，还有亲情友谊的温煦。这些，都是无可选择的，是属于"七分天"中的事情，这也可以说是"命运"即中国人习惯说的"命"。父母、亲人、师长好，这就是命好。个人的发展前途，在出生和成长时期，被这种"命"所决定。这是每个人的"人生的DNA"，它既是自然的、先天的，即家族和家庭世系的；又是社会的、历史的。这些应该属于前面所说的"七分天"的系列；这一系列"好"即"命好"，是个好前提、好基础，但是，如果自己不努力，在"三分人事"上，偷懒、耍滑、疲累、不作为、没出息，那"七分天"也就白费了，糟蹋了，废弃了，好命人也就成为"一朵谎花"了。这样的事，这样的人，世上并不少哇。

前述生平，证明王充闾是"命好"的人；但是，他日后的成就，只是在这个基础上，有了以后数十年的"三分人事"的努力修为，才得到的合理的收获。

以上这些，对于作家、学者以及一般人，都是富有启发意义和激励作用的。所以，虽说是"一个人的文学史"，但实际上也还是"人生教科书"，或者说是"生活读本"。这样说来，这部文学传记的阅读面和受益者就广泛得多了。

（二十二）封馆与应试：新的生活与锋芒初显

时间已经是1948年了，历史的大决战已经奔向尾声，而崭新的历史时期即将来临。正处此时，王充闾就学的私塾馆，才封馆停办，而他也才走进新式学校。应该说，是晚了一些；但他终于结束了封闭式传统教育的学习生活，而走进新的学校、新的社会、新的世界。此前的学习，传统而陈旧，但真的学到了许多知识，属于国学范畴的知识，这是那些一直在新式学校学习的学生所无法比的，是王充闾的特强项、优势、今后发展的定向基础。

进学考试，虽然是初涉"战场"，很陌生，但知识储备充分，其机灵更非同一般，已经初显锋芒了。遇到的老师也很出色，不愧为人师表。这也是学生的幸运。

现在，这样的学生不多了，或者说绝迹了，因为时代不同了；这样的老师也不多了，也几乎绝迹了，也因为时代不同了。但是，这种师生关系，这种中国式教育传统和师生情缘，还是应该保留和发扬的。

（二十三）望

儿子考上中学，要离家上学，母亲倚闾而望。"以后你只能靠自己照看自己了。"这临别的赠言，表现了母亲的深深眷恋和牵挂。作者上路之后，途中神情恍惚地反复默诵着清代诗人黄景仁的《别老母》诗，心里很不是滋味：

> 搴帷拜母河梁去，白发愁看泪眼枯。
> 惨惨柴门风雪夜，此时有子不如无。

黄诗极好，尤其结尾两句，成为千古名句。记得瞿秋白在《多余的话》中集唐人句的集句诗中，也引过这两句诗，我也一向极为这诗句所触动，往事件件，联想翩翩。这好像是中国人的伦理感情的重载。不过，这里所写的母亲的"望"，还不止是想念的"望"，应该还有"望子成龙"的"望"。这种性质的望，她老人家是一点也没有失望的，而是子成龙、母欣慰。母亲活到九十多岁，她亲见了内心之"望"的实现。

母亲还是一位坚强的女性。两个儿子先后离去，这是多么沉重的打击，多么深沉的伤痛。但她挺过来了，活到九十多岁。这种精神品格是值得尊敬的。

（二十四）新天地

这是学习的新天地，更是生活的新天地，同时，也是思想-文化的新天地，还是人生道途的新天地。他走出传统文化的氤氲，进入新文化天地，也是革命文化新天地。这是思想上、文学成长上的翻天覆地。

他担任班级语文课代表；得到语文老师的赏识。而且，他从阅读和欣赏《孔雀东南飞》，"飞跃"到听石老师的激情的朗诵《罗密欧与朱丽叶》。他谛听石老师以嘶哑的声音朗诵着罗密欧自杀前的那段话：

> 你无情的泥土，
> 吞噬了世上最可爱的人儿，
> 我要掰开你的馋吻，
> 索性让你再吃一个饱！

莎翁的这挚情的名句，对于一个青春年少的中学生来说，定会是感动非凡、触动心扉的，而且是双重的：青春的情意萌动和文学的艺术魅惑。

他走进新文学的天地，也是西方文学经典的艺苑与审美境界。

而此前，他还有幸听到代课的富老师对于冰心的《寄小读者》的倾心的介绍，而他又是那样全身心地接受，以至手抄了一本，并装订成册，成为班上传阅的"手抄本"。更重要的是，富老师的着意的接受和评价："爱的经典"。

爱，与情，与爱情，这些最能触动青春少年的人的情感世界的永恒的魅力，肯定注入了求学中的青年王充闾的心间；而中国新文学和西方文学宝典，又已经注入他的"文学的心田"。那里将会培育和生长出怎样的个人情感世界的嫩苗，是可以想见的。

这不就是性觉醒、人生觉醒和艺术觉醒这样的"人生三觉醒"的同时的觉醒激起和萌发生长吗？

一个作家的心田和创作心理，其实就在这时在不断地在听课和学习中成长。

接着发生的事情，是惊人的、意想不到的，但也是青年学子所无法完全理解和认识其中的深层含义与寒意的吧？——那就是石老师咳着血，倒在了"反右"的批斗场上。对此，作者没有哪怕比较详细一点的记叙，这是主观的感觉和认识，但对一个中学生来说，要能理解所有的人们都是在几十年后的历史时期才能认识的"历史事件"的含义和影响，那是不可能的。

但是，这以后的时代气候，对他的影响却是存在的。

总之，整个的"文化场地转换"，人生道路的转换，意义非凡，转换了发展道路，向新的方向发展、成长。

这个时期、他这个年岁上，步上新"征程"，进入新生活，实现文化场地的转换，真是正其时也。这是中国民族命运和历史发展，进入天翻地覆的时代，环境如此、时代如此，而传主本人又正处于成长时期、人生观最后确立时期，可以说是主观和客观，都是恰逢其时。

不过他现在，转换了，获得了，感受了，但还没有自觉意识到。

也许，这样更好些。

我读茨威格传记系列的《三作家》（写卡萨诺瓦、司汤达和托尔斯泰）后，得到作家的传记的命题："自我塑造"和"自我写照"。读本传至此，我感觉到，王充闾此时已经进入自觉或不自觉地自我塑造的时期，但不自觉的成分大于自觉，是处于"自在"与"自为"的路口，而以自在为主，自为则是自然地在行进。以后，就越来越增加自觉与自为的成分了。一个未来作家，就是这样地在成长的。

至于自我写照，那么，这部"一个人的文学史"《我见文学多妩媚》，就是了。

（硌屁股事件，是一个幽默的生活天地转换的契机和"噱头"。）

（二十五）"年少青衫薄"

突然跳到四十三年后：中学同学，往事依依，记忆犹新，"仿佛就在昨天"。

结尾"四十三年……"是一篇自然优美的散文，含着丰富但蕴蓄的人生与社会的内涵，读来感人至深。那最后的拥抱，自然而然，情真意深。——我读得泪液盈盈。

我感动于他们"老来不减少小情"——当年那种同学少年纯真的友情：一是少小无猜，情意纯净而素朴；二是，四十三年付逝水，白发犹记少年情；三是，至今还"迸发"那份纯真。对中国人尤其是中老年人来说，那自然的一个拥抱，蕴藏着多少可贵的人间真情。这在当今社会是很可贵的。

记得我1988年访法时，结识了一位美丽的巴黎女博士，她丈夫是华裔。我问她："你怎么愿意嫁给一位中国人？"她回答说："因为中国人重感情。他们的大学同学、中学同学，差不多小学同学，都有来往；我们法国人，看重横向联系，一个时期，在不同地方、不同单位，有一批联系的人。"这是了解中国传统人际感情的说法。的确如此。你看，王充闾和他的小时候的同学，还这样保持着旧日的同学情，虽然各方面的差异都很大了。

但是现在这种"传统人伦情感世界"，已经被金钱、势利所严重污染和连根毁损了。这是中国现代化进程中的一种损失，需要纠正、弥补，在传统的"框架"中，补充现代的情感元素，而不要完全抛弃传统。我之感动于充闾与小学同学的"老而不忘少小情"，原因也在于此。

此段文字，是本书三段"情感戏"之一，也是第三段，前两段是《嫂嫂》和《小好姐》。这三段文字，都简练而朴素无华，但真情的史实，真情的表白，真情的流露和抒发，感人至深。我还特别"想过去，看今日"，感动于究竟"人间自有真情在"。这是人类可贵的情感质素，它可以温暖人的一辈子。这是鲁迅所说的"美上之感情"，具有这样的"美上之感情"的人才是"真人"；得到过这样的他人给予的"美上之感情"的人，应该有幸福感，是心灵中永在的温情。

现在，这样的"美上之感情"，真是少而又少了，都被金钱和权力所污染和亵渎了。唉！我们应该改变和恢复！

这里，顺便还谈一个王充闾散文的诗意问题。海德格尔说："纯粹的散文从来就不是'无诗意'的。"前面说到的本书的"三段情感戏"，就具有"散文的诗意"；如果充闾把它们正经写成散文，定能成为"纯粹的散文"，而具诗意。

但现在，我们却需要思考，他的已有散文中，在哪些地方表现出"诗意"？似乎是一个可以研究的课题。就我看到的评论说，好像还没有论及这一点的专论。

还是回到作者的"文学成长"主题上来吧。

这时，他读到了，并且和同学们一起，朗诵了石方禹的《和平最强音》这首长诗。它是抗美援朝时战事初起之时，发表在《人民文学》上的一首长诗，当时影响极大，全诗气势恢宏、大气磅礴、壮怀激烈。它以这样的诗句结束：

> 不许战争！
> 让无数的丹娘继续念中学第九班，
> 让刘胡兰活到今天成为劳动模范。

在周末晚会上，充闾和同学们还朗诵过一首《到远方去》的短诗，它则以这样的美好而自信的诗句结束：

> 收拾停当我的行装，
> 马上要登程去远方。
>
> 没有的都将会有，
> 永远不会落空
> ——美好的希望。

他说："那时的中学生，可说是豪情激越，壮志盈怀，充满了必胜的信念。在大家的心目中，事事无不可为，一切理想都必将实现。"

这些，可是完全的"新"；不再是"诗云子曰"，不再是"是非成败转头空"，也不再是杜甫、李白，而是去战斗、去争取、去创造，而是石方禹和其他新诗人。

他由旧文学天地转入新文学天地，思想、趣味、情感、语言，都一起转换了。

现在，自我塑造的自觉性，已经大为增强了。

这里的自我写照，也是很好，很有意味的。

不过，这时，他还回过一次乡里。

好像是回顾过去，为了更好地走向未来。

好像是高尔基说的：感情倾向过去，理智倾向未来。他回旧乡故里，想看望魔怔叔，拜望刘老先生；但是，一个病重垂危，一个已经去了黄泉路上。多么令人伤怀感叹。但是，他们是过去的人，他们在旧社会不适应，现在，又不适应新社会。他们的要离去和已离去，也许是好事。但青年王充闾已经走出旧世界和旧生活，已经身心投入地进到新社会、新生活，并且是这个新的世界的新生力量。他的告别过去，是新的生活的彻底开始。

一切都在向他招手！

这是"自然"的文学修养与文学生活的结束。

自觉的文学生活就要开始。

附告：石方禹的长诗《和平最强音》，是抗美援朝开始时的诗，发表在《人民文学》上，当时产生了巨大广泛的影响。作者原是新华社记者，因发表此诗而被调入文学单位，后在海燕电影制片厂主管电影文学剧本工作，再后好像在文化部电影局工作。

三、卷下　一个人的文学史

（一）第一章　起步（1947—1958 年）

1. 起步和起步之前

起步之前，他已经筑下了比较深厚的国学基础，比一般同龄人同学要高出不止"一筹"。

他十一二岁时，在"四书"、《诗经》之外，已经学过《史记》《左传》《庄子》，以及《古文观止》和《古唐诗合解》，而且其中的名篇曾经一一背诵下来，还练习过作文和对句、写诗。他读过杜甫的《宿府》七律。"清秋幕府井梧寒，独宿江城蜡炬残""已忍伶俜十年事，强移栖息一枝安"，杜甫这样的清词丽句和人生感悟，已经渗入其幼小的心灵了。他甚至还写了这样的文言文，题目是《灯笼太守记》，文章以一首七绝结尾：

> 声威赫赫势如狂，查夜巡更太守忙。
> 毕竟可怜官运短，到头富贵等黄粱！

尾句的感叹，未必是少年作者能够真实地领会，但既出自他的手笔，还是有一定感受的。

由此可知，王充闾的创作心理的文化构建，是以传统国学奠基的，这是他日后出色的历史文化散文之产生的滥觞与前识。这同他的同龄人的中国作家的以"五四"以来产生的新文学奠基，不仅是不同，而且是一种优势。

2. 一位未来作家的"胎息"

这是本章的第一节，即《一个人的文学史》的第一节，所以所谓"胎息"，就是一位未来作家的诞生前的"胎息"。他实际上在自觉和不自觉地接受文学讲授和创作训练。他所接受的"胎教"，是《诗经》及古典诗歌，还有古典文辞，但以前者为主，也是少年文学爱好者所容易接受的。这给他今后的发展，奠定了一个"艺术性基础"，既是文学和文化的基础，又是艺术趣味的基础以至创作心理的基础。古典诗词和文辞，成为他尔后的创作心理构成的强项和作品的亮点，不是偶然的，是"童子功"和"少年功""青年功"筑成的。

看他这时诵读过的书目，是相当可观的："四书"、《诗经》之后，依次读了《史记》《左传》《庄子》，以及《古文观止》和《古唐诗合解》，而且先生要求把其中的名篇一一背诵下来。接着，就练习作文和对句、写诗。此时他12岁。

这个童子功是相当宽泛的，文史皆备，诗歌文辞齐全。这为王充闾日后的成长，打下了坚实的国学基础。

书中还写到先生为他认真仔细地讲析《古唐诗合解》，并且具体而微地分析、诠释了杜甫的《宿府》，讲解了对仗、韵律和"诗眼"（"独宿"）。这是很有学识水平的讲析，也是文学欣赏和创作的训练。诗中"已忍伶俜十年事"句，瞿秋白在他的集唐诗句的诗作中，着重引用过。确是名句。

少年王充闾受到了严格而具有较高层次的诗学与艺术的训教。而且，他这时就已经接受诗歌创作和文章写作的训练了。这也是童子功的一部分。

3."进错了门"吗

现在他已经走出旧的"窠臼"，从私塾进到新式学校，学习的内容，从"古典"进入"现代"，而这"现代"是"中国20世纪50年代"的"现代"，这是"血与火"的战争和斗争刚刚结束，人们正开始高歌猛进建设新中国的时期，20世纪20至30年代的革命文学和30至40年代以来解放区文学，正以雷霆万钧之力，扫荡旧文学的陈迹，迎接和发展新的人民文学。他就在这个时期，接受文学洗礼，酝酿新的"胎息"。

歌德在他的《歌德谈话录》中，与门生艾克曼谈自己的"自传续编"时，指出："一个人最有意义的是他的发展时期。"王充闾此时，正处在这样的"最有意义的时期"。他的发展是比较顺畅的，也是比较幸运的。

其实，门并没有进错，大概率作家都非学文出身，大学更没有"作家系"，现在的"作家班"都是培训性质；鲁迅、郭沫若都不是文科出身。实际上，从"胎息"到师生论文、读文学名著等，都是在"进修文学"。眼看着一位作家在"错门"里逐渐成长。

教师出身的作家也不少。

这时候虽然觉得当作家是一个好似难于实现的梦想，但写作的欲望却很强烈，"蠢蠢欲动"。这是一种潜在的"创作激起"，是创作心理的一个很好的"苗"。

书中写到《辽西文艺》，写到编辑高柏苍先生。这使我感到很亲切。那时，我是《东北日报》文艺部的编辑，编辑并发表过《辽西文艺》编辑、年纪略小于我的刘文玉的诗作（那是他在地区大报上发表的处女作）。高柏苍先生我也认识，年纪略大于我。后来，辽东、辽西两省合并成立辽宁省，他来到沈阳，我们时有交往。他是一位深通国学的编辑和作家。他后来的命运好像也不大顺。本书写到的情况，反映了那时刊物编辑的良好作风和文风。

作者后来果然写了作品，并在《辽西文艺》上发表了，并博得了"校园小作家"的赞誉。他已经试笔并取得成功了。一位未来的作家，悄悄地在成长。

文玉后来成为颇有成就的著名诗人。还有胡世宗同志，在小学读书时，我编发了他的诗作，"由此一发而不可收"，他后来也成为著名诗人，成就卓著。学生时代，就在省级文学刊物《辽西文艺》上发表作品，这是一个良好的开端，结出了美丽的花朵。但王充闾却并没有像刘文玉、胡世宗那样沿着处女作的路子，一直发展下去，他没有沿着写通俗文学的路子继续走下去，成为通俗文学作家。这有主观和客观的许多原因，但归根结底还是他本人的心性和艺术才华以及原先的学养所决定，也是他的创作心理的结构所决定的：他必然走历史文化散文的创作道路，而不可能拘守在通俗文学的格局之内。

（二）第二章　我生不辰（1958—1977年）

1. "我生不辰"：是"生不逢辰"还是"适逢其时"

作者的意思好像是前者，我的意思正好相反，是后者，是"适逢其时"呀。

这是20世纪50年代末期，什么批俞平伯呀、反胡风呀、反右派呀等运动都已经过去，风头过后，天清气朗，社会主义的革命文学蓬勃兴起，社会主义、现实主义与革命浪漫主义相结合的创作方法，盛行神州。《在延安文艺座谈会上的讲话》，是指路的明灯。文学的任务、方向、道路与创作方法，了了分明。人们的精神气质是个个意气风发，高扬理想的风帆，文学是人们最喜爱的文化骄子，作家是灵魂的工程师，地位显赫。青年学子，许许多多是文学的爱好者，自我心理上的未来的作家。前车之鉴就在不久前，不会重蹈覆辙。所以，一切都准备好了，都给准备齐全了，也都预示警告了，不会犯错误，沿着坦途前进吧。作为一个未来的作家，在这样的条件下起步、发展、成长，是幸运的。君不见，早些年成长起来的年轻作家，许多都"扑通扑通"跌进了右派深渊？

当然，具体看，个人的遭际，会有些不如意。

而从历史的，尤其用年鉴学派的长时段历史观来看，更有积极的方面。不过这既是后话，又有恩格斯的明言为我们解释：凡是历史的错误，总是会由历史的进步来补偿。

这个历史的进步补偿，王充闾也赶上了；而且，他正是在这个中国人获得历史的进步补偿的时期，正式步入文坛，大显身手。

我这样来讨论，不知充闾同志是否同意？

2. "初念"意味着"转念"

我看好似是这样。当然是潜在的、隐约的、潜意识的。

上讲台，下乡，读苏联文艺作品；一面是"自在"的工作与生活，一方面则是一个未来作家的"自为"的潜在成长。创作欲望越来越强烈，写了，而且写了小说。这是"试笔"，也是"初创"。没有成功。这是通例。许多中外作家起初都碰过钉子：有的大作家的名著，起初投稿时多次被退回；有的甚至遭到出版社编辑的训斥——你不是这块料，放弃吧。但他最后却大获成功，凭处女作一举成名天下知。

你的成功在后头。

文学的"初念"，是比较狭窄和"天然"的，无非是习见的生活速写、报告式的小说而已；转念则是理智而清醒的，上升性的。现在还只是练笔吧。

3. "鸬鹚的苦境"

这是普遍规律，两个方面：一，文学的路不平坦，文学史上实例多多；二，中国社会和当时的"社境"——社会、政治环境，即如此。

这是当时的政治风景线、文化风景线。

也许有这种"挫折"更好些，免得后来"少年不识愁滋味""为赋新词强说愁"。这是一种社会阅历、生活感受，都有利于创作心理的成长和发展。

这都是就"大格局"、"大形势"和长远效应说的，在当时、在那个年岁和那个具体处境来说，是很伤人的，很令人难于"下咽"的，我想对于当事人的心情的影响，是不可谓不大的。

这种情况好像带有普遍性。我自己最有趣的遭遇是插队十年期间，后来的阶段曾经被"改行分配"（这是那时对于插队干部的处理政策）到旗农业局工作。一位副局长曾任县报总编辑。一次，他要我起草一个积肥通知。我照搬省、盟两级的这种通知，加了一点本旗的情况，交上去。他改后退给我重抄。我拿来一看，全文只剩题前的毛主席语录"肥料是庄家的粮食"，其余，就没有我的文字了。此前，我隐姓埋名写过许多文章发表，写过省报社论，还曾经给省委主要领导起草过文章，一字未改，全文照发。今天，却落得如此惨状。不过我并未气恼，更没有沮丧。我经过风雨了，理解这是"有理说不清"的，也无须说清；需要的只是服从。心境平静如水。不过，说到当时的"初出茅庐"的王充闾，这种刺激、影响和想不通，是可想而知，也可以理解的。所以，他今日以"鸬鹚的苦境"来表述。我拿自己的境遇来相比，是想说说，我们曾经的"文况"就是如此。

这大概可以称之为"文人、作家的共同命运"，作为社会现象，倒是值得人们深思的。

4. 憧憬

美好的憧憬，实际的锻炼和练兵，是走上文学道路的起点。

了解社会，认识社会，提炼思想，"培训"艺术，……

许多出色作家出身"新闻门"，或记者-作家，或作家-记者，或作家兼记者。刘白羽、华山、周而复皆是。

新闻岗位锻炼文学人才。这时期，他写下了《红粱赋》《时代的凯歌》《春潮滚滚》等二三十篇散文、随笔、杂文，篇幅一般都在两三千字上下。写这些作品，是一种思想和文学的练笔，正是从新闻向文学的转换进程。

至于文中所作的自我总结，道出了当年的"时代气候"、"精神气质"和"文学风范"。这是任谁也逃不掉的。不过从他的经历和阅读范围来看，既有那时的"散文三大家"刘白羽、杨朔、秦牧，却也有孙犁；既有《欧阳海之歌》，也有《红旗谱》。"时代"与"自我"、"歌颂时代"与"抒写自我"，都在心理上占据一席之地，明确的是前者，向往的是前者；但心仪散文的是后者，潜伏待动的是后者。那个时期，要能够"唱出自己的歌"，也不容易，也容易"跌入歧途"。

这时的未来作家王充闾，阅读范围中，已经包括鲁（迅）、茅（盾）、冰（心）、曹（禺）四大家，甚至可称"中国现代文学四大流派"，更有俄国文学。至此，可以说，他这颗以国学为根基的树苗，已经接嫁上中国现代文学的"枝"了。以后就是不断输送社会生活的营养和文学艺术与文化学术的修习了。

5. 十年搁笔胜执笔

十年搁笔，颇为遗憾；历史结账，胜过执笔。

这是那时的中国政治生态、文化生态，也就是丹纳在《艺术哲学》里面说时代的"精神气候"。不写也罢。不写更好。

但由此识得"社会相""人际关系"，却是生活的积累，也是创作的准备。

不过，虽然搁笔，但历经风浪，考验了心性和人生的追求。有机遇当报社的革委会主任，一般人求之不得、梦寐以求甚至不择手段，可他却"奉送而来的到手的瑰宝"，坚决谢绝。重要的是在一请一拒中，所表现出来的他的心态和人生价值取向：

> 主要是从小读《庄子》，加上父亲的影响——他很信仰道家的思想，对名利、功业一向看得比较淡，没有那么强烈的欲望。当然，对于那些造反派头头拉拉扯扯，不学无术，权欲熏天，兴风作浪，确实也看不惯，心存戒备，不想和他们混在一起，这也是重要因素。

朋友赞赏他说："一个是淡泊名利，一个是洁身自好。具备了这两条，即便是从政，经风历浪，同样也能立于不败之地。"这话也适用于王充闾以后长时期的生活经历及其选择与心态表现。应该说，他的文学生涯的成功与成就，也是得力于这样两条。

书中还述及与评书大师袁阔成的交往、友谊，以及袁氏的艺术经验谈，很可贵。它对王充闾的艺术觉醒和尔后的创作，都有一些影响吧。

6. 不是"绝望中的希望"，应是"挫折中的希望和收获"

在"文革"这样的十年浩劫中，却获得了十年的潜心读书岁月；在狂风暴雨的"反修防修"斗争中，却能够得到"封资修"的书籍，而吞食解饥，这真是意外的获得，"种下的是跳蚤，收获的是龙种"。对于王充闾来说，这是偏得。这对于他文化上的发展与成长，以至成熟，至关重要，意义巨大。日后散文大家的成就，此时是关键时期。最初，他当然读的是"毛选"，但还能读到那时很少允许阅读的图书中的鲁迅的著作。他说：

> 我很喜欢鲁迅的小说。那种冷眼看人生的峻厉、深藏的压抑，

以及广大的同情心、深刻的批判性，引起了我的共鸣。《鸭的喜剧》一开头就说："俄国的盲诗人爱罗先珂君带了他那六弦琴到北京之后不多久，便向我诉苦说：'寂寞呀，寂寞呀，在沙漠上似的寂寞呀！'"读到这里，我的心猛地一震。

对鲁迅对"寂寞"的描述，"心猛地一震"，这是当时心情和感受的写照；而重要的是那种对鲁迅的审美体会和心灵感应，那种可贵的"共鸣"："冷眼看人生的峻厉""深藏的压抑""广大的同情心""深刻的批判性"。这是一种心灵的接受、审美的感化、思想的启迪和艺术的魅惑。这对如此感受者的影响，是巨大而意义非凡的。我们可以从中觉察到后来王充闾散文中的，这种影响的表现：那种有时的冷峻，那种广大的同情心，还有深刻的批判性。

这使我联想起歌德的读莎士比亚和对莎氏悲剧的感应，以及所受到的巨大深刻影响。歌德在他的《歌德自传》中，专设一节，以《莎士比亚的巨大影响》为题，他写道："莎翁的超群绝伦的特长，掷地作金石声的名言佳句，恰到好处的描写，幽默的情调，无不深获我心，铭刻于我的肺腑之中。"又说："莎士比亚像一种崇高的灵感那样吸引我和鼓舞着我。"王充闾对当时的"读鲁"感受，没有作这样的陈述，但上述的引证，已经包含了歌德所述的内容；而且，我感到王充闾的"读鲁"陈述，其心灵感应与文学接受，超出了歌德"读莎"的感受——不限于文学手法和表述技巧的接受。这是因为，时代不同、国家不同，读书人的处境不同。这是在民族灾难、文化浩劫中的读"民族魂"的醒世惊世之作啊。

可惜作者在这里是在陈述当时的"全面状态"，而不是单述"读鲁"。如果他像歌德一样专设一节，如"鲁迅的巨大影响"，那内容定会丰富得多。

"读鲁"之外，他还"读古"。"《庄子》和《红楼梦》这两部百科大全书，让我钻进去就不想出来，暂时竟忘却了身处逆境，今夕何夕。""读《庄子》，使我增长了人生智慧"；"'游于世而不僻，顺人而不失己'，这是绝高的生存智慧"。他还读苏俄的小说《在人间》《复活》《罪与罚》，读郭沫若的《蔡文姬》，读巴金的《激流三部曲》，也读《聊斋志异》《桃花扇》。

他读到了这样的感世咏史的语句，感受到其中的心思浩茫的情怀：

> 俺曾见金陵玉殿莺啼晓，秦淮水榭花开早，谁知道容易冰消！眼看他起朱楼，眼看他宴宾客，眼看他楼塌了。这青苔碧瓦堆，俺曾睡风流觉，将五十年兴亡看饱。

他写道："似乎从中悟出了一些神秘的奥蕴，却又说不清楚。"这暴风雨中的冷静的观世与人生体悟，他那时是感到"神秘"，"说不清楚"，但是，后来的一批批历史文化散文，通过评骘历史和历史人物，将之一一表达、诠释出来，并警惕世人了。

值得注意的是，1971年，他跟随号召读马列的政治形势的要求，却自行专门利用三个月时间，系统学习了恩格斯的《反杜林论》，反复精读，整本书上有五种笔迹，上面写满了学习心得。此外，还自学了马克思、恩格斯的《德意志意识形态》，黑格尔的《美学》，丹纳的《艺术哲学》，等等。他写道："西方理论经典著作为我的认知与领悟开启了一扇窗户，引起了我很大的兴趣。"

以后，又借着"评法批儒"的机遇，读《韩非子》，读吕不韦的《吕氏春秋》、刘安的《淮南鸿烈》和王充的《论衡》；还读郭沫若的《十批判书》、范文澜的《中国通史》、梁启超的《饮冰室合集》，而且记了几本笔记。1974年夏天，一个意外的事故，导致左脚踝骨断裂，在家休整四个月。"日长似岁，痛苦难熬，我便天天躺着读中华书局出版的十二卷本《后汉书》"，补上了以前独缺读该书的遗憾。

他还总结了读史的经验和心得。其一，"找熟人，抓线索"。其二，作由此及彼的联想，实现多光聚焦。其三，参阅多种典籍，博取诸说，撷采众长；借他山之石以攻玉。

这里不仅有史实，尤其有史识和史德。

这简直可以说是他的史书大阅读、史学深研究。毫无疑义，这段史书阅读，为他以后的创作历史文化散文，打下了坚实、深厚的基础：不仅在史实的掌握上，而且是在史识的研习和增进、深化上，还有在历史性的知人论世上，在今古对照、观今思古上，均达到了厚积的程度、薄发的"态势"；从创作上说，是材料的准备和积累、思想的酝酿和锤炼、表达的研习和选取等方面，都是"万事俱备，只欠东风"了。

这"东风"，就是20世纪90年代的社会环境、时代需求和文化风范。

这是一位作家的充足准备期：社会体察的准备、生活的准备、知识的准备、学识的准备。其实还可以说是一种可贵的、有用的"挫折的准备"。有这种准备，比没有这种准备要好得多，尤其对于一个未来的作家来说，更是如此。"艰难困苦，玉汝于成"，以反映社会生活为职志的作家，更加是如此。

后边不是讲"喷涌"吗，现在是积蓄待"涌"。

7. 第二章结束：作家的预备期结束

至此为止，作家的"生活积蓄""知识储备""思想积存""情感积累""心理构造"：所有创作心理形成的条件，皆已具备，在创作方面来说，只是"整装待发"了。

这位作家的创作心理构成的范型是：东北乡土社会-生活、东北乡土文化、传统文化——已经跨入国学门庭的高文化层次的传统文化、特殊时期的中国社会-政治生态、出自乡土而因社会-政治-文化的影响而形成的内心情结和心理结构。略微不足者，对外国文化的了解。而高层次的国学根底，冲击、冲淡、弱化了乡土文化的影响。只在以后的创作中，在积极方面发挥了好的作用。

这是充足准备。

（三）第三章　劫后复苏（1978—1984 年）

1. 喷涌：宏才小试施展四方

20世纪80年代初，作者被调入辽宁省委机关工作，三年后回营口市委担任领导职务。这不仅是工作的变动、职务的升迁，对于一个未来的作家来说，这是文化场地的转换，生活环境的改变，也是社会地位的变化。但未曾变的是作者的那颗不变的"作家的心"。

他以"喷涌"来形容这时期的写作。的确如此。到1984年底，七八年时间，他在繁忙的工作之余，写了60多篇散文，近20万字。大体上分为这样几种类型：抒怀感奋类散文；记事写真类散文；纪游散文；思辨性散文随笔。

抒怀、记事、纪游、思辨，四种散文，散发文坛，撒播人间，但王充闾是以领导秘书、市委领导的身份现身，作为作家尚不为世人所知。

这还只是宏才小试，但诸多散文，洒向人间，笔锋所向，已经展示学识的积淀、表现观世的眼力，以及表述与描述的根基与功力。我向人间洒才艺，人间未识千里驹。

这是暂时的，这需要一个过程。

不过已经有眼力的识者，注意到一颗新星的冉冉升起。

2. 人间不乏伯乐，千里驹自奋蹄

诸多散文大家、评论家给予好评，伯乐识千里驹。"自觉的文体意识""成熟的文体家""叙事–抒情–说理"混合雍容。"王充闾的散文文体特征最足以使他的散文成为文化散文的典型代表。""充闾的散文吸收了我国古典散文的长处，但又和它们不同，在抒情散文中叙事、说理，在叙事散文中抒情、说理，在说理散文中叙事、抒情，并不把三者截然分开。他在说理时，也并不成篇累牍地讲道理，而是画龙点睛、水到渠成地只说不多的几句话。但就在这几句话里，生活的哲思和真理却都凝结其中。"这些评论家的评论是准确的，到位的，很有层次，肯定了王充闾散文的成就、优点、长处，以及他在当代散文界的"文化散文的典型代表"的位置。

上了台阶，打了出去，掀开了面纱，站稳了脚跟。

但这还不过是起飞前的展翅。

当然，也有评论指出缺点和不足，予以指导。如说"有时候他的个体生命体验被过重的文化负荷与历史理性压倒了，压缩了"，"如果他稍稍把文化与理性的因素抑制一点"，就会更好。有的评论家在肯定文笔娴熟、文字简洁、凝练、学识渊博、旁征博引的同时，也指出了行文拘谨，没有放开；又兼矜富炫博、诗文征引过多，有的篇章所承载的文化信息过于密集，导致行文拥塞、文气不畅的毛病。同时指出："王充闾的散文文本，确是作者呕心沥血、潜心创造的艺术品，似乎无瑕可指，无可挑剔；但是，同时也不能忽视那因之而带来的负面效应，即较明显的'作'文痕迹"。

这是恳切、准确地指出了白璧微瑕，也很准确、很到位、很有层次，可以让作者清醒：百尺竿头，还需再进。

记得梅兰芳在他的《舞台生活四十年》中，总结自己在舞台表演上的经验时，说了他体会的规律是："少——多——少"。他说，初上舞台，手不知道往哪儿放，几个动作一作，就没有了下文，呆在台上了；后来，生活经验也多了，舞台经验也丰富了，于是在台上"手舞足蹈", 花样翻新, 动作越来越多, 但却影响了人物形象和剧情发展, 多而成灾。进而改进、精炼, 一招一式, 有来龙去脉, 有目的规范, 表现了人物性格和心情。招式少了, 内涵却丰富了。这可不可以移过来, 考察王充闾这个时期的散文创作呢? 应该还不是"少"的阶段, 但也不是单纯无意识、无意义的"多"的阶段, 是处于"由'多'向'少'"过渡的阶段吧。

他接受了评论的指示, 不断在改进提高。"千里驹自奋蹄"。

3. 师友唱和显性情, 学养才情两优异

这个时期, 喷涌的不仅是散文, 而且还有诗词。他说这是新时期以来, 他的文学创作的一对孪生兄弟, 它们几乎是同时从蛰伏状态下复苏过来。他总结说: "把笔时的阳光心态、风发意气, 作品里反映的时代气息、社会内容, 二者都极其相似, 都属于时代的颂歌。"

比如那首《攻关颂》(调寄菩萨蛮), 是很不错的: "东风笑绽花千树, 骅骝竞骋长征路。勇探科学宫, 关山越万重。时间长恨少, 苦战连昏晓。报国耻空谈, 丹心红欲燃。"他说, 这首词正是他当时精神世界的真实写照。

这里记叙的与沈延毅、吕公眉、陈怀等老先生的诗歌往还与忘年之交, 都属文坛佳话, 颇多感人之处。

在散文创作之外, 还有了一部《蘧庐吟草》面世。"不论信手拈来, 抑或刻意为之, 其为情感的宣泄、志趣的写真则一。展卷遐思, 充盈着师友的深情、昔梦的追怀和感兴的喷薄。拂去岁月的尘沙, 剩下来的多是美好的记忆。"

虽然是"散文之外", "孪生兄弟附庸篇", 但是可作"诗的散文""散文的诗的表现"观; 在文评的天平上, 散文、诗歌是一体的。

在诗歌方面——这里指旧体诗, 展现了作者的诗歌修养; 其中, 特别是所能背诵诗词非常多、非常熟, 随时能够引用, 成为他的陈述话语的"自身"。就是古诗词成为他的思想、语言的"血肉"了。

(四) 第四章　变革中的升华 (1985—1995 年)

1. "自觉补课"——从"传统"到"现代与西方"

这是一种自我进修, 自我提升。在文化上, 在传统文化的学养基础上, 补上了现代文化与西方文化——主要是文史哲方面的略微欠缺。一个完整的知识储存、创作心理结构形成了。"翅膀硬了"。从此，进入一个更高层次、更高境界。

这个补课非常重要，具有重要的意义。中西结合，这是当代中国作家必备的文化修养。作者补上了这一课，就层楼更上了。

他的补课，相当自觉、相当丰富，方面相当广、钻研相当深、所获相当可观，可以说，他在思想、文学、艺术、哲学、美学、历史等方面，都大进一步、提高很多，他的创作心理的构造进入一个新时期，进入一个高层次。一位散文大家的"阵势"已经布好了。

他从1985年开始，花费几年时间，深入研读了马克思、恩格斯的《德意志意识形态》、黑格尔的《美学》、罗素的《西方哲学史》、丹纳的《艺术哲学》、卡西尔的《人论》等西方哲学与美学经典；同时，也读了国内几位美学家的著作，其中有朱光潜的《谈美书简》、宗白华的《美学散步》、蒋孔阳的《德国古典美学》、王朝闻的《美学概论》、李泽厚的《美的历程》《美学四讲》等。这可以说是中国美学著述在当时的主要论著，他都阅读了、钻研了。还涉猎了法国年鉴派史学、美国新历史主义方面的史学著作。而在这样广泛阅读、钻研哲学、美学著述的同时，为了调节精神，"换换口味"，他还阅读了莎士比亚的戏剧和契诃夫、莫泊桑、欧·亨利的短篇小说。这种泛览杂研，一直延续到新世纪之初。

这种自觉补课的自觉性之高、所补方面之广、所受效果之丰厚，都是令人击掌和顿生敬意的。这里表现了作为一位作家的虚心、责任心、拳拳服膺文学与人民的良知与挚情。

他还总结了为学的经验。其一，运用"八面受敌法"，精研深读经典著作，辅之以适当的泛览（认门户、开眼界）。其二，在弄清原典上下功夫，不是为学术而学术，目的在于武装头脑，扩展思路，激活创造精神，指导并丰富相伴而行的文学创作。其三，"因为文学是人学，所以，为文学的读书、求索，应该紧密联系人生的价值，命运的参悟，道路的抉择，人性的发掘，个性与命运、个性与文化关系的探究，应该同生命体验、人生感悟结合起来。"

最后，他还述说了一个补课钻研的深刻体会：读过了西方、苏俄、印度的美学典籍，加深了对烂熟于心的中国古代经典中美的论述的理解。这属于中西比较文学的范畴，是其平行研究和主题学研究的表现和体会。以异域的美学–文学的"他山之石"，来攻中国传统文论——美学——之"玉",所得益丰。

说这次自觉地补课很有意义,还因为这是一种文化自觉,一种人生再觉醒与艺术再觉醒的表现。作家、艺术家的一生中,会有多次人生再觉醒与艺术再觉醒,这种"再觉醒",会带来他的创作上的"变法"。齐白石就多次变法。他老年得陈师曾之指点,实现变法,乃有后来更高成就的齐白石。王充闾的这次补课与人生-艺术再觉醒,使他的创作心理构造,更加完善、更加提高了,即进入一个中西文化交汇的状态。这是他以后创作成就的基础。

这就是很自觉的自我塑造了,是很"自为"的。没有这一步,王充闾的发展,就受到限制,而且是很大的限制,也就没有以后的王充闾。

这里,还可以补充一下关于认识、知识积累和创作心理形成的规律之一:相似原理和"相似块"作用。按照相似原理,人们的心理接受-知识进益,总是接受与自己已有的,即海德格尔所说的"前识",是"相似"的东西;与原有的基础太一致、完全一样,感觉不新鲜,就无接受的兴趣,拒收了,或者如东风吹马耳,一扫而过;完全是新的,很陌生,也会不知其所以然,而忽略,而弃置;只有相似的,又有新东西,这就亲和、喜爱,"似曾相识燕归来",接受了,汲取了,添加到自己既有的"相似块"里去了。这样,那个原有的知识与情感、理性与感性的认知心理"相似块",就一步步增长、发展、成形、定性。成为黑格尔所云"这一个"。王充闾在幼年和少年时期所形成的知识-理性-情感的"相似块"是什么情状呢?乡土社会和乡土文化、国学入门和传统文化基础,诗词歌赋打底。然而现在,这个"相似块"却增加了新式学校和新文学的文学艺术与文化学术的基质,由于年轻,"相似块"还远没有硬化,更未曾老化,甚至并不那么强势和顽固。所以,在既有的基础上,加进了新文学、新文化学术的基质,于是他的认知心理的"相似块",就由比较单一的国学与传统文化的质地,转换为现代与传统的结合;今更进一步,加入了西方文化学术的基质。一个国学-传统文化-新文学(包括俄苏文学)-西方文学和文化的认知-情感"相似块",在形成,将发展。

2."美的升华",又不仅是美的,而且是哲理的

这期间,写了一大批带有哲理性的散文,"体现哲学与美学的双重意蕴,力求从哲学的智慧、美学的超拔、理性的张力与诗意的澄明中展

现一己的思与悟，凭借散文文本传递自我对万象造化的审美意蕴和理性化的沉思。比较典型的要算《五岳还留一岳思》、《心中的倩影》和《追求》三篇了"。其中，《五岳还留一岳思》从友人遍游闾山之后"产生一种意兴阑珊的味道"谈起，说到旅游，说到现实生活，说到艺术创造，核心表达了"充满希望的旅游比到达目的地好"的理念，以及对于"审美距离"和"不到顶点"的体验与领悟。

此说，代表了这批哲理性散文的重要意蕴。

这是既在学识上升华，又是在艺术上升华，"由文学而哲学"，向新的境界深化、升华。但不是那么"纯粹"：哲学中有文学、文学中有哲学。"步步高升"，这是终成大器的表现。（许多作家是"到此为止"的）

"哲学的智慧、美学的超拔、理性的张力与诗意的澄明中展现一己的思与悟，凭借散文文本传递自我对万象造化的审美意蕴和理性化的沉思。"

达此境界矣。

这使我想起古斯塔夫·缪勒在《文学的哲学》中所说的话："艺术不应被看作为艺术而艺术，而是为哲学而艺术。"真的，哪个作家创作，不是依据某种自己掌握了和信奉的哲学，而且将之注入自己的作品？客观上，就是在宣传一种哲学，"为哲学而艺术"。只是，自觉性的"度"，有高有低，有高度自觉，有毫无自觉（不知道自己在干什么！）。所注入、宣传的哲学有高有低，有的达到"文学哲学"的高度，有的很低，有的简直就是胡扯。

应该说，此时对他的评论，在这方面还未能跟上。

3. 游记：读山读水，内外汇融，寄情山水，抒发情怀

且先摘抄一段我的《读书笔记》：

> 中国人对山水的看法和山水诗的产生、发展、写法以及意境等等……

（1）崇敬山，因为山高耸巍峨，……山是静的，仁者乐山……

（2）从对山水的认识与思考，进到形成"风景的眼光"，再到对风景的寄情与描述。

（3）山与水构成一个动与静结合的万古长存、千古不变的固体的稳固性与流动性并置在一起的"自然"图画，勾起人们对于暂时性与永久

性的思考，产生对于山、对于水的种种情感、寄托、话语。

这里，"充闾游记散文"不仅是对于山水的寄情、寄托，也不仅是传统"山水诗"的话语与思想范型。其已经越过了它们，但又继承、发扬、提升了它们，是"传统山水诗的'魂'、现代历史-文化散文的'骨'"。

其散文充实、注入了历史-文化内涵，有历代历朝的历史，有诸种历史英雄人物、文人学士、哲人大师，还有他们的气节、人格、风范、思想、情操。但又不是就历史论历史，而是面对现实，或隐含现实，或品察现实……

中国向来有"山水诗"一说，又有"山水游记"散文一格。日本学者松浦友久有一本论李白诗歌的专著，书名为《李白——诗歌及其内在心象》。书中说，中国在中世纪文学中，在诗歌体裁中，就有单纯表现自然界美的手法，已经形成一个独立领域，到六朝时，特称为"山水诗"。联系到李白，他写道："复杂多变的自然呈现出丰富多彩的面貌，有的壮丽、优美，有的寂寞萧条，各地有各地的风景。眺望这些，把自己置身其中，李白的感觉，反映得尤为突出、生动。"他又指出，李白这些山水诗，特点是富有飞跃感和流动感。

游记散文与山水诗，在思想和艺术的韵味上，是相通的、一致的，都是寄情寄兴于自然山水间。游历自然、寓目山水、发掘历史、挥发思想、书写性情。王充闾的山水游记散文也是这样与古代山水诗在思想艺术上是一致的、相通的。

应该说，中国的山山水水、自然景物，早在远古时代，就不是自然的"自然"了，而是马克思所说的"人化的自然"，许许多多历史的陈迹、古人的事迹及民间故事和传说，积尘、附着以至附会在上面。那上面，积淀着无数风云变幻的历史，发人深思的仁人志士、英雄美人的故事，还有寄存着中华民族美好民间故事和传说的材料，它们既是历史的魅力，又是现实的激励。

松浦友久还有一部研究中国古代诗歌的著作《唐诗语汇意象论》。其中在论述中国古典诗歌中，作为诗歌素材的山川时，曾经指出："作为诗歌素材的山川风土"，具有"题材的特性（或者属性）"；诗人可以"在宏伟的时空里浮想联翩"。他在论述中国古典诗词与"史"的关系时，又说："有两个'shi'的世界，十分显著地矗立在中国文学史上，一个是读平声的'诗 shi'的世界，另一个是读上声的'史 shi'的世界。对以五万首唐诗为代表的诗歌的爱好，和对以浩博的《二十四史》为象征的历史的珍视，这两点不仅在文学史上，即使从中国文明广阔的背景上考虑，也是非常重要的。"

我之所以引述松浦友久的这些论述，是想借此论充闾的游记散文。

在充闾游记散文中，正是具有"两个'shi'"即"诗"和"史"的境界。

好个"山水郎"，岂止是山水郎，岂是"山水"了得？

其实，更深层次地讨论，这里更涉及作者在"自然"面前，对于自身的发现、开发、发掘。实际上也可以说是王国维在《人间词话》中所说的，"客观的境界"与"主观的境界"的互动，而启迪了主观世界。泰特罗在《本文人类学》中说："'自然行迹'（course）与'人文话语（discourse）'之间，本文与对本文的阅读之间的关系"；"旅行也是对旅行者的自我进行探索和发现的心灵历程"。他举日本天皇（曾留学英国）的例子说，天皇说他在欧洲旅行后，对日本有了更深刻的理解。——"欧洲"启发了他对自己"祖国"的理解，从而说出了一番不同于过去的"话语"。这就是"自然行迹"与"人文话语"之间的互动关系。

其实，其中的"蕴藏"，并没有挖尽。

不过，还得说王充闾游记散文，在继承传统山水诗这一面之外，还发挥了他的现代人–现代作家的优势和特点：还有羁旅异域国外的生活经历、考察阅历及历史与现实多方面的感受。

至此，"王充闾历史文化散文"，诞生了。

这种"大历史文化散文"，有其共同的特点，即篇幅长，有大容量，有丰富的历史文化内涵，总是就某个历史事件、历史时段、历史人物，作出独到的诠释，并联系现实，品评解析，议论横生。当其时，产生了一批这种新型散文，作者蜂出。

这也有其时代与历史背景，或者说"文化语境"：改革开放以来，一方面是打开国门，大量引进异域文化，中国人大开眼界；另一方面，则是对传统文化的回眸与审视，即鲁迅所说的"稽求既往"。——前者是"希求新泉"。两者结合，形成一种新思潮，一种进步的体现现代化情结的文化心态与文化进展。

不过，大浪淘沙，潮峰过后，弄潮儿纷纷被淘洗，落荒，浅薄儿终难持久。也有个别有成就者，则每况愈下、步步下滑。唯王充闾，不仅坚持下来，而且愈战愈强，不断攀登，层楼更上又更上，在题材上不断开辟创新，在历史意蕴上不竭地开掘深挖，既入历史的深流与潜流，又进人物的心灵与精神世界，而终成大家。也许可以说，他的历史文化散文，既是有意义的文学读物，足可供欣赏的文学作品，又是历史主义的课本，于读者之知人论世、感悟人生和智性修养，均具有意义和价值。

4. 借机唠几句自然文学的写作

我觉得充闾的山水游记散文，虽非有意为之，但确实具有现正兴起的自然文学的韵味和精神，故在此一议，并借此寓提倡之意。

"自然文学（nature writing）"的复魅与复兴以及生态诗学-生态文学观的提出与研究，是当代世界文坛的一大喜事、也是一件大事，表明了、反映了人类的"自然觉醒"和"生态文明觉醒"。把自然纳入人类伦理范畴，人类就把自身真正作为宇宙的一分子，既不是孤儿，也不是主宰。再不会为了开发、发展而去毁坏以至毁灭自然，使自然万劫不复了。

我且抄一段自己的文章，是关于自然文学的，如下：

> 自然文学是源于17世纪、奠基于19世纪而形成于当代的具有美国特色的文学流派。它主要思索人类与自然的关系，认为"自然是精神之象征"，故应培养一种"生态良心"。其特征主要是：土地伦理（landethic）观念，放弃人类中心理念，强调人与自然平等，呼唤关爱土地并从荒原中寻求精神价值；强调位置感（senseofplace），生存位置（place），即"地理上的支撑点"，应当在文学中占有重要地位；独特的文学形式和语言，——主要以散文、日记等形式出现，以写实方式描述，使用朴实如泥、清新如露的"褐色的语言"。它具有一种"荒野意识"和"对荒野的激情"、对荒野的审美观的文化情怀，而对人类环境则怀着一种"荒野与文明结合"的乐观态度。（以上转述与引文均据程虹著《宁静无价——英美自然文学散论》，上海人民出版社，2009）自然文学的精神与意蕴，在当代，正与"掌控经济发展态势、保护环境、拯救地球和关爱自然的人类调整文化方向"这一总体精神吻合，是人类新文明的助力、

内韵和表现。它的魅力因而复苏，并且更加发扬光大，作家们以新的生态意识更自觉地、在更高层次上从事自然文学写作。

与自然文学"血肉相连"的是生态诗学–生态文学观的提出、创立和开展研究。生态诗学–生态文学观认为："地球上所有的存在体构成一个整体的生态系统"，这是一个完整的、整体性的"生命共同体"，号召建立所有存在体之间的休戚与共的生命关系。人类既不能把自己视为地球的唯一主宰，更不能破坏这个生命共同体、破坏完整的生态系统。"放弃人类中心主义"，是醒世的呼号。有论者抨击说，文学长期以来充当了这种人类中心主义的"共谋者"，成为"征服自然大军"中的骑士。现在，人们应该警醒，改变这种错误的态度，纠正不正确的自然观、文学观、审美观，而重视研究、建立、发展生态诗学–生态文学观。这是人类新的文明的重要组成部分。

自然文学与生态诗学–生态文学观，现在也已经在我国文坛和文化领域传播。比如，自然文学的代表蕾切尔·卡森（Rachel Carson）的《寂静的春天》（*The Silent Spring*）和亨利·大卫·梭罗（Henry David Thoreau）的《瓦尔登湖》（*Walden*），均已移译，后者且有多种译本。也有的作家关注或从事生态文学的创作。不过，卡森的名著仅作为学术著作被看重，而后者也尚未作为自然文学的范本而被注目。对自然文学的译介和理论研究，是当前重要的工作。在这方面，程虹教授的系统化译著，发挥了很好的作用。这将提高仍然未及注重这种新兴创作意识的中国作家，从事自然文学写作和树立生态文学观的自觉性和积极性。

据此，我一方面感觉充闾已经写出了具有自然文学风韵的大散文；另一方面，更希望他以散文大家的身份，属意自然文学，有意识地写一些或者一批"验明正身"的自然文学的散文作品。那也许就是一个发展、一个进步、又一个层楼更上。

5."梦幻情结"：高级创作心理结构

有见识的评论家、文艺理论家能见此，是与作者的心灵相通，也是理论卓见。

作家应该是"能做白日梦者"，但这种"梦"，既是具有自觉性的，又是直觉性的、梦游性的，但更主要的是，能够"自我制造"，运用联想、想象、意度、意念以至灵感，创造之。

这种梦幻创造，必须以社会经验、人生体验和丰富知识为基底。否则不能为。

作者此处的举例，已经看出这种种方面的积累与沉淀。不然，那些"想象"——在今天的现实中幻觉出历史的人事与场面，是"作"不出来的。

梦幻情结是高层次创作心理结构的内涵。有的作家终身不具备这种高层次情结。

我在拙作《创作心理学》中，列举"创作十魔"，认为它是创作之魔力所在。它被列为第五"魔"。书中有云："'魔V'：潜意识与梦/……它们的作用不仅是潜在的，而且是在意识的高压浓缩状态中'自发'地工作的结果，是意识在潜隐状态中自动沟通各种心理'电源'而发挥作用的结果，它的作用是非逻辑、非理性、非推理演绎性的，是跳跃的、越轨的、形象的、情绪的，往往有大量潜在的'智力图像'在发生作用。综合这一切的能量，它是特别符合艺术创作的特性和需要的。事实上，许多成功的文学艺术创作，都是获得了无意识和梦的帮助的。这几乎成为规律性现象：凡是有无意识或有时候有梦在起作用的作品，大都是成功的或比较成功的。""把潜意识和梦作为创作之一'魔'，它们是当之无愧的。"

（啰唆一通，有点班门弄斧了）

6. "采风"：社会学家的"田野作业"，作家的体察社会民情

实际上，作家每天甚至是时时在"采风"。当然，有专门的、特意的、安排的采风，或者随遇的采风。这就是观察社会、体验生活、体惜民情。这大有益于创作。

作者所记，举例而言而已。但所得甚丰，于此可见。重要的是，作家看重这种采风，把游览当作了采风。

这就是古人所说的"行万里路"。"读万卷书，行万里路"这个传统说法，是很有道理的，加以"现代诠释"，就更加有意义。

7. 人生感悟与生命体验

这大约可以说是文学的基本母题和最终意义。无论现实题材还是历史题材，无论是现实主义还是现代主义，无论其主题、题材、体裁、创作手法如何，最终都跳不出这个基本母题的圈子。不过深浅、高下、自

觉意识如何、意义挖掘和呈现如何等，却大有差别。作者是很自觉地如此创作和实践的，其作品均美好地体现了。这就是别林斯基所说的"思想和思想的进入文学"。他说，不在于思想进入文学而损害了艺术性，而在于思想是否是作家自己的，并且是血肉汇融的，更在于"思想如何进入文学"。思想艺术地进入文学，就不会损害艺术性，而是增强思想性和艺术性。

充闾的例举，证实了这些。比如关于爱情，这是人生感悟和生命体验的基本内涵和表现。——爱情是文学永恒的主题；作者就既理性地、又感性地予以阐述，以具体事例陈述，但又不作最终结论。诸多论述，任人选择，供人体察，或结合自身的经历去体味。

作者在这里特别写了一个自己的人生感悟和生命体验：读书奋进与休闲娱乐的关系和生之旨趣问题。他写道："我在《节假光阴诗卷里》一文中，描述了自己朝乾夕惕、刻苦向学的情景。然后自作问答：'也许有人要问：这样埋头苦读，摒绝了各种娱乐活动，为什么不感到枯寂呢？'答曰：'凡事着迷、成癖以后，就到了非此不乐的程度，不仅没有厌倦情绪，有时甚至甘愿为此作出牺牲'。柳永词中说的'衣带渐宽终不悔，为伊消得人憔悴'，正是这种境界。"

这是他钟情文学的写照和自白。正是前面说到的"自我写照"：着迷，成癖，"非此不乐"，"为伊消得人憔悴"，不悔。这可不是文学少年的"文学自诩"，这是一位散文大家的自我陈述、人生感悟和生命体验。

作家需要的就是这种为文学献身的精神。现今许多作家，缺乏的正是这种精神。

"为恋诗书断雅缘"。这是充闾的"做派"、生活习惯。他休闲散步，踽踽独行，构思文章，看似悠闲自在，散漫无羁，脑子里却是"上下古今，云山万里，联翩浮想，绵邈无穷"。他感觉这种生活，紧张、忙碌，却是满含诗意、富有乐趣。把别人视为枯寂、难耐的事情，内心感觉是乐趣和诗意，这是怎样的一种感人的文学情怀！

不过，他引述加缪所说的："在西西弗身上，我们只能看到这样一幅图画：一个紧张的身体千百次地重复一个动作，搬动巨石，滚动它并把它推至山顶；我们看到的是一张痛苦扭曲的脸，看到的是紧贴在巨石上的面颊，那落满泥土、抖动的肩膀，沾满泥土的双脚，完全僵直的胳膊，以及那坚实的满是泥土的人的双手。"并作结说："这就是一个不断追求超越的写作者的真实人生"，却难叫人完全接受。

不，他非西西弗。一方面，他犹如西西弗，不断地不辞辛劳，推石上山，不辍不止；但他不是像西西弗那样，巨石快到山顶，却又滚落下来，于是继续推石上山，而后又在山顶看着巨石滚下，如此循环往复，永无穷尽。王充闾不是，他推文学的巨石上山，一次次占领高地、山丘、山峰，他已经达到高峰，直到有一天还会达到光辉的顶点！

他具备西西弗那种推巨石上山的精神和意志，但却不是西西弗那种悲剧的命运。

他秉承曹丕所言"盖文章，经国之大业，不朽之盛事"的志向，坚守中国传统文学观念"文以载道"的理念，衔接、融汇于文学为人民服务的现代文学精神，以西西弗的顽强坚毅情怀，推文学巨石上山，从少年钟情，到青年钻研，到中年抒写，到耄耋不辍，弃仕途之升迁，创文学之奉献，可敬可佩。

8. 诗话人生

当时，他"围绕着人才问题、社会矛盾、生活事理和艺术规律等方面内容，总共完成了七十篇随笔、小品"，"这就是一个不断追求超越的写作者的真实人生"。

"为恋诗书断雅缘"。这是一种人生态度，也是"文学因缘"。

有一点，似应提出：作者创作这些创新性的散文及以后，无论从社会角色（此处用社会学术语，不同于一般日常用语，无歧义贬抑）还是从心态来说，正"身处庙堂之上"，但是却能寄情山水、"诗话人生"、"品评世情"，不是一般官员的游山玩水，或"涉笔成趣"，而是"身在庙堂心在'闲'"，既有其身在高位的立足，又有超脱-超越的心意情怀，故能为此"游记-历史文化散文"、"思辨性随笔、散文"。这是超越了当时以至现今的"官场文化-心态"的。令人想起古之范仲淹等。这似乎还可以深究精研。这不同于一般作家。好像还可以加一句："为恋文学疏官缘"。这是一种很脱俗、非一般的人能够达到的人生境界。

这里有两点尚可一议。一，继承与创新。他是应《人民日报·海外版》之约撰写《望海楼随笔》专栏文章，而又以诗话形式写思辨文章。他既继承从钟嵘《诗品》到欧阳修《六一诗话》的中国传统诗话的学脉，又有思想和形式上的创新。二，这些作品，是在他负责营口市委日常领导工作期间所写。"文章都是在紧张、繁忙的工作之余完成的。谢绝了吃请、陪餐、拜年、贺节以及一切娱乐活动，时间没有片刻浪费。"正表现了前述的"西西弗精神"。

9. "战犹酣"：文学学术战两间，诗情学脉舞翩跹

在文学与学术两者之间，"战犹酣"、舞翩跹，挥洒笔墨，施展才情，"描龙画凤"，或披露报刊，或作品问世；同时，走进学府，登堂入室，讲坛驰骋，学识飞扬。潜在的学者型作家-作家型学者，现在由"潜龙在下"，得到实现，成为事实上的学者-作家、作家-学者。

很突出的表现是：在充实、实在、高层次的国学修养之外，也是"之内"，附丽了西学——包含哲学、美学、文艺学等的武装，形成了一个学者-作家的知识结构和创作心理结构及学术构造。

我敢说，至少是在他的同龄人的作家中，像他这样具有高层次国学修养的绝无仅有，或者是凤毛麟角；而在与他同龄的学者中，具有他这样的文学修养的，也是同样情况。

这是他的历史文化散文的充实内涵、广博知识、深沉蕴藏、深刻思想的渊源和根基。

我很欣赏文学与学术的联姻结缘。中国的鲁、郭、茅都是作家兼学者。充闾充分具备这种条件，而且是高层次的条件，何乐而不为？当然，事实上已经"为"，并且已经成大器，此处只是期其坚持、精进、提高，创作-学术并进。现在的中国作家群中，缺少这种"跨两界"的作家和学者。

这"战犹酣"，一战就是十年。十年行政高位，十年文学酣战。这实在是不平凡的十年岁月。战果可谓辉煌：五部散文随笔集、一部旧体诗集。但重要的不在数量，更重要的是思想和艺术上的进益、增长、提高和发展。大而言之，有两方面的拓展和升华。

第一是"内涵的扩大再生产"。他自我表述："十年间，我的散文创作发生了很大变化，表现为不仅关注时代、关注社会，而且着眼于自我对于生命和生存的感悟和理解，自我对文化的发掘、沉醉，自我对人与自然的关系的体验，以及生命与自然的合而为一。其中，人生、文化、自然成为这一阶段创作表现的三个层面，而核心则是生命的强烈的追求意识"、"更多地闪射着人文精神与文化关怀，体现出一种忧患意识、使命感和责任感"。

壮哉斯言，诚哉斯言，美哉斯言。不仅关注时代、社会，而且着眼

对于生命和生存的感悟理解；自我对人与自然的体验、生命与自然合而为一；总之，人生、文化、自然成为创作表现的三个层面。而重点在于忧患意识、使命感和责任感。这都是作为作家的最佳心态，高层次文学情怀。文学不仅不为稻粱谋，而且也不为名利忙，不为俗务迁。把文学与人生、文化、自然，"合而为一"，体现了具有时代进步精神的文学体认与创作方向。这是中国文化从传统向现代转换，中国人重新塑造国民性的时代思潮，对文学提出的要求。王充闾以自己的认识和文学创作，回应了这个时代要求、民族诉求。

第二个进展、提高，就是向学术的"倾斜"和精进，以及在这方面的"与文学并进"的态势。在这十年及以后数年间，他兼职南开大学客座教授，作了三次较为系统的专题学术研究，以准备演讲报告。2003年赴拉丁美洲访问期间，专门就魔幻现实主义的形成、发展以及对中国文学创作的影响这一课题作了调查研究。还在省内多次作学术报告或者开展对话，还撰写了《中国古代知识分子的历史地位》《清文化与沈阳》《曾（国藩）李（鸿章）异同论》《中国传统文化与国学》《东北地域文化的传承、重塑与创新》《中国传统诗词的创作与欣赏》《全球化浪潮中有关文学的几个问题》《散文的现代化与诗性》《探讨语言的文学性》《楹联丛谈》《姓名文化与称谓问题》等学术论文近二十篇。

这展示了学者-作家王充闾的学者与学术的一面。这方面的意义，在于学术推进文学创作，文学创作体现学术成就。

（五）第五章 挑战自我（1996—2006 年）

这是新篇章，进到又一个新阶段。步步进展，节节高升。不断在更上一层楼。

这是最可贵的精神了。

"挑战自我"，这是一个非常好的人生命题，也是一种价值观，不向自己挑战，至少是停步，"不进则退"，就坏了。现在有的作家就是既不挑战自己，又自我满足，以致自我膨胀，本离大师级远甚，却自认大师，令人可惜。

这是另一种自我塑造，是从"反面"，即"攻击自身"的方面，来塑造自己，你现在达不到，我就把"它"悬为目标，去攻取，去达到，"跳起来"去摘取创作的果实。

1. 深度追求

是否可以说，这种深度追求概括起来是在三个方面：哲学–美学、历史学、艺术学。

但深度的实质则在于把三者融会贯通，彼分我合，为我所用。

这里重要的是哲学与观世、人生感悟和生命体验相结合；历史学与现实相结合，以历史唯物主义为圭臬，以年鉴学派的史学理论为借鉴（现在有一种论说，认为"年鉴学派"已经消失，但不是过时了，而是它已经被广泛接受，融入整个历史观中，"大家都是年鉴学派"，它就消失了），为论史的指导，同时，又将这二者与艺术学相汇融，而成"'哲学、历史学、艺术学'三位一体"的格局。以此，挥洒于散文，讲学于杏坛，乃得新高度、新成就，臻于新境界。

还有重要的一点：如果说前者是学养的进取和深化，这里要说的则是学养的"实践"、表现和应用——体现于创作之中的进取和深化。这也是三个方面：进取、展开、回归。向学术和艺术、向思辨和想象的结合进取，向广阔的、深入的、经过广收博取与思索求真结合的思辨，而后以呈现的进取展开；于是向历史的深流与潜流、向历史人物的思想、心灵、人格深处进取而后展开，而成有深度的展开；同时，又有回归，向精神家园的回归。

仰望历史的星空，俯察精神的家园。

他对"深度追求"，有一段很好的表述：

> 为了实现自我超越，我提出了一个深度追求的目标。面对经济全球化和由此而形成的全球化语境，加上西方现代主义文学艺术的影响，人们的主体意识、探索意识、批判意识、超越意识大大增强，审美趣味发生变化，实现了文学自身审美原则的整合与调节，导致文学观念趋向多样与宽容，各种文学话语、理论话语众声喧哗。随之而来，作家的审美意识也发生了重大变化，逐步呈现出表现自我的自觉性。

他又进一步就文学创作来谈体会：

> 就散文创作来说，由以往的对于现实功利目标的直白展露，注重外部世界的描绘，转为对自身情感、心灵世界的深层开掘；从过去对政治形势的热情跟踪和对表层现象的匆促评判，转向对人的生

存状态的深切关注，对现实世界和国民心理的深刻剖析；扬弃那种平面的线形的艺术观念和说明性意义的传达，致力于新的表现领域的开拓与抒写方式的探索，终于使散文以轻松的格调、悠闲的步态、更为深刻的人生思考、深层的哲学内涵和情感密度走近读者，从而实现了创作主体与接受主体的精神对接。

这些表述体现的不仅是个人感受，而且是一种对时代精神、社会发展、文化进益的世界的与中国的总体态势与发展趋势的体察，特别是感应和回应。这种深度追求，是作家跟上时代、顺应潮流、体察文化的收获和创作基点。

2. 面对历史的苍茫

这是一批成系统的历史文化散文，是集中体现王充闾散文成就的一批佳作。

这是对历史的回顾、探索、深究、品评和诠释。面对历史的苍茫，实际是从现实的立场，面对历史，面对历史的苍茫。

"历史的苍茫"，含有广泛的、悠长的、深刻的意义。它提供、等待人们去解读。中国历史漫长悠久，史实丰富、内涵深邃，英雄志士、哲人大师、文化巨人谱系长卷，可写的太多了。

此批散文，处理了相当多的历史片段、品评了一批历史人物。至此，"王充闾历史文化散文"已经形成，已成大器。

如何解读、诠释、理解和领悟王充闾的这批产生于20世纪90年代中后期的历史文化散文？

这可以说是一个研究课题。以我浅薄的历史知识水平和思想能力，无法作全面的评析，只可以就自己感触深的几点说一说。

（1）他瞩目于魏晋时代。

我也挺喜欢魏晋。其实我的历史知识浅薄，说不上懂得魏晋的意义和价值。可能和鲁迅称赞魏晋是中国"文学觉醒的时代"这个论断有关，也同喜读《世说新语》有关吧。还有就是梁启超的历史分期说。他在《论中国学术思想变迁之大势》的总论中把中国历史分为八个时期：胚胎期——春秋以前；全盛期——春秋至战国；儒学统一期——秦汉；老学期——魏晋；佛学期——南北朝；儒佛混合期——宋、元、明；衰落期——近250年（论文发表于1902年，即1902年前的近250年）。梁氏把魏晋定位"老学期"，而我喜爱老庄，这也是原因之一。记得美籍华人学者、著名历史学家黄仁宇有一个论点，他说，中国虽然有九个统一全国的大朝代和一二十个小朝代，但"为研究检讨的方便起见"，无非是"三大帝国"：秦汉第一大帝国，唐宋第二大帝国，明清第三大帝国。这种"历史的大把握"，也有一定的道理；但舍去魏晋，究竟可惜得很，难以了解中国历史的全貌。

因为这些点点滴滴，所以我欣赏充闾历史文化散文的瞩目魏晋。

充闾处理、诠释魏晋时代事，并非偶然，盖因缘久矣。他说：魏晋时期可供后人咀嚼、玩味的东西太多。一方面，中华乱世，政治腐败，社会动乱，民不聊生，但，这个时期又是如他所说：

> "精神史上极自由、极解放，最富于智慧、最浓于热情的一个时代"，"是中国历史上最有生气、活泼爱美，美的成就极高的一个时代"（著名美学家宗白华语）。处此乱世，"儒学独尊地位动摇，玄、名、释、道各派蜂起，人们的思想十分活跃，个性大为张扬，注重自我表现，畅抒真情实感。大批思想家、文学家生活上、人格上的自然主义、自由主义充分高涨，呈现出十分自觉自主状态和生命的独立色彩。他们有意识地在玄妙的艺术幻想之中寻求超越之路，将审美活动融入生命全过程，忧乐两忘，随遇而安，放浪形骸，任情适性，完全置身于生命过程之中，畅饮生命之泉，在本体的自觉中安顿一个逍遥的人生。一时诗人、学者辈出，留下了许多辉耀千古的诗文佳作。他们以独特方式逆射的生命光辉，以艺术风度挥洒的诗性人生，给后世的文化发展留下了一笔宝贵的财富，抛出一个千古说不尽的话题，为中华民族造就了一个堪资叹息也值得骄傲的文学时代、美学时代以及生命自由的时代"。

他还说：

> 魏晋文化跨越两汉，直逼老庄，同时，又使生命本体在审美过程中跃动起来，自觉地把对于自由的追寻当作心灵的最高定位，以一种特定的方式实现了生命的飞扬。当我们穿透历史的帷幕，直接与魏晋时代那些自由的灵魂对话时，更感到审美人生的建立，自由心灵的驰骋，是一个多么难以企及的诱惑啊！

这几段"魏晋颂"写得实在精彩,可圈可点,说出了"魏晋时代精神和艺术精华"之所在。在此思想与情感基础上写出的"魏晋历史文化散文",真是选材得当,抒写得体,论述精辟,发人思索。

(2)他属意辽金。

这一点,值得赞赏。过去,治断代史的辽金史专家,这方面的著述,自然是不会少的;但是,一般谈论历史、写历史文章的人,却在"正史"之中,较少写辽金。事实上,宋、辽、金并存、相克又相融,是中国历史的完整形态。过去的史书以宋为主体,辽金为辅,负面东西写得多。现今,契丹辽、女真金,于契丹族及其辽代,于女真族及其金代,多所研究,改变了过去的偏向。有的学者已经写出《另一半中国史》的专著,专写历史上各个草原民族-骑射民族的历史。

东北作家写辽金,有责任又有便利条件,王充闾以文学形态来抒写,就更可贵了。不过,更可贵的是,他不是一般地咏史,而是以"文明的征服"为母题,来抒写、探究金的兴衰。这是很有意义的。他在文中,高调论证了文化的意义,以其为金朝之兴衰的"历史之谜的答案"。此论我特别赞同和赞赏。契丹族以游牧民族-骑射民族的骁勇善战,在耶律阿保机的统率下,建立了与宋对峙的辽朝;而同样以骁勇善战著称的女真族,又以完颜阿骨打为首,同样以游牧民族-骑射民族的骁勇,战胜了契丹族,灭辽建立了金朝。接着又更以铁马金戈、挽弓控弦之力,进而与宋争高下。终竟杀入汴京,生擒宋室徽钦二帝,结束了北宋王朝的统治,而使之偏安临安,建立南宋朝廷。如斯历史巨变,好似证明武力可以决胜历史场,落后的草原文化-骑射文化,可以灭亡先进的农业文化。但是,正如王充闾所指出的,"野蛮的征服者总是被那些他们所征服的民族的较高文明所征服"。尔后的史实,也证明了落后的征服者被较高文明的民族征服的历史规律。

要说契丹和女真,对汉人、汉文化没有戒备和压制,那是不真实的;他们的防范之心甚重,把汉人列为低等臣民,在社会等级和各种制度上,都防范、歧视、统制汉人。但是落后总是向先进看齐,他们为了更好的生活、更文明的制度和更先进的文化,不得不既防又学,从平民百姓到皇室宫廷,学得很认真、很全面,特别是输入儒家经典,学习汉族礼仪,以至通婚。这样,就渐渐汉化了。对于这一点,历史学大师陈寅恪和吕思勉在他们的著述中,都有精审的考据和论证。在这方面,王充间着重阐述的则是：金人侵宋，是以野蛮、非正义，给中原大地带来灾难，然而，战争的胜利者在征服敌国的过程中，却又不得不接受新的异质的文明。这又是文明的征服。他指出：

> 穿透历史的刀光剑影、狼烟烽燧的表象，总揽人事与物理，得出自我的感悟：人类创造的文化，无一不包含着自我相关的价值、功能上的悖谬，并且随着时间的推移，不断地作反向的运动与转化。女真人以原始生命的强悍征服并吸收了柔美精致的大宋文明，反过来，在大宋文明腐败因子的侵蚀下，重蹈覆辙，又被更为野蛮而强悍的蒙古文明所征服。历史的巨笔在他们之间画了一个诗意的圆，这是象征着宿命意味的循环怪圈，也是富有玄机禅意的精神怪圈。在这个神秘的怪圈里，该是演绎了多少令史学家与文学家感伤与怀旧的故事，隐喻着多少艺术与审美的意蕴啊！

> 但是，与此同时，也同前朝的契丹、身后的蒙元一样，当他们从漠北的草原跨上奔腾的骏马驰骋中原大地的时候，都在农耕文化与游猎文化的撞击与融合的浪潮中，自觉不自觉地经受着新的文明的洗礼。

当然，还需要说清楚，重要的不仅在于说出、证明结论，更重要的是说明和论证的过程，也许还需要补充，以精审、严密、幽雅、笔锋含情的笔触，委婉曲折、娓娓陈述、细致描绘地来呈现和"寓意于叙事状物中"，就是前面说过的考据、义理、词章。

（3）他评骘徽钦二帝。

这是《土囊吟》这篇出色的历史文化散文所"处理"的一段"痛史"。徽钦二帝，主要是宋徽宗，作为亡国之君窝囊废，却又是一代杰出的艺术家，是很可以写一写的。不过向来专写他的文字并不算多。而《土囊吟》，"用写意的技法，简练勾画了二帝由龙庭端坐、锦衣玉食到囚絷青城，最后被羁押到东北苦寒之地，饱遭凌辱以终的故事，并题诗以证：'造化无情却有心，一囊吞尽宋王孙。荒边万里孤城月，曾照繁华汴水春。'"这立意，这首诗，都堪称佳作。但有意味而具有思想性之处，却在于其点睛之笔：

> 有趣的是，过了一百零七年，金人降元，元军亦于开封近郊的

青城下寨，并把金宫室后妃皇族五百多人劫掳至此，尔后全部杀死。"兴亡谁识天公意，留着青城阅古今。"（金人元好问诗）历史潜隐着循环与因果的种子，潜隐着神秘难测的悲剧魔影，历史的公正标尺被埋藏在人类的良知的大地里。

总体上，我感受到这里有四个方面也是四个层次的确立：一是历史资料的选择；二是既有历史资料的安排组织；三是主题的确立；四是有意味、发思索、"巧思妙文"的表述。应该说，王充闾这批散文，这几点是都做到了、做得好的。这显示了他在历史知识、史学素养和文学修养，以及这几个方面的综合的、汇融的状态甚为良好，是准备充分、储备丰厚，故而厚积薄发、游刃有余。

几十年来，他对于历史题材的文学作品，一直情有独钟，童年时代，他就屡屡在自家场院，黄昏时分，听大人讲"肥唐瘦汉""南朝北国"。进入私塾，读过的许多典籍也都是历史；史著他读过《史记》《汉书》《纲鉴易知录》这些经典，他还认真研究过《后汉书》；而于司马光的《资治通鉴》、冯梦龙的《东周列国志》、刘义庆的《世说新语》等，更有浓厚兴趣。而且，还受过鲁迅的名文《魏晋风度及文章与药及酒之关系》《题未定草》等的影响和熏陶，而后者称得上是后来的历史文化散文的前驱和范本。这是相当充分、相当有层次的准备，堪比史学专业的本科毕业以至研究生的水平吧。

但仅此还不足以取得上述的业绩与成就。

史识和思想，是最重要的。按照法国年鉴学派的历史观来说，历史都是后人根据史料，在今日的重构。为了阐明已经提炼的主题，需要选择史料，按"己需"，即已经形成的思想主题，加以重构。这一点，王充闾做到了，他严谨地依据史料，巧思精构，重构了关于魏晋、关于辽金的一段历史，以及关于徽钦二帝的历史沉浮。年鉴学派还认为，历史学的任务不是描述历史，而是解释历史，是现在的人同过去时代的人"遥相交往与理解"。王充闾的这批散文，正是做到了这一点。这些，正表现了，王充闾的创作，确如年鉴学派所说的：历史，是史学家对客体的一种有效把握，是认识主体的精神的积极创造活动。

需要说明的是：以上都是在史学范围内对王充闾历史文化散文的评述；这还只是"一半"；更重要的是，他这一切"史学业绩"，都是以文学的形态表达出来、呈现出来的，是"文学的史学论文"或称"史学的文学作品"。

这批历史文化散文，处理了也是论述了一批中国历史上可论可述的历史事实、重大事件和历史人物。它们总合起来、概而言之，其母题、主旨、意蕴是什么？

这使我想起周扬有一次讲话中，对鲁迅思想作品的概括。他说那就是王船山所说的"知人论世"四个字。——不知周氏何所据，我后来查检，这话出自孟子的《万章下》。但周氏是如此说法，我没有记错，因为他说时，湖南口音甚重，王船山读为"万传散"，我猜了很久才悟出是"王船山"。——谁说的暂可不顾，只是这"知人论世"四字，用来概括王充闾这批历史文化散文的母题、主旨和意蕴，我以为也是合适的。要说做到这一点，虽然仅仅四个字，其实要达此目的，是很不容易的。它要求作者既掌握历史的准确事实，又要得其精髓，循其规律，具有史识，所谓文章"义理"存焉；还要具有自己的独立见解，人云亦云，味同嚼蜡，则休矣，哪能有引人阅读的引力，而且启人遐思？再就是表述的思理清晰、清顺畅达、温文儒雅、词章整饬。就是素来所说"考据、义理、词章"，此三者，王充闾均达上乘矣。

可能是自此时起，有"南余（秋雨）北王（充闾）之说"。记得鄙人当时即发过不同声音：窃以为此说，不是太高竟是贬低了王氏之作及其成就。盖余氏之作，在文化尤其历史方面的硬伤颇多，学术界微词频频。而王的散文，历史考证精确，史实真确，论证过硬，陈述亦符合中国史学传统规范，又有新的历史观。经得起历史验证、学术考验。而且，文字也规范谨饬，雍容大气，有文学的史学气象。

以后及现在的发展，则是余氏几可说"跌入歧途"，每况愈下，而王氏则层楼更上了。

3. 历史只有被赋予精神，才有灵魂

王充闾在坚持历史唯物主义的前提下，还服膺法国年鉴学派，借鉴其历史观念，由此而获得历史灵感和思想火花。本来，马克思主义理论就是年鉴学派的理论根源之一，前者影响了后者每一个发展阶段。法国新史学（年鉴学派）与马克思主义在不少方面有共同之处，如带着问题研究历史、跨学科研究、长时段和整体观察等。年鉴学派的理论前贤克罗齐说得好："历史只有被赋予了精神，才是活生生的历史。"所以，历史必须由历史学家加以重新体验和赋予生命才能成为真正的历史。充闾的历史文化散文"见魂不见痕"地将历史唯物主义和法国年鉴学派的理论资源和史学精神，运用于其中，虽不见旁征博引，却得其精魂而应用之，对历史加以重新体验和赋予生命，使得自己的文章，有见地、具史识、蕴丰神，剖历史之真谛、揭古人之神魂、评骘古往今来、含蕴现代批评。正如他自己所总结的：《叩问沧桑》《陈桥崖海须臾事》《细语邯郸》《土囊吟》《文明的征服》《狮山史影》等系列散文，凭借名城胜地载体，诗意运思、直觉领悟，展开超越时空的对话，揭示体现历史必然性的规律性认识，传递了某种灵光闪烁的哲思与禅趣。这些自我评析，都是实情，准确得很。

我集其咏史诗句而成一七律，以概括其文章精神和艺术神韵：

> 叩问沧桑天不语，茫茫终古几赢家？
> 血影啼痕留笑柄，邙山高处读南华；
> 民意分明未少差，八王堪鄙冷唇牙。
> 一时快欲千秋骂，徒供诗人说梦华！

这种集句，纯属外行之举，未免弄巧成拙，乞充闾勿以为忤并讪笑之。

4. 王充闾这批散文产生的意义和价值

至此，应该说说王充闾这批历史文化散文的产生及其意义和价值了。

它们产生于20世纪的90年代。这是一个什么样的年代呢？

中国在改革开放的路上，已经走过了初期的器物层改革并取得巨大成就的阶段，在继续深入器物层改革的同时，进入制度层的改革，而且，文化层的改革也已经被提到议论和思考的层面上了。一方面是商潮汹涌，一时间产生了"十亿人民九亿商，还有一亿等着办"的幽默风趣的说法；另一方面，则是人们的议论纷纷，思索当今与历史，既总结历史的经验教训，又想从历史的过往中，寻找"现代灵感"，所谓"追往思今"安排好今后的路。这样，历史的整理与探究，就提到了现实的议程。这正表现出中华民族又一次进入到黑格尔所说的"民族的自我认识时期"，也是表现了一个民族进一步达到高一层的成熟阶段。以至"重写历史"的呼声也出现了。在学术思想上，则是文化热过后，进入"历史热""学术热"，而其"正面的负面表现"，用李泽厚的说法是"学术上去了，思想下滑了"；王元化针对此种情况提出颇为人们赞许的"有思想的学术和有学术的思想"的宏议说论。在文学上，在历经伤痕文学、反思文学、改革文学之后，出现了寻根文学，以及文学多样性的追求。

王充闾历史文化散文，就产生于这样的历史潮流中，就出现在这样的思想学术和文学艺术的状态中，也就是丹纳所说的"时代的精神气候"中。从他的创作成果来审察，这既不是随风跑的"赶浪头"，也不是浅薄的"趋时"，而是感受到"时代的精神气候"，认识到社会之所需，思想文化之大势，所作出的抉择与回应。我没有能够同充闾同志在这方面作过深入的交流，向他请教，所以说不准他在这方面的自觉程度达到了哪一步，但却可以断定，他自觉不自觉地是感受到时代的体温，内心又有自己的认识与思索、探究与追求的。这是当时有责任感的知识分子的共识。以此，他创作的这批历史文化散文，是对时代需要的思索与追求、感应与回应，或者叫"文学的应答"。我们看其结果，他的思索与应答，是具有深度的，是时代的精神产物，又反映了时代的精神，而且是有水平、有意义、有现实价值的。现在"回过头"去看，他与当时的"世弊"相反，所作是学术与思想都"上去了"，做到了"有思想的学术，有学术的思想"。不过他是以文学的形态现身。以此该可以说是历史、学术、文学三个方面的收获和业绩了。

日本著名学者桑原武夫的《文学序说》，对文学有一些独自的见解。他有一个说法，"散文在文学的世界里带上了市民阶层的特色"。我觉得此论有道理，甚可取。黑格尔是最早论述社会现代性的学者，他认为现代化社会就是市民社会，马克思则说这种市民是"原子似的个人"。综合这些论述，就是在现代化社会里，市民这个阶层个体性、私人性增长了，个人-"我"的意识很强，这是人的进步。因此，个人的表现欲和发表欲也都增强了，也有这个自由了，——个人的自我意识增强了，自我表现欲和发表欲实现的客观条件也具备了。这是社会自由度增长的表现。

这在文学界的表现，就是散文的发达。我们现在正在急速现代化的进程中，"市民社会"也在"社会结构转型"的过程中，产生着、产生了，中产阶层的产生和发展，就是具体的表现。而在文学上的表现，就是写散文的人数众多。专业和"民间"的散文写作队伍，可以说是庞大无比；还有更多的网络文学的散文写作者，更是遍布华夏大地，各行各业的人都有。这是时代的文学大浪潮。有思潮和文学浪潮，即"普及"，就会产生、养育优秀的、杰出的代表和领军者，体现"提高"的作家和作品，前者是"水涨"，后者是"船高"。曲高和不寡。优秀的散文作家以至散文大家，就这样产生了。可不可以这样来论述、评价王充闾及他的散文？——他是站在国之散文大潮上的优秀代表之一，历史文化散文花园中挺立的秀丽一支。

5. "事是风云人是月"，评骘人物在见识

历史史实与历史人物的关系，"风云"与"月亮"，这一比喻所诠释的"历史观念"是很准确的。就是凭此见解，撰写一批品评古代人物的历史文化散文，其中写到李白、苏东坡、纳兰性德等名家大师。既显示了史实的精确掌握，又以高超新颖见识予以真言评骘，更以化传统文学话语与现代语言及"输入"的"译文话语"为"三位一体"的文学话语表达，其语言风韵与处理的史实对象契合，内容与形式汇融，而成恢宏细腻"娓娓叙述"夹叙夹议的体式范文，并透着传统中国散文的骨骼与风韵。

6. 女性的赞歌

赞的是女性，显示和潜隐的是对于女性、爱情、人伦的深层评析与诠释。

赞誉了中国古代苦命女性词家李清照、朱淑真，以及生平坎坷的英国勃朗特姐妹。选题、选人皆适当。爱情是文学永恒的主题，爱情离不开女性，女性也离不开爱情，爱情、女性、人生感悟、生命体验、男性世界、社会离乱等，皆在其中。所以女性赞歌，同时也是历史、社会、人生的吟诵与思索。

历来写李清照的多，写朱淑真的少，作者弥补了这个缺欠，为文学史补了遗缺，给朱淑真写一专论，值得，有内容，有真情深意。

这样写英国的勃朗特姐妹的也很少。只是"一夜芳邻"，就伸展开来，敷衍成文，情文并茂。

这里实际上涉及比较文化研究，既有主题学研究，又有平行研究。虽然并没有把三者——东西方两个国家的不同时代的女作家、诗人，在同一篇文章中作这样的比较；但是，三篇文章的内容，成为一组"散文

束"，构成了这样的比较文化研究；而重要的是，文章之诞生，标志着作者的创作心理中，存在这种中西文化的比较研究。不同民族、不同国家、不同时代、不同人生经历的女性作家，写诗词，写小说，经营的文学体裁、题材、社会生活，都完全不同，但是，她们的痛苦经历，她们的不幸，她们文学的情愫和倾诉，她们的心灵的纠结与忧伤，是作为女性的"共同"而存在。而她们的不同经历、不同的创作、不同的"文学倾诉"，却丰富了人性、丰富了女性性格内涵、丰富了文学的成就。

刍议：契丹的萧观音，其才、其命运、其文学成就，均颇为不凡；更因其族属契丹又属辽国，且是皇室至尊，贵为一代皇后，政事、文事两擅长，命运起伏更跌宕，豪放曾经、凄苦终结，大起大落，较之李清照、朱淑真，更具丰富复杂深邃之内蕴，还有民族性，似乎也可以一赞。

由此我还想到，作者可不可以写一组论述中国少数民族诗人的历史文化散文，他们是：辽代的萧观音，元代的萨都剌和清代的纳兰性德。他们的诗词，都很具有个性而又具高超的艺术韵味。不知是否可以大致这样地概括：萧观音的悲怆；萨都剌的沉郁；纳兰性德的情爱？

7. 师徒·朋友，说论箴言

选取"师徒"和"朋友"的角度，来审视评骘曾国藩与李鸿章和陈梦雷与李光地，很确当，很有意思，可达历史的深度、人伦的骨髓、社会的腠理。以"用破一生心"来点破曾国藩，也有同样的意义和作用，真是说到"曾剃头"的骨髓里去了。"灵魂的拷问"，拷问李光地的灵魂，也是同样的意义和作用。

读者可以从历史的评析中，听见"现实的说论与箴言"。

世人-时人应该好好谛听并思索之！

8. 翻开历史篇，清算帝王事

《龙墩上的悖论》——古今多少帝王事，任人评说论当今。

这是一个很好的命题，很有思想性，也很有创意。

悖论，本来就是一个既吸引人、诱惑人的命题，又是一个令人困惑、难解、迷茫的命题。一切人间事，都存在某种悖论，而在帝王身上，就显得特别鲜明、突出、尖锐，特别纷杂、纠结，因此，拿他们来说事，就显得更加分明、更加凸显，更加令人思索。论说功名事业也好，论说人伦世故也罢，或者论述人生感悟、生命体验，拿皇上来说事，都富有尖锐性，也具有特例中的普遍性，发人深省。

帝王的，龙墩上的"悖论"，基本的大概是两个方面吧。一是他们总意图自己的家天下，所谓帝王之业，能够传之万世，但是事实上总是历经若干世，必然终结，或长或短，终究被他人取代。他越是试图传之万世，费尽心思、绞尽脑汁、使尽手段、无所不用其极，越是无济于事；越想长久，就越是短命。二是他们总想长命百岁，死神不来光顾。从秦始皇开始就是如此，但是，没有一个长生不死，倒是短命的多多，长寿的少少。

还是美国历史学家魏斐德（Frederic Evans Wakeman）在《中华帝制的衰落》中，论明朝帝制的衰落时，总结的历史规律，带有普适性。他说，明帝制的衰落经过三个阶段："政治与军事充满活力的青年时代……，和平与稳定的中年时代……，继之以孱弱，最宿命式的衰落。"所有帝王，率皆如此，概莫能外。"龙墩上的悖论"！

我这里只是概而论之，事实上，王充闾所写的这些帝王的龙墩上的悖论，无论巨细，范畴、论题、诠释，可比我这里的"概括"，要广泛得多、深刻得多。他对从秦始皇到清太祖努尔哈赤的诸多皇帝，多有具体而深邃的论述，对他们的王业与人生，都有箴言说论，剖析评判，发人思索与获得启迪。

这样的系列历史文化散文，不仅很有特色，而且，非一般作家所能为。

只有作者这样的具有丰富扎实的历史学养、国学根底和思想高度的作家，方能写出它们。这里远不仅是评骘历史人物，剖析几个帝王及其帝业，而且有着丰富的深刻的史评、性格与命运的剖析，更具有当今时势、世事的评论。

作者总结的"五条"，是很有历史文化意义的。前述"说论箴言"此处也深层地显示了。

9. 关于作家类型

韦勒克和沃伦所著的《文学理论》中，提出了一个作家类型的划分问题；借此议题，我想自己立几个类型划分，即理性型、情感型、综合型。杜甫是理性型，李白是情感型，应该可以成立；现代作家里头，郭沫若是情感型，茅盾是理性型，也说得过去吧，鲁迅就是综合型的。《文学理论》中说：这种综合型，是"最伟大的艺术家的类型"，"这种艺术家终究能战胜心魔，使内心紧张状态达到平衡"。而歌德，以及但丁、莎士比亚、巴尔扎克、狄更斯、托尔斯泰和陀思妥耶夫斯基，都属于这种类型。鲁迅也是如此。

说这种分类，我是想借机讨论王充闾属于哪种？我的意思是归为理性型，不知确否？当然，这只是说的主要倾向；理性型，并不是就没有感情呵。还有一层意思是，他的文章中，哲思、历史批判、理性分析，多而强。再，就是希望，这种优势和特色，发展下去，不断提高；当然，这并不妨碍文章中情感的飞扬和抒发。而且，还可以向综合型发展，虽不能至，心向往之！

此论不知充闾以为然否？

10. "向内转"——"向外移"与"向内转"

这时期，作者退居二线，在职务上是"向外移"，而且，由于作者的心——"创作之心"坚定不移，所以在"二线"上，有意超脱，因而，更具"向内转"的向性。"心灵化""主体化""个性化"，这个总结，很符合实际，也颇为深刻。这实际上是作者的"盛年变法"（现今，人活到60岁不为老；作者的心态更不老，故称"盛年"）。也是作家的思想与艺术上的升华、飞跃和进入新的境界。

11. 杰士大师，矛盾复杂

这里提到所写的三个历史人物：德国的歌德、俄罗斯的托尔斯泰和中国的瞿秋白。写了他们的杰出，也写了他们的矛盾和复杂。从一般历史评述，到专论帝王的身处"龙墩"上的"悖论"；现在，则书写杰士大师，文化巨人。他们均属不易论的人物。歌德与托尔斯泰，论者多矣，研究者夥焉，属于难处理的论述对象。瞿秋白属个性特出、命短、事迹纷繁的历史人物，也是论来不易的。但作者抓住他们共同的特点：矛盾与复杂。这就抓住了要害关键，论旨得以独树一帜，由"局部""一点"而深刻。

这里又一个明显的飞跃：对俄德文学大师的论述与评骘，笔触伸向异域，进入外国-西方文化领域，作者在知识结构上，中西文化结合，表现于论述对象和文化界域之中，"国学、西学"汇融，文化、思想、艺术均进入新境界了。

瞿秋白则完全是另一类型的人物，不同于歌德和托尔斯泰，除了矛盾和复杂的性格特征与两位外国文学大师一致以外，他就只是他了，是

"这一个"。这里写烈士瞿秋白，充满了诚挚的感情，文笔也深沉蕴藉，笔锋含情。他对瞿秋白的终结性分析，是很到位和恰当的：

> 而他的出处、素养、个性、气质，更为这种矛盾冲突预伏下先决性因子。他是文人，却不单纯是传统的文人或现代知识分子，而是革命文化战士；他是政治家，却带有浓重的文人气质，迥异于登高一呼，叱咤风云的统帅式人物。这样，也就决定了他既能毫无保留地献身于革命事业，却又执着于批判精神、反思情结、忏悔意识、浪漫情怀等文人根性，烙印着现代知识精英的典型色彩。可以说，这是使他困扰终生的根本性矛盾。

这段论述，既是对瞿秋白的性格特征的评述，又是对于他的"绝命书"《多余的话》的精到分析。

这里也同样涉及比较文化研究的母题。西方文化的德国的歌德，不同于属于西方文化却蕴含东方文化质素的托尔斯泰；东方之子的瞿秋白，就更不同于他们。而且，前两位是作家，后一位是革命家兼作家。他们的心态、思想、灵魂，是完全不同的，但是，他们的命运、他们的思想、他们的为民族为人民的命运的心力和献身，以至他们的文学诉求、表现和成就，都有相通之处。王充闾是揭示了他们的"复杂"和"矛盾"这样两个共同又不同的"点"，来作了分别的比较文化研究的。恩格斯曾经揭示歌德的两重性，即"复杂"与"矛盾"，他指出，"歌德有时非常伟大，有时极为渺小；有时是叛逆的、爱嘲笑的、鄙视世界的天才；有时则是谨小慎微、事事知足、心胸狭隘的庸人"。"在他心中经常进行着天才诗人和法兰克福市医院的谨慎的儿子、可敬的魏玛的顾问之间的斗争。"关于托尔斯泰，列宁曾经说，他作为作家是伟大的，作为思想家却是渺小的。而王充闾揭示瞿秋白的复杂与矛盾，则是革命家与文人之间的困顿与纠结，就是瞿氏自我解剖的"拿了狗来耕田"。

这样三个典型的中西比较文化研究，是有内容、有思想、有意味的，很值得品味和思索。在我，尤其是对于瞿秋白。

这种比较文化研究，虽然是对中外杰出人物的心灵解剖，但他们作为伟大的代表，其中存在作为人类共性的东西，集中、突出、尖锐、"伟大"地表现出来，这对于凡人认识和解剖自己的心灵和心之困惑，也是富有启迪意义和警醒作用的。这应该就是王充闾这些历史文化散文的更普泛的教育意义和现实价值。

12. 写少帅之心，又一个升华与开辟

《成功的失败者》——这个命题非常好，准确、实在、独到、"正中鹄的"。作者此见，高于一般。

写少帅张学良者，甚多甚多，无非接班、易帜、双十二、幽囚等大关节，以生平事迹为主；但此处是写"心"，这就大不同了；尤其如何诠释其"心"写其"心史"，就更不同了。年鉴学派认为历史都是后人的重构；这里，立足于"心"，重构张氏的历史和其人，就"独树其帜"了。

作者还有一个天然优势：他不仅是东北佬，而且是张氏的小同乡，都是盘锦人氏，而且两个故家相距不远。

这里除了历史见识、诠释格局、分析意域，大不同于其他写张氏之著述；还有"政见"——政治事件和政治作为的分析、诠释，非一般作家所能为。这是作者的政治生涯给予的优势和识见与体察、体验。

作者的立意很明确也很正确："为少帅写心"。所谓"写心"，也就是他所有意规划的"着眼于展现传主及有关人物的个性特征、内在质素、精神风貌、心灵境界"。记得我在东北大学张学良研究会的一次全国性研讨会上，提出过"扩大张学良研究的领域"的建议，得到认同；而充闾则是"反向"而提，以研究和抒写他的内心为圭臬，这是向研究对象的深化，如果前者是"扩大的再研究"，后者就是"内涵的再研究"。这是很可取的，这就决定了这本特殊传记的"成功的一半"。至于写《张学良的人格图谱》，那就更为深入，深入到心理层面、心灵深邃处了。

在写法上，他还师法前贤，向写了论述刘邦、范增、张良、晁错、贾谊、扬雄、霍光、曹操、诸葛亮等论文的苏轼取经，学习他的笔阵纵横、语言犀利、谋篇布局的匠心独运，从而获得启迪，学到技巧，而运用于自己的写作中。

张氏一生，风雨雷电，大起大落，既是成功者，又是失败者。成功与失败纠结，失败与成功混融。既是他造就了时势，又是时势造就了他。时势造英雄，英雄造时势，对他来说均适合。张学良的性格特征极其鲜明，作者对张氏心态性格，把握仔细准确，说他属于情绪型、外向型、独立型；活泼好动，易于冲动，善良果敢，豁达粗犷，重然诺，讲信义，勇于任事，敢作敢为。在他的身上，始终有一种磅礴、喷涌的豪气在；他胸无城府，"玻璃人"般的坦诚，有时像个小孩子。历史的吊诡是，这种果敢而粗犷、豪气喷涌而无城府的"玻璃人"似的性格的人，却身居少帅之位，立足历史前端，处理民族生死攸关的大事伟业。这就不能不把一己的性格，深深烙印于历史的褶皱之中。

因此，王充闾的"为少帅写心"，写他的人格图谱，就成为同时也是为中国当代史写真。重要的是张学良的可写可说、可圈可点，远不只是他的性格特征的特殊、鲜明、大不同于一般，而是，时势也好，他的英雄之举和英雄气概也好，都很不一般，都与中国现代史上的一段"历史关节"紧密相连，和中国现代两大政党的生死搏斗紧密相连，特别是和中日两个国家和民族的生死命运相连。一个"九一八"、一个"双'十二'"，沈阳和西安，黑云压城、风云变幻、波谲云诡，都与张学良的一举一动休戚相关。其作为，前者遭国人痛恨辱骂，斥其为"不抵抗将军"；后者为世人盛赞，获千古功臣之美誉。而终身幽禁，"幽囚节不变"，又使他博得世人无限的赞誉与同情。

这里涉及一个"个人在历史上的作用"的历史学母题。论伟大人物、英雄志士，躲不过这个母题。

历史唯物主义关于"个人在历史上的作用"的观点如下。

第一，承认个人在历史上的作用，历史的必然性丝毫不损害个人在历史上的作用。

第二，历史需要有伟大人物，如果没有，它就要创造出来。

第三，伟大人物英雄志士的历史行为，或者是推动历史车轮前进，或者是拉起历史车轮倒退。

第四，伟大人物或志士，给历史发展以形式。比如，俄罗斯的彼得大帝的改革，是用野蛮的手段来推行文明；秦始皇是用焚书坑儒来实行统一。

以此论张学良，日本帝国主义要侵吞中国，首先是东北大地，是以1931年的九一八事变来实现其罪恶目的，在中国方面，则是以"不抵抗主义""中国的军队有好几十万，恭恭敬敬让出了沈阳城"这种令人心痛屈辱的方式出现，这个"历史的形式"则是张学良个人给予的；西安事变则是张学良以举世震惊的"兵谏捉蒋"方式出现，从而推动实现了全民抗日的民族愿望，这又是张学良给历史发展以"形式"的表现，促进了民族团结，推动了历史前进。他的成功与失败，就是这样地影响历史的进程、给历史发展以"形式"。

王充闾之论张学良的"成功"与"失败"，论他的人格与性格，对他个人和对历史与民族的功与过，是在贯穿着历史唯物主义的这种历史观的基础上，来进行的。虽然他并没有引述这些理论，但其中蕴含着这种理论元素和批判精神。也可以说是蕴含着这种历史哲学。当然，其中还深蕴中国丰厚的历史学遗产中的史识与史德，不以成败论英雄的历史主义原则。

13. 时代精神的产物和反映时代精神的作品

读王充闾这一成系列的历史文化散文，我想到他和他的作品与时代的关系。

我觉得，应该说他的这种文学作品，一方面是时代的精神产物，一方面又是反映时代精神的作品。时代成就了王充闾，王充闾以他的作品反映了时代。这应该看作一位作家的可喜的成就和奉献。

文学和社会是分不开的，而社会是"时代的社会"，它和时代也是分不开的。我很奇怪的是，前几年在一家报纸上，看到几位知名教授大谈什么"文学与时代没有关系"，这论调，使我惊讶不已。文学是时代的产物和反映，这是基本常识呀，丹纳在《艺术哲学》中，维克勒、沃伦在美国文科的基本教科书《文学理论》中，都突出而详尽地论述过文学与时代、与社会的密不可分的关系，这是非马克思主义的资本主义国家的文艺理论家、教授的论说呢；至于马克思主义文艺理论，就更不用说，是"历史–文化批评"，绝对地肯定文学是时代的产物和反映的这个基本论断。再说中外文学史上的事实，在文学史上留下刻痕的世界各国的著名作家及其作品，之所以流芳百世，就是因为他们的作品反映了他们所处的那个时代。从古到今，概莫能外。但丁、莎士比亚、塞万提斯、巴尔扎克、司汤达、雨果、普希金、果戈理、托尔斯泰、陀思妥耶夫斯基、契诃夫等，不都是如此，不都是明证吗？你听丹纳说得多么好：

> 这个艺术家庭还包括在一个更广大的总体之内，就是在它周围而趣味和它一致的社会。因为风俗习惯与时代精神对于群众和对于艺术家是相同的；艺术家不是孤立的人。我们隔了几个世纪只听到

艺术家的声音；但在传到我们耳边来的响亮的声音之下，还能辨别出群众的复杂而无穷无尽的歌声，像一大片低沉的嗡嗡声一样，在艺术家周围合唱。

这段论述所论证的主旨就是：艺术家和他们的作品，同时代、同同时代的群众，是一致的、相通的。群众和艺术家的作品，在当时和几个世纪以后，都会产生共鸣，都在合唱。他们之间有着音乐中的主调与和声的密不可分的关系。

我为什么唠叨这些？也是有感而发。因为现在既有上面所说的"教授新鲜理论"；又有作家们的实践呼应。新时期以来，文坛响着这种声音："我写我自己""我的写作与时代无关""离时代越远越好、越高超"，还有什么"下半身写作""写下半身"等；还有什么反社会、反理性、反理论、反传统、反崇高、反审美等。其实，他们自己的这些"宏论""高调"，本身也是时代的产物，只不过是消极的产物而已。想想，20世纪40年代，血与火的时代，能产生你们和你们的宏论和大作吗？以后的50至70年代，以至80年代早期，能产生你们和你们的宏论和大作吗？产生了，你们能够存在吗？说实在的，这种宏论大作，说是"脱离时代""与时代无关"，却正是像鲁迅所讥讽的：是自己拽着自己的耳朵要离开地球。

在这里讨论文学与时代的关系，是要在大局上，肯定王充闾的创作方向及其作品的思想意义和艺术价值。作品足称"时代的精神产物""反映了时代精神"，这是作家的光荣和成功；他的作品，会在后世存在并谛听到群众的和声。

还是桑原武夫的话："人类历史的发展，尽管伴随着无限多的错误与罪恶，但在此过程中，自由的人却在逐渐增多，这个事实可以称为进步，而文学就反映了这个进步。"他举例说，拿希腊神话《达芙妮丝与库罗恩》和萨特的小说比试孰优孰劣，是愚蠢的；但是，"后者与前者相比，反映了人类社会取得了更多的自由，技巧也更进步了"。以此论，来论王充闾的散文，就能够感觉到，他的大量散文，论述、评骘了众多中国历史上的重大事件和历史人物，并专门论及皇帝。这也不是偶然的。从大的生活环境和时代背景来说，他的这么一大批历史文化散文，正反映了历史的进步，我们的自由更多了，更重要的是，我们在思想上和文化学术、文学艺术上，也都进步了，连技巧也进步了。王充闾以他的大批历史文化散文及其达到的高度和深度这种成就，体现了这种历史的、民族的、文化的进步。是这种进步的代表者之一。

我唠叨这些，也不知充闾同志是否认可？别人又以为如何？愿听方家指正！

14. 讨论"历史意义"的其他几个问题

阅读至此，我以为可以也应该讨论一下这个属于历史哲学的问题；凭此，更可深一层地分析、理解王充闾的历史文化散文。

德国历史哲学家奥斯瓦尔德·斯宾格勒的巨著《西方的没落》起笔于1912年，初稿趋于完成是在第一次世界大战爆发的1914年，而第一卷出版于战争即将结束时的1918年。它的问世，不仅震惊当时，而且，在今天看来，更加具有现实的意义，令人瞩目和深思。因为，美国当代历史主义大师雅克·巴尔赞的《从黎明到衰落——西方文化生活五百年，1500年至今》出版了。这部巨著出版于2000年，即20世纪与21世纪之交。作者著此书，30岁时构思、50余年酝酿、85岁动笔、93岁出版。这部历史巨著，在《西方的没落》问世90多年后，续其余绪，又一次唱出了西方文化没落的挽歌。我特意把两部巨著的著作过程和起笔、完成出版的年月标出，是想以此将之纳入时代的巨流和历史的大潮中，来思考它们的深沉的历史与哲学的意义以及现代价值，并且提供一个今天"抒写历史"或"历史抒情"的文学作品的产生背景，并试图以此来讨论王充闾的历史文化散文的创作大背景和现实意义。

斯宾格勒之巨著，从起笔、撰写到出版，均与"二战"之起迄叠合，这不是偶然的；它标示着"一战"之爆发，即开始显示西方文化的下落趋势；而雅克·巴尔赞之巨著，则是经过近一个世纪的观察和酝酿，切实把握了西方文化衰落的运命，才"横空出世"。这表明，西方文化的没落，从20世纪初到20世纪与21世纪之交，历经百年风雨岁月，终到达末期。当然，这都是从最深层的、基质的层面上观察而来的结论，而在"外层"上观察而来的结论表明，西方的文化虽然衰败其内，目前却依然显其辉煌于世，尤其是现代科技方面；但在人文方面却衰相败露。季羡林先生大概未及见到雅克·巴尔赞的原著或译本，但先生早就断言"三十年河西，三十年河东"，西方文化没落了。又说："西方文化没落了，怎么办？有东方文化在，有中国文化在。"对此，虽然有不同意见，但他仍然坚持。我是同意季先生的意见的。不过，当先生健在时，我未曾就此事发过言，以避攀附之嫌。但先生离世后，我就此问题，详细发表了同意先生意见的论据。

早在20世纪80年代中期，就有美籍华裔学者提出"21世纪是中国的世纪"的论断，但该论断不仅遭到质疑，而且引起非议。现在，事实证明此论非虚，今日之中国在世界上举足轻重、一言九鼎，在国际事务中发挥着极为重要的作用。而且，正是在20世纪80和90年代，国际上产生了"回眸东方"、重现中国文化的大趋势。

从广阔的视野眺望，历史文化散文的兴盛一时，就是在这种国际、国内大背景下产生的。它在客观上，在文化底蕴上，正是对这种文化大趋势的回应；正是对一个时期的历史混乱的拨乱反正，欲以正史"此正视听"，把正确的历史观输入读者群中。而且，也是在此背景下，中国人产生了文化自信与民族自豪感。作家作为时代的感应神经、民族的思考人和发言人，便自觉或不自觉地用文学的形式，作出自己或浅或深的反应与反映。

属于这一"文学兴盛"之中的王充闾系列文化散文的思想学术和文学意义的蛛丝马迹和深层意蕴，即在其中。

在这里，我再进一步探讨一下王充闾作品在这方面的具体表现。

斯宾格勒在他的著作中，专设第三、第四两章，来讨论"历史和历史哲学"问题，其标题分别为："世界历史的问题（A）观相的与系统的"和"世界历史的问题（B）命运观念与因果原则"。我在此不能哪怕是稍微细略一点地来简述其极为丰富的内容，但为了讨论王充闾的历史文化散文，却想移用三个可取的历史哲学的概念和命题：一个是"整理历史的材料"，一个是"历史的意象"，一个是"历史"与"现实"的血肉关系。

以上三个概念和命题中，第一个是"具体的"，但是抽象的内在含义；第二个是抽象的，但有具体的内容；第三个则是"很现代"的。

我以为，这三个寓意深刻的历史哲学命题，适用于讨论王充闾和他的"中国的历史文化散文"。

15. 王充闾的三个历史哲学命题

所谓"整理历史的材料"，不是一般地盘点历史，而是有因缘、有机缘、有现实依据和紧迫性、有目的地对历史的回顾、思索、考究，欲从"历史的考究和沉思"中，得出"现实的答案"。

中国在20世纪80至90年代，正是出现了这种历史的回顾和"整理历史材料"的动因、机缘和需求。80年代初，中华民族从历史曲折中走出，再一次进入黑格尔所说的"民族自我认识"的时期。这种再认识的主要表现，就是对历史的重新发现与重新认识。人们不禁要问，为什么我们会发生"历史的曲折"？对此，我们不能不深入思考。于是，就燃起了追寻历史真谛的热诚，提出来整理历史材料的要求。一时间，"文化热"与"历史热"同时兴起，因为他们本来就是同体共存的。没有"没有文化的历史"，也没有"没有历史的文化"。于是出现了我们前面提起的一股撰写"历史文化散文"的清新之风，人们重新阅读民族的辉煌和辉煌的历史，并得出一些新的结论。正如法国年鉴学派所言：历史是活着的人为了活着的人让死去的人重新活一次。

还有逆反的探究心理：有些人把中国的历史、文化说得那么黑，传统文化就那么坏到底了吗？现在且让我们翻开历史来看个究竟吧！另外，还有有志之士，要探究残存的封建主义遗毒及其危害。一个是逆反心理，一个是反正的心意，合而为"整理历史材料"的思潮。

还有积极的方面，促使这种文化局面的出现。那时，所谓"亚洲四小龙"（即中国的香港与台湾，以及韩国和新加坡四个新兴经济体），其中两个是中国领土，两个是受中国文化深刻影响的东亚国家，他们同属于汉字文化圈，都是以儒家文化为根底取得经济发展的成效，创获东亚现代化模式。由此可见，儒家文化以至中国传统文化，并不是阻碍现代化的文化，而是可以促进现代的文化。这种论证正风靡全球，重新兴起实现现代化潮流的中华民族，从中也得到巨大的鼓舞，并增强了信心。因此，很多学者对传统文化及中华漫长历史，产生了了解和深究的热诚，并萌发了学习传统化以应用于当前现代化事业的思路。

"整理历史材料"，就是这样兴起的。其时代表现，除了历史研究与文化研究的学术著作不断问世、"文化热"火遍神州，就是历史文化散文的产生与勃兴了。当然还有寻根文学的产生。

王充闾的历史文化散文，就是在这一历史文化热潮中呈现的；不过他不是"首义"者，也不是跟风者，他是在这种"热"的中途进入阵营的。这说明他至少是在观察和思索之后才施展作为的。文化的现象和潮流，往往是"中途进入"者，才是坚持不懈取得真成就者。

从以上的回顾中，可以更深地体察出，历史文化散文的深沉的、世界的、历史的、民族的与时代的意义和价值。

就王充闾的创作来说，如果说这是"跟"，而"跟"中有"创"；那么，下一个命题就是"创"了。

"创"的方面就是"历史的意象"的提炼和论说，当然是以文学的形态出现。它所提炼"铸造"的"历史意象"主要有："历史的苍茫""事是风云人是月""龙墩上的悖论""历史人物的人格图谱"等。这里，只是列其要者而言，至于文章中时不时出现的"小"历史意象，就不暇论列了。

"历史的苍茫"，具有一种迷漫的隐晦，而又颇具意蕴的内涵。它正是面对被搞乱了的中国历史的现状而提出的。这种"历史的苍茫"感，尤其是面对漫长的中国历史就更加深沉，面对遮掩、歪曲、涂抹、造伪的几千年漫长历史，更加迷乱人眼、迷惑人心，诱导人们去一探究竟。王充闾的一系列抒写"历史苍茫"的历史文化散文，正是写其苍茫，又揭其苍茫中的意义和真谛，虽为一家之言，然而言之有理，启人思绪，抒写博雅，便招人一读为快。

"事是风云人是月"，提炼了一种有趣的历史意念：历史事实好比是风云，而人物则是风云之中的月亮。这比拟，揭示了两者之间各具有风采、各具意义的内在关系。这个历史意象，适用于对许许多多"史实"与"人物"关系的认识、分析与解读。

"龙墩上的悖论"这一历史意象，就更具历史与文化的意蕴了。这"悖论"，不是发生在一般地方、一般人身上，而是在"龙墩"上，在"皇帝老子"身上，复杂尖锐、奇特、诡异，无所不用其极；但是，这种特异、个别的"悖论"，其深层意蕴或是"说到底的意思"，也有与一般人相通之处。既启人是索皇位、极权、至尊的终极意义，也可以发人深思：人生与生命的真谛与价值究竟何在。它是一个既是特例又具普适性的命题。

"历史人物的人格图谱"意象，应该是研究历史人物与历史的十分有趣的议题，又是可以使历史与历史人物研究深入究底、触及腠理的"切入角"。多少历史事变与事件，多少英雄的故事，多少奇人异事，多少宫廷争斗、宫廷秘史，都从人物的"人格图谱"中得到进一步的"诠释"与"解密"。这一"历史意象"，具有广泛而深沉的意蕴，是一把

"诠释""解密"历史的"个体私人钥匙。"

至于"历史与现实的关系",斯宾格勒在解释他的"浮士德式的历史研究"时说道:"这样一种研究意味着我们有足够的超然去承认,任何的'现在'都只是因为某个特殊的一代人为参照,才成为现在的。"这意思就是,都因为有"历史"作为参照,现在才得以存在,"历史"是"现在"存在的前提。这不仅好比有父亲才有子孙,而且还因为只有合体"历史"来对照,才能够认识"现在"的性质和意义。那么,20世纪80和90年代的历史文化散文,回顾、述说、论列的是"历史",诠释、反观、究诘的则是"现实";并且理解、正视、重视当前的"现在",是沿着正确的方向向前进展的。这就是当代历史文化散文的现实的深层意义和价值。

王充闾的历史文化散文就是这种文学潮中的一朵硕大的浪花。

16. 为庄子立传——新创获、新成就、新境界

为庄子立传,本是一个难题。一是生平事迹少,文献记载有限得很;二是解读难。一般为其写文学传记的作家,难于解读,学养难达到;为其撰写学术传记的学者,文学修养不足。本书作者则二者皆具,并且,学养丰厚,文学擅长。

所以,定性:这是一部学术性文学传记,又是一部文学性学术著述。

定位:这是一部优秀的具有学术特色的庄子文学传记;也是一部具有文学性的论述庄子的学术著作。可为"庄学入门",可做"庄子读本"。

我很欣赏作者定庄子为"性情中人",这是学术的解读,更加是文学的解读。关于庄子的"五境""五界""五域"说这种概括,既是学术的又是文学的;关于庄子的"十大谜团"的提出和解读,也都有学术性和文学性。命题本身就如此;而陈述、解读、诠释,学术为骨,文学是血肉。尤其"'前古典'与'后现代'"的"首尾衔接"的提出与诠释,是颇为精彩的。这使我想起海德格尔的与老子"殊途同归"性的"学术终结"。——海德格尔说"思中持久的因素是道路"。并明言他所言"道路",就是"老子的'道'":"一切是道"。

这些都具有独到性、独创性,在学术上和文学上皆如此。所以我以为,这部论述庄子的著作、这部庄子的文学传记,可以属于目前学术界新兴的新子学的范畴。

我且尝试归纳言之，约如此数条：

其一，庄子传本不好写，但王著写得很好。计有三好：第一，内容丰富。——对于写庄子来说，这是比较难的，因为生平资料少，而过多讲学术，又多"阅读障碍"。第二，诠释准确。这在学术上也是比较难甚至可以说是相当难的；但王著写来显得雍容开阔，说理充分，诠释得体，并提炼、归纳了自己独特的"解庄"范畴、理念和概念；其中，既有继承前代学者诸多研究成果的论说，又有自己的理解发挥和解读。第三，表述具有学术与文学结合融汇的特色和胜出亮点。既具学术的骨骼，又有文学的血肉，两者契合无间，是把握了"庄子精神"者，方能为之的。

其二，提出了"读庄、解庄"的根本要求——心灵投入、心境契合、灵魂对接。这三条提得很好，很有见地，是读庄、理解庄子的"心之钥匙""学术门径"，这也是王充闾的重要心得。如果没有心灵投入，读庄，就总是"隔"的，论述解说，"以学术对学术"，不关心灵，难得其神；而如果没有心境契合，则难免南辕北辙、隔靴搔痒；倘若灵魂不对接，则会在低层次上，与庄子对话，或矮化、世俗化庄子。

其三，提出庄子是"性情中人"，是把握庄子精神、理解庄子思想学说的，既脱俗又抓住亮点特色、深层意蕴的提炼。他解读"性情中人"说：庄子"怀有极其鲜明的恨和爱，……他在'一鞭一条痕，一掴一掌血'地抽打着生存的现时及其统治者，心中充满着愤懑、恨怨之情，冷嘲热讽，嬉笑怒骂，有时还血气贲张"。这是怎样的一种"性情哲学""哲学性情"！如此解庄，抓住其特性特色，点其思想、学术之"穴"矣，如此，庶几可得庄子思想学术之"神韵"。

这使我想起海德格尔说的"思"与"诗"的关系，他说"思与诗不可分"，"诗是'思'之诗，思是'诗'之思"。海德格尔的这个概括，很符合庄子的思想学说的特色：思与诗的结合。"性情中人"，即二者会合为一了。庄子之文，虽非诗句构成，如海德格尔所论之荷尔德林，而是散文语言；然而，其文气之宏阔飞扬，其文势之恣肆汪洋，其想象之奇诡神妙，其语言之放言无忌、抑扬顿挫、陈义深邃、隐喻比譬、丰富多彩，其故事寓言之充满篇章、随遇而得且寓意奥义，如此等等，不是充满了深沉的诗意，堪称诗作吗？此其为"性情中人"也！

其四，提炼出"庄子之'道'"的"五张面孔"即"五性"：生活化；自然性；游世的心态；心性化；审美化与诗性化。你看，生活→自然→游世→心性→诗性，这是一个完美的系列、发展的路径、思想的脉络、文章情性的理路，它一步步走向审美与诗性，起于哲思而迄于诗性。我觉得，这种"庄解"，就是一种对庄子的现代解读、现代诠释。这是对传统文化的一种正确的态度和继承，是使"传统"向"现代"创造性转换的一种"为"。从接受美学的观点看来，"原著"总是只提供"原意"，而读者则在文本"原意"的基础上，进行罗兰·巴尔特所说的"读者的工作"，从而创造出"意义"来。"意义"，离不开"原意"，必须以"原意"为基础，但又不拘泥于"原意"——"死读"，而是理解、解读、联想、误读（无意和有意）、诠释、发挥，而产生"意义"。此之谓"阅读"，此之谓解读和"解经"。我以为，王充闾走的就是这种正确的"解经"路数，而其学术之成就、文学之创造，正表现于此等处。

其五，庄子"十大谜团"的归纳、提炼，实为妙文，令人击掌。而且，其解读诠释，进一步发挥、推进、演绎，颇具深度，引人入胜。以"谜团"的方式来解庄，是一种讨论的方式、研究的方式、启人思索的方式；敢于这么提出问题，是一种学术自信；能够这样解"谜"，是一种启发性、创造性的解读方式。

试看这十大谜团，一个个都挺有"味道"的，——是学术味道、思想与思索的味道，也是研究问题和解析问题的味道。《庄子传》之胜出与优异，这是一个突出表现。

试说一说这十大谜团的"味道"。

简化一些说，十大谜团是：①冷眼/热心；②有情/无情；③权变/游戏；④秕糠富贵/感叹处世；⑤"虚己"/"不失己"；⑥死/生；⑦道可言/道不可言；⑧辩无胜/却辩解；⑨鄙薄艺术/成就艺术；⑩前古典/后现代。

这十大谜团是什么？是人类在认识史上，不断遇到的"天问"即"谜"，人类永远不断地面对这些谜团、解答这些谜团，又否定答案而再续提出、又再续解答。庄子作为伟大的古代思想家，敏锐地感受到这些"两相对立"的矛盾，反映到他的思想中，就构成他思想上的矛盾，即"谜"；他却又试图回答这些谜团，形成"十个问题""十大谜团"。重要的不仅在于他思想中存在这些矛盾，产生了这些"谜团"；更重要的是他在论述中提出了、反映了这些谜团。也许还应该说，更重要的是"作不是最后回答的对回答的思考"，即提出矛盾、解析矛盾、思考矛盾，留下谜团待解析。

至于王充闾解庄，一方面是继承了前辈学人的种种研究成果，汲取了他们分别提炼出的这些"庄子之谜"，又从而发挥、发展，归纳成为"十大谜团"。同样，重要的不仅在于提炼出"十大谜团"，更重要的是对这"十大谜团"的分析与解读，前面我之所以说这部《庄子传》可视为现今兴起的新子学的一个成果，是因为传统的子学，不是全部，至少是有一部分，把子书作为一种文化化石来对待、来解读，也就是尽力弄清、解析它的"原意"，这当然是必要的、有益的，于解读子书，功不可没；但是止于此，却是很不够的，而新子学的兴起，就是要对子书，进行现代诠释，发掘和创获现代"意义"，也就是它的现代意义和对现代的意义。这里包含两层意思，第一层意思是现代人对子书的解读和诠释，获得现代人创获的"意义"；第二层意思则是，这种"意义"，对于现代的社会生活、经济-社会-人生的意义。王充闾的《庄子传》，其中许多新意、新义、新解读、新诠释，就具有这样两层现代意义。这不就是它具有新子学创获的意义嘛。能够做到这一点，能够达到这个水平，不是很容易的，是要具备相当的学识、相当的文学水准，才能臻其功的。

故此，我感觉这种著述，在辽宁文学界，"唯王充闾能为"；在全国，不敢造次，至少可说"难觅其二"。我看过一位大作家写的读庄子的著作，也看过一本大艺术家写的关于庄子的别样的著述，恕我斗胆言之，它们有点把庄子"矮化"了，浅薄化了，也世俗化了。也许于普及有功，但使人有"野狐禅"的感觉。

这部传记的学术范型很有创造性，在内容上，有独到处，对庄子思想学说的解读，令人信服。

至此，作者的创作有了一个新创获，取得了新成就，达到一个新境界。

歌德在他的《歌德自传——诗与真》的第二部的扉页，引德国流行的古语："一个人在青春时期所企望的，到老年便得到丰收。"这话语和所含的真理，颇为适合王充闾。他，确实是青春时期所企望的，到老年得到丰收了。不过，这句德国谚语，说出的是某种事实和规律，但不是普世的、必然的铁的法则。青春时期所企望的，到老年完全失望，成为泡沫，这样的事情、这样的人生，世上很不少；真正得到丰收的，只有那些在"三分人事"上，尽心尽力了，付出辛劳了的人们，才会得到丰收。王充闾属于后者。他的文学自传具有教育意义和社会价值，也在于此。不仅仅是"当作家"，无论做什么，都是在"三分人事"上做得够了，才能老来丰收，否则就会是"少壮不努力，老大徒伤悲"。

17. 浅见

说"浅见"，好像有点抬高自己；因为既谓浅见，虽说"浅"，总还有点"见"，但我这里只是说一种感觉而已，谈不上有什么"见"，所以还是说"几点感觉"比较合适。可是已经敲上"浅见"了，我也就懒得改了。说明一下就得。

对王充闾的早期散文作品，有的评论家曾经指出："个体生命体验被过重的文化负荷与历史理性压倒"；有的评论家指出："行文拘谨，没有放开；又兼矜富炫博、诗文征引过多"，"有的篇章所承载的文化信息过于密集，导致行文拥塞、文气不畅的毛病"，"而带来负面效应，即较明显的'作'文痕迹"。论者认为，"短短三百余字，几乎都是由诗句、故事构成的。虽然博雅、恰切，但终归是借他人之口表自己之意。这样的语言，毕竟还是隔了一层"。这些评论，充闾都引进自己的书中，并认为是一种"指引"；足见他认同这种评论，也表现了他的"不护短"和谦逊的精神。

我的感觉则是：他有的文章有的地方，有点"浓得化不开"的味道，严重的，有点"粘滞"。

记得我曾经以此为说：鲁迅说文章"删尽枝叶"，就失去生命活气，充闾的文章改进，是否可以考虑增加一些闲枝散叶，使文章多些活气和趣味？引文过多了，有时驱使古典诗文为自己说话，思想、理论、论说、评论过于集中，读起来有时会觉得有些累，而少了一些闲散的欣赏趣味、冲淡了审美的愉悦。

这里有两点：一是，王充闾散文曾经存在这种不足；二是，后来有很大改进。比如在关于张学良的书中，就加入不少故事传闻，而在《庄子传》这样的学术性态很浓的作品中，也时不时，来上一段有趣的历史逸闻或是趣味故事，这些闲枝散叶的插入，就使文章著述，增加了可读性、趣味性、知识性，也使作品和著述更生机勃勃、神采飞扬了。

还有方言土语、俗语大白话、民间歇后语、俏皮话等的使用，也会使文章增加趣味，读起来有兴味。当然，这要运用得当，不可变成插科打诨。记得充闾有几篇散文，很好地运用过土语俗语，效果是好的。连《史记》那样的正史，都适当用过当时的口语，像《高祖本纪》中写陈胜起义胜利为王以后，其穷时伙伴在王宫拜见，入宫，见殿屋辉煌，惊讶说："夥颐！涉之为王沉沉者！"据说，这就是汉代当时的口语。鲁迅也说过："以文字论，就不必更在旧书里讨生活，却将活人的唇舌作为源泉，使文章更加接近语言，更加有生气。"又说："我以为我倘十分努力，大概也还能够博采口语，来改革我的文章。"鲁迅是重视取自生活的鲜活口语的。"活人的唇舌为源泉"、"博采口语，来改革文章"，这个方向是值得思考、汲取的。

这也不过是一点想法，未必可取，只是觉得如果这么做，对散文的写作，会起到一定的好作用。

也不知可不可以这样说：在充分的现实主义中，加进一定的浪漫主义的元素。王国维说中国古代的文学传统，一个是北方的《诗经》，一个是楚国的《离骚》，《诗经》很写实，《离骚》想象飞扬，香草美人，上天下地，充满浪漫情怀。那就在《诗经》的襟怀中，加进一些《离骚》的风韵。或者换个说法，在"杜甫的风格中，加进一些李白的神韵"。这么建议充闾，能否成立？

再有一个想法是，以充闾的学识、历史学修养和文学修养，完全可以写一写《看镜有感》《春末闲谈》《灯下漫笔》《题未定草》这样的历史文化散文。鲁迅这些文章，虽然都收在杂文集里，但鲁迅的杂文概念是一个大概念，其实他的许多杂文就是今天所说的散文，有的还是学术文章。我斗胆说，鲁迅的这类文章可称为"随笔体历史文化散文"，它古今中外、纵横捭阖、行云流水、议论风生，读起来，令人兴味无穷。"王充闾历史文化散文"，应该备有这样一格文字。那样会使他的散文大观中，多一道风景线。不知充闾以为如何？

还有一点想法，就是：何妨写一写契丹族和辽代，写一写女真族和金代，写一写满族？其实他在《龙墩上的悖论》中，已经涉及这个题材和主题。

为什么有这个想法，不妨试着申说一下。首先，宋、辽、金，是一个历史时期的中国的整体；如果抛开汉族历史观，它们三个朝代是并立于中华大地上的。美籍华人历史学家黄仁宇论赵宋时曾经说过："我们却不能完全保持过去多数民族的观点，抹杀少数民族对中国历史的影响。"一是，宋朝的发展，不能不受到契丹之辽与女真之金的影响，事实上是受到了严重的影响，宋因而分为北、南两宋，经济、社会、文化的发展，都受到消极的和积极的影响。现在，中外史学界关于宋朝都有新的研究思路和新的看法，如《另一半中国史》《重新发现宋朝》等著作的出版，国外有的史学著作认为，宋代是世界现代化潮流的最早滥觞。这不能不影响所及，引发对于辽、金的新的研究。我想，比如一个"澶渊之盟"，就很有写头；"靖康耻"，也可以分析探究的吧？

二是，至于辽、金本身可研究者和需要研究者，也都很丰富，有特点。拿辽来说，契丹族就很可以研究，单说胡服骑射，改变汉族的峨冠博带，就是日常而又重要的影响；人物方面，耶律阿保机很可以研究，很可以写；让国太子耶律倍可以写，耶律楚材，一代名相更可以写。女真族和金代、满族和清代，也都是如此，不一一列举了。

这种情况，对于东北人来说，就更应该写了。而且，从王充闾来说，出生地与医巫闾山的关系密切，那儿正是与耶律倍、耶律楚材有历史渊源之处。

基于这些，我觉得充闾可以考虑，写一写他们；也只有他能够写，也能够写好。对于宋史、辽金史和清史，都能写出新篇章，在王充闾的作品系列中，也能出现新篇章。

18. 关于文学的基质和人民性问题

行文至此，我想探讨一个问题，一个文学的本性的问题及文学的人民性问题。

20世纪90年代和21世纪初，我曾经先后发表三篇文章讨论这个问题。一篇是长篇学术论文：《文学的三重基质与时代使命》，即论证文学的"基本质素的社会性"、"本质上的现实主义基核"和"必然具有的文化质地与文化含量"。秉此，我提出文学无论什么流派，本质上都是广义的现实主义的。就是它无论怎样脱离现实，魔幻也好，科幻也罢，还有什么什么奇谈怪论的主义也好，现代派呀，后现代呀，等等；什么只写自身，写内心，写性灵，等等吧；还有脱离时代呀，"回到文学本身"呀，等等；可是本质上，客观上，却都是现实生活的本质的、正确的，或者是歪曲的、变形的、侧面的、隐在的反映，都具有一个现实的基质。任何文学作者和作品的"孙悟空"，其人其文，都跳不出"社会现实"这个如来佛掌心。还有一篇是短论：《文学的三不朽精魂》，它们是：使命感、人文关怀和良知激情。从发生学角度来认识和诠释文学，它的本质在原始人类的巫术活动中，就决定了它的本质。这种活动，为了狩猎的成功、部落械斗的胜利、驱魔除病、保佑健康和多生子女等这种生命需求的使命，而请神、通神，顶礼膜拜，祈求神灵、鬼魅、先人，福荫保佑，降祥赐福，其内涵充满人文关怀；而为此，他们迷醉狂放，歌之咏之、手之舞之、足之蹈之。其情感之激起，达于疯癫迷狂，与神共舞、与鬼同唱、与鬼神同在。自从巫术将文学、诗歌、音乐、舞蹈、戏剧以及原始科学与宗教，混合一体地创造出来之后，文学的这种基质，这样三个精魂，就一直存在并不断地发展、提高、升华、变形；但"精魂永在"，而葆其基质于体中，不变不易。若有变异、弃置，就失去文学的精灵，而沦为非文学、次文学、无魂无魄。

第三篇是《重提文学的人民性》。文学的人民性，是周扬称为"伟大的斯基"的别林斯基、车尔尼雪夫斯基和杜勃罗留波夫等的文艺理论批评的标的，他们以此批评、评价、提携了一批俄罗斯也是欧洲的不朽的作家与文学作品。马克思主义文艺理论大家、意大利的葛兰西的理论支柱和核心，就是他提出的"文学的人民-民族性"。我们在20世纪50年代"引进"了这一文学批评理念，也凭此肯定、提携和评论了一批五四以来的新文学作品。但是，后来发展出庸俗社会学批评以至极左批判，"人民性"异化为打人的棍子；因此，新时期以来，它被废弃不用了。但是，新时期文学的发展，却逆向地出现了文学背离着发生巨大前进变化的中国社会，背离着人民的生活的负面效应。许多作家的作品，语不关社稷、情不系苍生，他们的作品和言行皆如此。甚至以此为上，以此为荣。文学离开了人民，失去了人民性，就失去了自己。因此，需要重提"文学的人民性"。

总之，文学的本质上的现实性和社会性，文学的三个不朽精魂，文学的人民性，三者贯通一气，是文学的生命线、存在价值、历史意义之所在，它的作者和作品的稍纵即逝还是永垂不朽，皆取决于此三者的有无、深浅与厚重、意境之高下。历数古今中外名列世界文学殿堂的作家及其作品，都是既具此三者且为杰出与伟大者。

论列至此，是拟借此品评王充闾的作家生涯与他的作品的意义和价值。总体地说，他的创作生涯和散文作品，具有人民性，反映了现时代，即中国急速实现现代化、中国文化从传统向现代转换的社会生活和时代精神。就"三个惊魂"来说，使命感，在他的几乎每一篇散文中，都是具有的，命题立意，即已具备，而从论题到内容到议论，也都贯穿着一种使命感；这种使命感，以及它灌注于文章之中的内涵和意蕴，包括人生感悟和生命体验，包括从历史-古人，到现实-今人的借古喻今、以古思今，都蕴含着人文关怀。

他在前节《憧憬》中，结尾的自我总结，表露了其心声和创作的"核心理念"，已经把此处所论包含在内了，这是一段精彩的自述和表白：

> 好的散文应该是具备个人的眼光，心灵的自觉，精神的敏感，提高对客体对象的穿透能力、感悟能力、反诘能力，力求将深邃的思想和独特的智性，将自己的富于个性、富于新的发现和感知的因素，贯注到作品中去，努力写出个人精微独到的感觉，特殊的心灵感悟；要善于碰撞思想的火花，让知识变成生命的一部分，使理性的思考和感性的生命体验有机地结合起来；应该带着强烈的感情，心灵的颤响，呼应着一种苍凉旷远的旋律，从更广阔的背景打通抵达人性深处的路径，充满着对人的命运、人性弱点和人类处境的悲悯与关怀。

这里，文学的人民性、文学的三个不朽精魂，皆在其中了。

可议可探讨的只是"良知激情"一项。

"良知"毫无疑义地存在。那些品评历史与历史人物的历史文化篇章，都有着"良知"的意蕴，均以"良知"——人类的与中国的"良知"为底里、为内韵、为根基。只是"激情"二字，尚可一议吧。"情"是有的，故事的述说，有情在，叙事状物，笔锋含情，寄情山水，情意在焉。那么，就在一个"激"字了。"激情"如何？——尚待增进。可不可以这么说？

深流潜在着急湍，浅水泛滥着泡沫。也许，那些历史文化散文，在历史与哲学的潜流里，隐藏着激情之流的"急湍"？我觉得，有这种存在，但不够多、不够经常。是否可以再增加、再丰富、再"激起"？可以考虑吧。但也不能太露，太"激起"，究竟不是抒情散文，究竟不是少年、小年轻的为文。老到、沉郁、深挚，可为"激情"的表现形式。——唉！这种"车轱辘话"，也不知是否把问题说清楚了？

只供参考吧。

（六）第六章　"攀登，苦，并快乐着"……

1."攀登，苦，并快乐着"……

另外，冒昧提一个不怎么有把握的意见。

攀登，并且快乐，这意思和意境都很好。但是，这一章的题目，可否不采取"苦，并快乐着"这个表述方式？我一直觉得这种表述，不够雅驯。好像是从一位中央电视台的著名主持人的一本书名开始，使用这种"把一个固有名词拆开来，'夹馅'表述"的方式说事，如"痛，并快乐着"等。

我觉得，以作者的高层次学术文化修养，可以有更好得多的优雅富诗意的表述，甚至可以以诗句为之。

结尾很重要。

2. 作家–学者的研究路径与成长道路

有论者指出，王国维的研究发展路径是哲学→文学→经史；王充闾则是文学→经史→哲学。这里反映的不仅是学者和作家–学者的不同；更主要的是起步的不同和心性的不同。君不见王充闾是"我见文学多妩媚"，他是文学心性出发、垫底，发展中，向着经史"进军"，以文学的眼与心、见识与心得，以经史为材料、对象，发而为文，知人论世，既有历史感，又有现实感。而后，更进而向哲学提升，使作品的思想深度和意蕴均得以深化和升华。我曾论鲁迅与胡适的不同心性：一个是"艺术心性战士身"，一个是"逻辑心性学者心"。虽然鲁迅同时是学者，胡适同时是作家，但归根结底，他们的身份和贡献是在不同的领域的。

这里只是讨论人的心性，对他的成长和奉献，具有决定性的作用，而绝不是拿王充闾来与鲁迅、胡适这样的大师们类比。

3. 王充闾的"文学城堡"

有人提出过加西亚·马尔克斯的"文学城堡"的概念，我借取这个命题，也来简单说说王充闾的"文学城堡"。

先要说一下，并不是每一个作家都可以说有自己的"文学城堡"的；作品内容的丰富程度、思想的应有高度、艺术性的成就，以及作家本身的思想修养、艺术素养、文学成就等，都有一个数量指标和水平要求，不达标者，是不足称"文学城堡"的。

王充闾以他在上述几个方面的成就，可以说他是筑就了一个属于他自己的"文学城堡"的。那么，这个王氏"文学城堡"，是什么样的？

首先是其性质吧，它的构成因素吧？王氏文学城堡，是"文学-学术"二重结构的；这是他属于"学者-作家型"作家所决定的。前面说过，他的发展系列是"文学→学术→'学术-文学结合'"体式。因此，优游这个文学城堡的路径是先接触文学，在文学中获得学术，但又在学术中感受文学。这里的审美活动和审美愉悦，是在文学的欣赏中，既有文学的感情感受，又有学术的智性收获。而且，由于其中蕴含着哲思和史识，并潜藏着或表现了人生感悟和生命体验，欣赏者需要一定的知识准备，学术训练，具有能够接受的接受美学所说的"接受屏幕"和"期待视野"。

其次是内涵吧。那是三结构：散文、诗、文学理论与批评。散文就无须赘述了；诗有专辑，且散文中时有诗出现，且有师友的唱和；至于第三种，似乎不明显，但存在，有自评自述、讲演和序跋及对他人作品的评论。只是前二者掩盖了后者。

行走在这个王氏"文学城堡"里，需要沉思和体悟，走马观花、匆匆而过，不行；只注重文学，所得受限。文学欣赏与思想体察与学术陶冶结合、浑融，才是"正道"。

现代派文学理论中的俄国形式主义理论家什克洛夫斯基提出过一个有趣的命题——"城堡上的旗帜"。我借用这个有趣的说法，但意思不同，来说王充闾的文学城堡上，飘扬的是什么旗帜？可不可以这样说：那里飘扬着"文学、历史、学术"并列的"三色旗"。

王充闾每天就徜徉于这个他自己所创造的"文学城堡"里。

他读书，研究，思索，写作。他是孤独而不寂寞。而这种孤独，是他的心智所求，是超脱世俗、规避世情的，有意的孤独，自我制造的孤独。这是哲学意义上的孤独。但他又并不孤立、孤寂，他通过现代科技，通过网络，与外界联系，与出版机构、新闻媒体的人们，有着密切的联系、经常的交流；他们也会向他汇报、与他沟通；当然，还有书报杂志等的信息流通。更重要的是，他与政界、文坛、学术界、高等学府的高层知识人士和精英，保持着思想与文化的经常的、深层次的交流。

所有这些，使他保留着、进行着与世界、与社会、与人间的信息交流。但他在"文学城堡"里，既接触社会、"食人间烟火"，又超脱于生活，并超越生活，保持自己的独立和清醒。于是才能产生他的不断产生又不断提升的文学作品。

祝福他在自己营造的"文学城堡"里的物质与精神的生活幸福美满！

4. 结语

读罢这"一个人的文学自传"，感到这是一个比较典型的"个案"，一种作家成长的范型，一种文学成长的道路。记得我曾经在一次王充闾作品讨论会上，以"散文大家王充闾的诞生"为题，作简略发言，时间与资料的限制，只是要而言之罢了。现在，可以说是材料充分得多了，可以更有依据地申述一下了。请试言之。

前已述及，《从黎明到衰落》的作者雅克·巴尔赞认为，学者、作家的写作，与"出生地塑造"分不开，现在借用他的这个"命题"，来讨论王充闾的"出生地塑造"与他的成长和日后写作的关系。对于王充闾来说，所谓"出生地塑造"，就是"盘山县、狐狸岗子"对他的塑造。那么，这是怎样的一种塑造呢？用丹纳在《艺术哲学》中的论证来说，就是三个方面即"种族，环境，时代"。以此"代入"王充闾生平，就是东北大地的南大荒，带着浓厚茫荒气息和风土人情的、犹待开发的，20世纪40年代末期的，"盘山县-狐狸岗子"，——环境；与满族有着血缘和文化因缘的家族世系，耕读人家的家庭和对他的早期教育及其熏染的意义和作用，——家族；还有就是人民解放战争末期即人民胜利前夕的时代气候与社会环境——环境与时代。当然，不能忽视倒是应该十分重视他的父教与母教（这里有两种不同性质的教育：母教是人生哲理、价值观念的潜移默化；父教则是目标明确的国学范畴的文化传授），还有由父亲、魔怔叔、刘先生等构成的在蛮荒包围中的一个"文化岛"。少年王充闾就成长于这个家族世系和具体家庭的，以及这座"文化岛"的养育之中。

以后，他进入新式学校，接受新式教育，接受新文学，打下了两种文化结合的知识基础，并初步形成了他的创作心理结构的雏形。

再以后，他自觉"补课"，在对西方文化、现代文化的习修方面，大有进益，并且日渐提升，完善和提高了自己的创作心理的构成和质素。

尔后，参加工作，历经变异，他在社会生活的熏染、陶冶下，也是他自己在观察、体验、思索的过程中，在他的文化选择和人生选择中，彻底形成、加固、发展了他的创作心理，形成自己的文学精神与思想体系，并在此基础上，从事创作，写出一批批历史文化散文。

在他经历了政界的"浮沉"与"平稳着陆"、文坛的"拼搏"与成绩卓著之前、之时与之后，他一直面对着三种选择也是三种考验。它们是：

（1）"止步不前"还是"不断进步"？

（2）"守成拘囿"还是"开拓创新"？

（3）"从政升迁"还是"从文创获"？

他的选择和作为是：从未止步，而是不断进步。在作家群中，包括现今走在作家行列前排的作家在内，不少人是成名就止步了；主观的和客观的原因都有。有的成名作就是最高峰或"终止峰"，以后的作品，不断地重复自己；有的竟然倒退、下滑。而王充闾相反，是不断地进步，从未止步。只从他所说的"补课"时期开始说吧，他并没有补课之后就终止，而是不断地继续学习、进取，原有的国学基础，不断在增长、加固，西方文化的曾经的缺失，补课了，也没有结束，却是不断学习进展。这些，从他的作品的不断深化、进步上，表现出来了。至于著述和创作上，从"山水游记"，到"面对历史的沧桑"，到"龙墩上的悖论"，到"张学良的性格图谱"，再到近年的《庄子传》，一步步，扎扎实实，一步一履痕，一步一提升，一步一深化，一步一升华。那种进步，从作品来看，鲜明、突出、深刻，从思想到艺术，从内容到文笔，都是如此。

在"守成拘囿"还是"开拓创新"方面，他的作品和著述，从来没有守成，在自己原有的"阶梯"上踏步，在文学创作和思想境界上，也没有成为拘囿原有的格局；而是不断创新，革故鼎新，开辟新格局，打开新局面。上述的"游记"→"沧桑"→"悖论"→"图谱"→"庄子传"，就是一部一个格局，一部一个提升，一部一个境界。几乎可以说，没有跌宕起伏，没有时高时低，而是"部部升"。这对于一个作家来说，是相当难能可贵的。

至于"从政"还是"从文"，他的表现也是突出的，具有独立人格和个性选择的，说是"不同流俗，不慕容华"，不为过吧。他在政界，已经进入高位，仕途看好，如果谋求升迁，不是没有奔头的。但他在这方面，没有使劲，更未曾如一些人所为，蝇营狗苟，经营谋划。甚至在退居二线，可以权重位高时，"保守"为之，在"政"上头未求进取，而腾出时间精力来"从文"。他的一些名篇佳作，皆出自此时期。说是"心事在'文'上"，可不可以？不谋政界升迁，只求文界创获，唯其如此，方克有成，心性所系，为文是宗。此之为王充闾也。

以上三项考验和选择，他都作出了自己不同一般、特立独行的、不同凡响的抉择。这是一位作家的抉择，是人生紧要关节上的表现，只是有这样的抉择，才有他尔后的文学成就。

就这样，王充闾"结庐在人境，而无车马喧"。他的"文学城堡"坐落在政治中枢的左旁，却又与繁华闹市紧邻，同时，还接邻幽静的公园。他行走在三者之间，或通信息，或行交流，或听市声，或察民情，出而接触、理解社会生活，感受现代世情的脉搏；入则读书思考，以现实的、世界的、历史的、文化的、哲学的视野和沉思，酝酿创作的甘泉。他"心远地自偏"，既接触社会现实，又能超出而不拘泥于局部和"细小"的事实，但关怀社稷、情系苍生，从现实与历史的比照与思索、考究与诘问中，寻觅真理的端倪，揭示运行的规律、人生的真谛与生命的意义。因此，在他的"文学城堡"的城头，还飘扬着另一面"三色旗"：超然、超脱、超越。

海德格尔曾经拘守在自愿拘守的山上林中小木屋里，一支笔、一张纸，围绕着"存在"这个哲学"母题"，抒写他的旷世的静思与精思，奉献给世人。他这样深情地描写道：

> 南黑森林一个开阔山谷的陡峭的斜坡上，有一间滑雪小屋，海拔一千一百五十米。……狭长的长谷底和对面同样陡峭的山坡上，疏疏落落地点缀着农舍，再往上是草地和牧场，一直延伸到林子，那里古老的杉树茂密参天。这一切之上，是夏日明净的天空。两只苍鹰在这片灿烂的清空里盘旋，舒缓，自在。

这里描写的不仅是自然环境，而且是海德格尔的思想和心境，也是他的哲思的境界。你听，他说："这便是我'工作的世界'"，他"自身的存在整个儿融入其中"。他说："我倾听群山、森林和农田的无声的言说。"他下山到大学参加研讨和讲演，和山民保持着亲密的联系，因此说"这种哲学思索可不是隐士对尘世的逃遁"，而是"思深深扎根于到场的生活，二者亲密无间"。

另一种情形是亦为德国哲学家的费尔巴哈。他晚年蛰居乡村。恩格斯说他由于居住在乡间，不能同"与他才智相当或不相当的论敌论争"，并在论争中发展自己的思想，所以落伍了。

这是两种不同的情况。

我引用这些海德格尔的言说，引述海德格尔和费尔巴哈两位哲学大师的相同的生活境遇而有一进一退的不同思想状况，是想以此来启迪分析王充闾在他的"文学城堡"里的思想与写作的生活。

他虽然没有隐居，也不是蛰居乡间；但是他确实已经离职退休，居住在僻静的住宅区里，"深居简出"。他本可以在政界走动，成为二线的活跃领导，邀约也不会少，敦请也是频频，但他除了必须参加的重要会议或活动偶尔参加之外，一般都敬谢不敏，婉拒了；文界的活动、研讨，他作为领导和闻人，希望他莅临指导的邀请自然是多多的；但他也是有选择地，或是严格筛选地偶一出席。许多娱乐休闲活动，他自然更是"出"者极少，"拒"者居多。但他不是"费尔巴哈式"，而是"海德格尔式"。因为，他保持了属于"社会交往""文化活动""学术研讨"以至"友谊聚会"的必要的参与，同时，他还保持着属于日常生活的，通过广泛深入的阅读，而谛听历史、哲学、文化的以及哲人大师们的"无声的言说"。所以，他的"思"与"文"，如海德格尔所说，"深深扎根于到场的生活"。

海德格尔引用他最赞赏的诗人荷尔德林的诗句：

> 人充满劳绩，
> 但还诗意地安居在大地上。

然后提升为哲学的命题："人诗意地栖居"。

是的，王充闾充满劳绩和成绩、成功和胜利，但他诗意地栖居在他的"文学城堡"里。

他取得了人本主义心理学家马斯洛的人的层次性梯级心理需要，最高层的需要的实现——自我实现的需要。

向他致敬并祝福他！

本书题名《我见文学多妩媚》，很好的书名，优雅而切实。总体读罢，感喟何限，乃不顾谫陋，无视露怯，胡诌打油四句以咏充闾同志，并为本文煞尾，曰：

> 一见文学感妩媚，拼将此生紧相随。
>
> 文章经世抒性灵，为伊憔悴终无悔。

（按：原诗如此，后呈充闾先生阅，经他修改，使原作有所提高；但此处我仍载入原作，不藏拙，以存真。充闾改后之作，兹亦附录如下：

> 一见文学感妩媚，拼将此生紧相随。
>
> 为伊憔悴终无悔，经世抒怀识所归。

（七）第七章　读后感的结束

这是一些学习笔记，逐章逐节读下来，每读，随时随地有一点感发，有一些思想活动，就信笔写下来——应该说是在电脑上敲打下来。都是"即就"，不仅未必有当，可能还是盲人摸象，把阅读对象矮化了，浅薄化了。好在也不是发表的东西，自己兴之所至，率性而为，留作纪念而已。

我喜欢写写读书笔记，这是最长的一份了。

如果奉呈作者一阅，恳乞勿以为不敬不周，一笑可也。

附识：原文万余字，经补充，"发挥"，而成此长篇。随读、随想、随写，"任性"发挥，不计工拙。有时不免离题，有时却话语过繁，心之所致、情之所动，未加掌控，以至于此。

2015年5—6月初稿

2015年7月1日—27日补充修订

拓展张学良与西安事变研究领域

——兼及其研究价值与当代意义

这次会议的主题很好，很有现实意义。祖国统一，是张学良爱国主义思想中的基础和核心。

张学良的祖国统一思想，不是非原则的、随意的、形式的统一。在他的祖国统一思想中，有三点值得注意。第一，他的祖国统一思想，是对外御侮、反抗强权的。比如，1937年元旦前一日，他在日记中写道："失地未复，而国权日衰"，因此，"百感交集"。然后说："我是中国人，我是个丈夫，悲愤是无用的，只有不顾一切，冲出一条血路，打倒我们的仇敌日本帝国主义，然后国事有复兴的机会。"第二，他的祖国统一思想，是在人民拥护、得民心的政权下的统一。他在20世纪90年代，在访谈中，直抒胸臆，坦诚地说："共产党得民心，我们不得民心。"又说："我不但同情他们，我拥护他们，这是真正我内心。"第三，他的祖国统一思想，是个人利益服从祖国利益的。他自评说："我觉得自己还有一点优点，良心秉正，每遇大事，总是把国家和大众利害为思虑的主点，把自己的利害置之度外。"张学良自称"爱国狂"，其"狂"就在能够彻底牺牲一己利益而服膺国家民族利益。

这样几点，是张学良祖国统一思想的特色与优点，也是值得我们今天学习的地方。

我的发言，主要打算探讨、拓展张学良与西安事变研究领域的问题，同时，也就这一研究的当代意义谈一点认识，供大家参考。

法国年鉴学派的历史观中，提倡整体研究和综合研究。这种研究能够掌握历史的全貌；而后在对历史全貌的掌握下，来进行历史人物、历史事件的个案研究，就可以更全面、更真实、更深刻。我们的研究工作，也需要有整体研究、综合研究的学术趋向和学术取向。

如果我们将"张学良与西安事变"这一研究课题作一种外在的、外延的分析,大致可以分列为三个相关联又相区别的子课题。这就是:张学良研究;西安事变研究;张学良与西安事变研究。

这三个子课题的外延和内涵是都有联系的、相通的。但是,它们又各自循着自己的特点向外辐射,产生不同的个案性外延。这种外延性研究,可以获得更多的材料、更多的成果,它们"返回"来,就可以加深本题研究。我们从这一点出发,可以尝试着大体地列举出一些研究课题、研究领域和研究思路。

一、张学良研究方面

张学良研究的整体研究和综合研究,包含对张学良这位历史人物的整体的和综合的研究,也包含对他所处时代社会、思想文化的整体的和综合的研究,还包含对他的出身地、管辖区和根据地,即东北地区的整体的和综合的研究。当然,这种整体的和综合的研究,不是一般的、泛泛的、无限定的,而是围绕着、联系到张学良的研究的。这里,我且作为例证似地提出一些这方面的研究设想。

第一,张学良与他的同时代人研究。大体有六方面:其一,张学良与杨虎城及其西北军研究——杨是与张学良共同发动西安事变的另一个主帅。当时是"张杨"并称的。应该说,已有研究中,对于"张杨"之中的"杨",是研究得不够的。其二,张学良与周恩来研究。周恩来是解决西安事变的第一线的重要人物,是共产党方面在西安坐镇的主要领导。他的作用,在当时是决定性的;他的政治能量与风度,他的智慧与指挥,他的人格魅力,都是历史的光彩篇章;他也是为张学良所尊重的为数不多的人之一。这一切,对于张学良的影响是至深且远的。对于周恩来和周恩来与西安事变的研究,会"回返影响"地大大加深张学良研究。而如果把张学良和周恩来不仅作为两位重要的政治、军事领导者,两位重要的历史人物来研究,而且作为两位具有个人魅力的人来研究,我们会获得更多的东西。其三,张学良与毛泽东、张闻天研究。前者是共产党方面最早主张和平解决西安事变的领导人;后者则是党内最早主张公审蒋介石以谢天下的领导人。他们作为当时共产党的主要领导,施重大影响于西安事变和张学良。其四,张学良与蒋介石及国民党中的宋美龄、宋子文、何应钦等的研究。其五，张学良与东北军中的共产党组织及东北大学进步的革命的学生研究，如刘鼎、刘澜涛、宋黎等。其六，张学良与当时的著名爱国人士研究。

这里且举一个例证，见于张学良的自述：

> 当年使我心情激动者，章乃器是其中之一个。有一次，我向他劝募"献机"捐款。章说："你们若是真为了抗日，我愿意连裤子都卖了去买飞机；但是，你们从事内战，杀害自己的同胞，我绝对的一个铜子也不出。"

> 有一次，黄炎培经过洛阳，去慰劳绥远的军队，我在欢宴的席上，对黄笑着说，"黄先生，你们上海各界有点不公平。我们西北驻军多年辛苦，你们未曾慰问。"黄立即答曰："你们是剿匪，打内仗，我们不但不愿意慰问你们，我们是反对这个内战，也就是反对你们，谁来慰问你们哪！"这些言词和那爽直的态度，使我心中甚受刺激。

必须指出，这些方面的研究，并不限于"关系研究"，更重要的是"影响研究"。这些重要的历史人物，与张学良共同在一个时代的、历史的舞台上活动，演出轰轰烈烈的时代的、历史的、民族的悲壮剧。他们的言论行动，对张学良产生了巨大的影响。这种外在影响和张学良的内在依据结合起来，才产生了张学良的历史行动。甚至可以说，才产生了张学良——至少是20世纪30年代的张学良。

这种"同时代人的影响研究"，反映了张学良作为一个历史人物，其思想行为是时代影响的产物。而时代影响，又是通过各种人、各种渠道来发生作用的。

从这里看得出来，张学良的爱国主义并不是完全出自他的个人良知，而是时代的影响。同时代人的影响，在他身上发生了巨大的作用。这正是张学良作为时代的代表人物的"代表"意义之所在。他是真正意义上的代表人物。

第二，张学良思想与心理研究。这是人物研究中的深入之处。在这方面，张学良很有他个人的突出之处、为人所不及之处，也是表现了他的人格魅力之处。比如，他在西安事变中的表现，既有一位爱国将领的风范，又有一种接受中国传统文化熏陶的心态。我们可否探讨，其心理构成中，有爱国思想，有对共产党的信任与亲近，有侠胆义心，但也有某种程度的忠君意识。他坚持亲送蒋介石回南京，是否与此种思想有关？还有，半世纪以上的囚禁生涯，如何改造和塑造了他的文化-心理，锤炼了他的坚强性格？这半世纪一般人难以忍受的失去自由的生活，对于一位曾经叱咤风云的将军来说，是何等漫长而严酷的考验。简直可以说，这种囚禁生活中的张学良研究，即使不超过西安事变中的张学良研究，至少也相等。还有，他为什么选择明史来研究？另外，他还制订了详细的研究鲁迅的计划。这分研究计划所表现出来的对鲁迅的理解和热爱，不但至今不落后，而且比今天一些攻击漫骂鲁迅的人们，包括一些名流文人，还要进步得多。

二、西安事变研究方面

这方面，有几个大的课题。历史发展进程中，总是有一些推动历史前进、引起历史转折、改变历史方向的关节点。西安事变就是这样一个中国现代史上的重要关节点。

西安事变研究，要把它放到国际背景下来进行，由此要研究当时国际上列强对于中国的态度与政策，研究共产国际，研究斯大林，等等。在国内方面，则需要研究共产党和国民党两个方面对于事变的态度和政策。在这里，如果将对事变本身的研究看作是内部研究，那么，上述那些方面的研究，就是西安事变的外部研究。可以说，只有这些外部研究工作做得透彻，西安事变内部研究即其本身研究，才能做得透彻。这就是学术研究上的辩证法：离题是为了切题。

三、张学良与西安事变研究方面

这方面的研究是做得很多、很有成绩的。我想补充的是：我们是不是要从事实研究、行动研究，事态的起因、发展、变化、结局等这种常规的研究中，再延伸，再扩大，延伸、扩大到将综合张学良研究和西安事变研究的所有成果都纳入其中，把世界史、中国现代史、中国现代人物研究、国际关系研究等都纳入其中。

最后，我还想说一点，同样是法国年鉴学派提出的"短时段""中时段""长时段"历史观问题。历史的真相与意义，总是在"长时段"历史观中，在历史经过了百年以至几百年之后，才能看得更清楚、更深刻。

今天回首西安事变，风云岁月已经逝去，许多隐蔽、遮掩或者保密的人事与史实，公之于世，我们可以更清晰地看到历史的真面目，可以更加体认到它的历史意义，即其对于中华民族的生存发展和中国人民的自由解放，所具有的划时代、划历史阶段的意义。而对于那时候活跃在历史舞台上的各方面的人物的思想、行动、作为、智慧，以及他们那种把握时代主潮、民族母题的眼光和以国家民族利益为重的襟怀，在洗去历史的尘埃之后，我们也看得更清晰深刻了。那些感人动人的事迹，却更为动人心弦。

从这些更加丰富、扎实而鲜活的研究中，我们可以看到历史人物们的活跃的身影。正如年鉴学派所说的，"历史是活着的人为了活着的人而使死去的人再活一回"。历史研究的当代意义也就从这里显现出来。爱国主义、祖国统一、民族复兴仍然是我们的时代之音、国家主题、民族母题。我们今天研究张学良与西安事变，仍然可以和应该从历史的陈迹中，获取当今的激情与智慧，那些在历史的论著中又活一回的历史人物，他们的思想、精神、品德，将成为我们今天的思想资源与动力资源。从历史的辉煌中，获得当今的情怀。这是可以肯定的。

汲取历史智慧，创获当代灵感

——研究张学良教育思想的现实意义

　　张学良是中国现代著名的爱国将军，是一位"武人"，作为接受过现代教育和颇具文化素养的将军，他可能有一些关于教育的认识和想法，但是，可以说他具有教育思想吗？具有研究的价值吗？即使具备，那也是已逝的过去，是"过去存在时"，而不是"现在进行时"，我们进行研究，具有什么现实意义呢？等等。这些，也许是人们初步接触到我们的著述时，会自然产生的问题。

　　对于这些问题，我们可以有根据、负责任地给以肯定的回答。

　　不过，在回答问题之前，我们先就历史研究说几句。按照受马克思主义影响颇深的法国年鉴学派的观点，历史学的任务不是描述历史，而是解释历史，并且进行综合比较研究。他们还认为，历史的记述，不是曾经存在过的东西的完全的、简单的再现；而是随着社会本身的变化而变化的，每一时代都有各自自己的历史。关于第一点，其中心意思就是，"描述"就是人为的、主观的，必然地带有描述者的观点、见解和意识，它就带有解释的意味了。而事实上，历史研究者在描述的时候，是都带着解释的意图的。而解释，就需要选择、集中、凸显，就要简化、舍弃、删汰。这说明，选择、集中、凸显地记述、解释，就会使"原生态历史事实"掩埋、遮蔽的某种历史现象、历史事实明晰地显现出来。张学良的教育思想就属于这种状况。它在张学良生平事迹及思想中，和其他方面的史实比较起来是次要的，甚至是被遮蔽的。但我们现在把它进行选择，加以集中，并予凸显，它就是另一种情形了。至于第二点，我们知道，研究张学良，过去侧重于他的反蒋抗日、与共产党合作和在历史发展的关节点西安事变中所作出并表现出的"千古英雄"的气概与人格等。这都是应该的、正确的。而随着时代的变迁、社会的发展，这些曾经是民族母题、社会主题的方面，虽然仍然重要、意义重大，但是究竟不能像过去那样"遮蔽"了其他，"挤兑"其他退居次位甚至不被注意与提及。

以上所说，只在说明，今天研究张学良教育思想是有历史依据的，是把过去合理的、没有被发觉、发掘和注意的史实，根据时代的需要加以集中、凸显，予以描述、解释。

是的，张学良将军的确具有教育思想，而且是系统的，是具有理论体系和理论构造的。其内涵既具有中国的传统文化资源，又有现代思想背景；其理论与实践结合的品性，理论付诸实践的成效，都颇为可观，为我国现代教育史上一引人注目的"教育-文化景观"。而且，我们还须指出：他的教育思想和实践果实，如今仍然具有鲜活的现实意义，即认识价值和指导意义。

张学良参与创办并曾亲任校长，后又任名誉校长的东北大学的存在，是一个巨大的事实，体现着张学良的教育思想。关于这方面的事实，我们从张学良的生平资料中，从东北大学校史中，都可以突出地看到。他是站在一种高屋建瓴的位置，以当时的前沿思想、时代视野和文化教育思想，来指导东北大学的建设和发展的。无论在师资的建设和大师的数量上，还是在教育思想的指导上，抑或教学设备的配置上，他都是倾心竭力而为的，都是走在时代前列的。而且在这些事实和行为中，确实贯穿着一条红线——张学良教育思想。

但这些事实也许还只是能够给我们提供一个印象、一种认识，归其总，是"张学良的办学思想"。不过，应该承认，这个事实是一个证明、一个象征、一个实体，具体地表现了张学良的教育思想。我们将在历史的论述中，展开这方面的记叙和论证。

但更重要的是，大量的事实，包括有关的文件、指示、讲话、谈话，以及实际的行动、作为，体现并证明了张学良教育思想的整体状貌。这些事实表明，张学良并不仅仅在办东北大学一事上表现了他的办学思想，而且在其他方面，也表现了他的一以贯之的教育思想。

我们在研究大量有关材料的基础上，感到张学良教育思想有以下几个特点。

第一，张学良教育思想烙印着鲜明而突出的时代特色。他的认识很明确：教育"以适合现代潮流"为标准。从适合时代到兴办教育，他形成了这样的思想逻辑和发展路径：国际竞争→振兴民族→兴办教育→培养人才→达到发展目的。这说明张学良教育思想既适应了时代潮流，又适应着时代需要。他走在当时时代思想潮流的前列。而且，他的这种认识至今仍不落后，对我们仍然具有启发意义。

第二，张学良教育思想高扬爱国主义旗帜，震响着民族复兴的音响。他的教育思想，形成于20世纪20—30年代。那正是中国处于民族危亡的时代，人民既痛处水深火热之中，又落后愚昧，但却奋起反抗侵略。民心愤激昂扬，民族救亡思想激荡，救亡图存呼声响遍中华大地。张学良教育思想作为这种民族时代精神的反映与回应，强调教育救国，爱国主义成为兴教的母题和主体。"重教→兴国"是教育的重要与首要的目的。他向学生提出："求学事小，国家事大"，明确地把"国事"放在"求学"之上。这是张学良教育思想的鲜明人民性。爱国主义在不同的时代，有不同的时代性质和社会内涵，但爱国精神是一致的。我们今天仍然需要强调对学生的爱国主义教育。

第三，张学良教育思想具有可贵的全面性和全民性。这是他的教育思想人民性的必然表现和自然延伸。他不仅大力办好东北大学，而且注意并私人投资兴办小学和中学，使从初级教育到中等教育到高等教育的全民教育系列与体系，遍布城乡。同时，他还注目平民教育、社会教育。当然，作为军事领导人，他还十分重视军事教育。这表现出他的教育思想和教育实践的全面性。此外，他瞩目于平民教育。他主政东北时期的教育实践，对于东北地区教育事业的发展，对于东北人民智育的开发，对于东北地区文化的发展，都是有功的，做出了有益的、长久的贡献，至今仍然发挥着历史的作用。

第四，张学良教育思想具有鲜明的"兼容并蓄"的特点。他既接受和重视中国传统教育思想，又接受过和重视日本现代化过程中发展现代教育的可取经验，也同样注意吸取欧洲、美国的西方式现代教育的经验。他建设东北大学的实践，具体体现了他的这种兼容并蓄的教育思想。他的这种兼容并蓄的教育思想，和他的教育背景分不开。他既接受过中国传统文化的传授和熏陶，又接受了西方文化的教育与熏染。他的知识结构和文化思想，具有兼容并蓄的特点。因此，表现在教育思想上，也具有这种性质。

第五，张学良教育思想坚持学生的全面发展。在他确立的德、智、体、美、群的教育内涵中，他将"德"放在第一位。他指出："培养人才以德为基。"他教育学生"自己看守自己的人格"。他追求全面发展的人才，注意人才素质教育。

第六，张学良教育思想坚持学以致用的原则。这"用"的最要紧处，就是为了国家，就是以兴国为己任。"要将自己看小些，将国家看大些"，这是他对学生的教诲。他的"用"与爱国主义精神紧密结合在一起。他这种爱国的"学以致用"和"学重在用"的思想，在他的教育思想和教育实践中起到了很好的作用。

从以上简略的记叙中，我们可以看到，张学良教育思想是比较丰富的。作为一种历史的认知、思想的资源，不仅有研究的价值，而且对于我们今天兴办教育、进行教育改革，仍然具有参考意义。归纳以上所述，其六个方面的内涵与特色，对于我们仍然具有启发意义。诸如教育兴国、全民教育、全面发展、素质教育、注重德育、强调爱国主义、注意人格养成，以至注重师资、资金大投入，等等，对于我们今天研究教育的发展，都具有现实意义和启迪价值。

还有一点也值得我们注意。张学良教育思想，虽然也为了他个人的事业发展，即为他所属的东北军和东北政权的发展而培养有用人才，但却并不仅仅为了培植自己的亲信、部属，即只为了个人私利，而是从大处着眼。更重要的是，他更着眼、着力于民众文化素质的提高，着眼着力于为东北地区、为国家民族培养有文化、有思想、有爱国心的人才，即着眼着力于国家民族的利益、民众的利益。这是他的教育思想很可取、很可贵的地方。

值得注意的是，张学良教育思想不是一种孤立自生的现象，而是时代的反映，是历史的回应，也是一种集体思维的集中。张学良身处东北这块面对强敌侵略、家国濒临危亡的次殖民地，又身负领导全责，抗敌、强国的强烈愿望和坚定决心，迫使他思谋振兴之道。振兴、强大，首要的是各种人才，由此而注目倾心于教育。而东北有识之士，也奔走呼号，兴办教育。他们的共识是：欲救东北，必振实业，必振教育。他们的言论，他们的献策，以至他们的"耳提面命"，都深刻地影响了张学良，成为他的教育思想的文化与思想资源。这说明，研究张学良教育思想，同时就是（也必须）研究当时的时代特点、文化环境、历史人物、教育状况。这是通过"个体"研究社会、环境、历史。而研究这些

"外部环境""社会状况",也就加深了张学良教育思想的研究。这可以说是研究张学良教育思想的延伸意义和"附加值"。

含技术于社会科学，蕴人文关怀于科技

——读徐世玲著《东北粮食现代物流信息平台构建与发展》

　　评介这部经济学论著，要从本书"后记"说起。这不是一般的言说经过和表示感谢的习见的后记，它开篇即以沉重的情感与轻妙的笔触，述说研究的缘起。追忆起"困难时期"父携子奔赴荒寒地带拣粮的情景和归来煮食荒田残粒闻喷香而欣喜的往事。粮食，作为一个生存依赖和记忆符号，深深烙印在一个小女孩的心里，埋下了"民以食为天"理性认知的情感种子和生命体验。这是作者从事粮食研究的情感基础和思想原点。它赋予作者一种不同于一般研究者的"研究情怀"，使其研究于冷静思索中，注入人文关怀的热诚。从而也使其著述于叙述、统计、技术、图表之中，深蕴蜀黍之思、民生之忧。在社会科学研究著作中，这种研究情怀和人文精神，是十分可贵的，尤其像这本技术性相当强的著作，更是如此。只可惜限于著作的性质，作者在全书的论述中，不得不约束和限制自己，不能始终如梁启超所说"笔锋含情"地施展，而正襟"论道"。但这符合著述本身的需求。

　　上述虽然只是一种著述内蕴的发掘，还不是其本体论。但就其本体而言，也显示出一种卓尔不群的体式与蕴含。这是一部文理渗透的著作，一本社会科学与技术科学结合、科学叙事论述与技术设计规划结合的著作，也是一部经济学、信息科学、社会学等多学科交叉研究的著述，还是整体研究、综合研究、宏观研究与部门研究、分析研究、微观研究结合的著作。这种多方面、多种类别研究的结合，给作者以运思行进、叙事结构、思路体现、语言选择等以艰困，兼顾则易乱，分述则割裂。但著者以"导言"、7个章节加附录的完整结构，先概述研究背景、目的、内容及方法与创新，然后，进入主旨论述，逐章展开，有条不紊，不枝不蔓，内容完善规整，叙述论证翔实，技术图表规范清晰，使一部技术性很强的经济学著作，具有了较好的可读性。

当然，值得赞许的主要还是本书的内容，即关于东北地区的现代粮食物流信息平台的建构与发展问题的论述与设计。在这方面，作者立意高远、视野开阔、思路纤细、技术精到。在立意、视野、思路方面，导言和第一章表现突出。虽然其研究范围在于东北地区的粮食物流，但在论述发展战略和路径选择中，对于国外粮食物流体系，包括美国、加拿大、德国、法国、澳大利亚、埃及、巴西、日本等国的粮食物流发展状况也进行了扼要精到的介绍，归纳出"以出口为目标""以口岸转运为特征""以国内供求平衡为目标"等不同类型粮食物流体系；对于国外粮食物流基本特点和发展趋势，则概括为粮食流动量大、跨国公司垄断与全球扩张、信息化与现代化、"四散化"（散装、散运、散卸、散存）、通道专业化、产业化发展、技术标准化七大特征。这显示了作者眼观国际大势、立足世界潮流的视野，提供了研究工作的大背景，也是战略选择与技术设计的启示和目标选择。紧接着，便在此全球背景下，对我国和东北地区的粮食物流现状和形势进行描述和分析。这两节内容甚为精彩，资料翔实而不累赘、丰富而简练，理路清晰而分析到位，指出问题切中要害。对于总体格局的描述具体、准确、很有针对性。因此，对我国粮食物流的这种战略选择的认定，有依据、有见地、有实践价值："四散化"、一体化、网络化、市场化和国际化。然后进入本书主旨、主体部分，即东北粮食物流发展路径选择。这部分对辽、吉、黑三省的粮食物流现状进行了细致的描述，探讨了其问题所在，指出了战略选择的思路。其中，特别是关于东北粮食现代物流体系创新的论证，具有理论与实践意义。诸如观念创新、管理创新、技术创新、组织创新等，均甚可取。

综观全书，其理论意义和实践价值值得注目。当然，这是一部在基本体式上应属应用研究、对策研究的著作。但是，内容充实和具有理论支撑的著述，往往都能在全书中贯穿正确的认识论和方法论，使读者能于其具体论述中，体察到从具体到抽象的认识的飞跃。交换-流通，本是马克思在《资本论》中确立的关于商品的生产、分配、交换、消费"构成一个总体"中的一个环节。"流通是社会产品从生产领域进入消费

含技术于社会科学，蕴人文关怀于科技

领域所经过的全部过程。"（孙冶方）而物流则是为满足消费需求而进行的对原材料、中间库存和最终产品及其相关信息从起始地到消费地的有效流动与存储的计划、实施与控制过程。我们在本书关于国际、国内及东北地区的粮食物流状况的描述与分析中，始终能感受、窥见作者对于商品交换-流通，关于物流的一般性理论的认知背景和理论底蕴，尤其比较充分地显现于对东北地区粮食物流的现状和问题的分析之中。而其分析评论，也都潜存着正确认识论与方法论的根基。其中，"由具体到抽象的认识飞跃"和"由抽象到具体的认识飞跃"（马克思称这为"认识的第二条道路"），两种认识的上升与飞跃，都可以见到和体认到。前者如对于东北地区、粮食物流及其诸多环节的分析；后者如从国际、国内到一个地区、从一般流通到粮食物流的分析评论，都是例证。这是一部应用性著作甚可宝贵的学术品位。

不过本书最过硬且值得重视的实践价值之所在，更在于其主体部分关于东北粮食现代物流信息平台的总体规划设计，以及关于这个平台业务管理系统、运营管理系统、支持系统、公共信息平台、粮食交易系统的规划设计。所有这些规划设计，都具体、细致、详尽，具有深刻的科学思想、很高的技术含量和切实的使用价值，并且具有可操作性。同时，还要指出的是，就是在这些技术支撑的数据、软件中，也依然潜存着一种"自然的"和有意识的社会学理念和人文精神，比如关于信息的收集与传播、用户服务的设计、人员管理方案及法律保障等。这些规划设计，对于东北地区粮食现代物流信息平台的建立和实施，以及东北粮食物流的现代化，都会起到很好的指导作用；对东北地区的生产发展，以及东北老工业基地的振兴，也都会产生相应的效益。

我国物流产业现正进入积极发展阶段，但发展不平衡。深圳、北京、上海等经济发展地区，政府重视，发展较快；东北地区相对滞后，如物流观念落后、物流专业化程度低、技术单一、物流管理人才缺乏等共性问题，都程度不同地存在。因此，《东北粮食现代物流信息平台构建与发展》的问世，可谓正当其时、正合时需。相信在社会实践中，它会对本地区的粮食现代物流的发展，发挥很好的作用。对其他地区也同样会起到应有的作用。

活跃在改革前沿的经济学家

——记冯玉忠先生

冯玉忠先生是辽宁省一位活跃在改革前沿的经济学家，在辽宁省学术界、文化界及企业界，都能时常看到他的活跃的身影，听到他生动并富于独到见解的讲演或发言。他对于辽宁省的经济、社会改革事业，奉献了自己的力量和智慧，做出了自己独有的贡献。

我与冯先生相识较晚，大约是在20世纪的80年代初期。那正是改革浪潮席卷神州的时期。我由于工作关系，不得不涉足理论界，以至"越界"参与经济学界的一些活动，因此与冯先生多所接触。在这种会上，我偶有所言，大率泛而言之，且多从社会学和文化学视角立论，不敢越"雷池"半步去涉足经济理论。而听冯先生讲演、发言，则都是经济学的言论，其立论、论证、阐述都依凭经济学的原理与思维逻辑。所以他的言论很为经济学界尤其是企业界所欢迎。记得1984年辽宁省改革理论研讨会在朝阳召开，在大会发言时，按规定每人发言时间只限20分钟。冯先生向我提出，他的发言要求延长。作为大会主持人，我自作主张同意了。冯先生登台作长篇发言。他侃侃而谈，观点鲜明，例证多而具体，生动活泼，颇为吸引人，塑造了一次生动的理论讲演。他讲演的主题是商品经济，我在这次会上，第一次听到他的广有影响的"为'捣蛋部队'正名"的论说。

冯先生这次的讲演给我留下了很深刻的印象。我感到他能够把经济理论很生动活泼地表述，特别是能够举出许多论证理论观点的生动的例证。这些例证都来自实际生活。这说明冯先生是深入实际、了解实际的，他绝不是书斋里的学者，而是生活中的活跃的观察者、体验者。当然，同时也说明他能够从实际中发现问题、掌握素材，并且能够提炼出问题、观点和理论。这体现了他理论联系实际的作风。冯先生的讲演、发言生动活泼、例证丰富，富有人间烟火气，已自成风格。

冯先生有许多改革家、企业家朋友，他与他们不是一般的接触，也不仅限于开会见面交流，而是能够与他们来往密切，深入其经营管理的活动，对他们进行具体的咨询和指导。他还有许多学生出校后"下海"经商，关于从事什么行业、如何创业，以及遇到什么问题如何解决，等等，都会来向冯先生求教，得到冯先生的具体指导。这样，冯先生的倡导、支持改革，就不是一般的限于理论层面、"口说"阶段，而是深入实际、具体而微的悉心指导。记得曾经多次听冯先生说到，大约在20世纪80年代中期，某个春节前夕，他的几位学生夤夜拜访，告知老师欲"下海"一搏，特来征询先生意见。他们的打算得到了冯先生的热情支持和鼓励，于是他们便投身商潮，成为早期弄潮商海的知识分子。他们之中大小各有成就。冯先生当初的鼓励和以后的指导，是他们成功的重要因素。还记得前两年的某个晚春季节，我们共同在大连参加活动，当有一次我们一同在宾馆大厅等候人时，满厅人众嘈杂、人来人往，我无一识者，而冯先生却不时地有人来与之打招呼，或有路过者则趋前问候，并邀约他前去讲演或指导。从他们的言谈间，可知其中大多是他的学生，也都是在从事经济工作。这足见冯先生的桃李芬芳，更见他的接触实际、接近群众。这既是他社会资讯的广阔来源，又是他以其知识为实际服务的表现。

就我所接触到的情况说，大约在20世纪80年代末，冯先生提出了"资产关切度"的命题，这是他研究思考经济改革、国有经济体制改革的进一步深入的表现。他的这一命题和研究所得，颇为引人注目。记得曾经在多次会议上，听到发言者对于这个问题的回应和赞许。

当然，冯先生并不总是以个体的姿态和个人行为来为实际服务，作为大学校长和经济方面的学会的领导者，他还以组织者的身份，邀约同志、组织力量，开展集体的研究和活动。其最出名的，就我了解到的情况说，大约要算20世纪80年代中后期他发起组织的理论沙龙了。这是辽宁省的一个属于高层次的理论-学术活动组织和方式。当时辽宁省理论界、学术界和企业界的主要头面人物都参与其中，省主要领导同志有时亦参加活动。这对于推动当时我省的改革和理论-学术工作，是起到了好的作用的。

近些年，冯先生不再担任学校行政领导，有了更多的时间从事社会活动和学术-理论工作。他的身影更是广泛活跃在我省许多改革成功和试行改革的地区、城乡和企业里。他仍然以他的知识与经验，帮助这些地区和企业发展事业、实行改革。大约从20世纪90年代初起，冯先生开始提出经济增长和发展的非经济因素的问题，谈经济问题，往往从文化角度入手，论证经济发展或受挫的文化原因与文化后果。这是一种经济-文化视角的切入和论证，令人颇有新鲜感。我在多次会上，都听到他从这个新的视角对于计划经济的批判和对于市场经济的论说。这表现了他不断探索和进取的精神。

两大主题，系统论述

——读张今声教授新著《科学发展与东北振兴》

张今声教授是我素所感佩敬重的经济学家。他在历经坎坷之后复出，即投身教学，在教书育人、学科建设、培养后进等方面，多所奉献；同时，又从事学术研究，在经济学这门现代化进程中的显学上，在开辟新学科、进行理论结合实际的研究、决策咨询等方面，均建树颇多，成就卓著，著述丰硕。他的论著均具有比较深厚的理论支撑与蕴含，又能紧密结合实际，研究深入细密，在学理的阐述和实践的指导方面，都获得可喜的成果。他现虽已年逾古稀，仍然深入社会、接触实际，研究现代化、经济体制改革、现代企业建设与管理科学等方面的理论与实践问题，著述不辍。

《科学发展与东北振兴》保持并发扬了作者向来的理论结合实际、研究实际深入、实际之中蕴含理论元素的学术优势。它紧紧掌握着两大主题，进行了系统的论述。这两大主题就是：科学发展和东北振兴。发展，如果从经济学、社会学、政治学等人文社会科学的视角来理解与阐释，不能作静态的评估，而必须纳入宏观的、整体的、系统的范畴中来审视。比如，从长远的效应与综合的效益来品评；与能源的消耗率、环境的破坏与保护，特别是与人的关系等因素结合起来衡量；等等。其含意可以总括之为科学发展观的"发展观"，即新的发展理念。这一点，对于我国现今的现代化进程与中国特色社会主义建设，具有决定性的意义与久远的价值。本书在两大主题的这一主题上，着力进行了深入研究，并作了多方面的论述。首先是对于科学发展观中的核心，即"以人为本"，作了认真而独到的阐释。作者从人的角度，全面阐释了"发展"的深层含义。他指出：人，是发展的主体、目的、重要力量和发展尺度。这必然要求"思想观念的深刻变革"。

首先就是发展观念的变革，即以人为本的发展观。由此产生"发展依靠人民"的发展理念，即"人是经济社会发展的主体，人力资源是最宝贵的资源"，"发掘人的潜能，充分发挥人的聪明才智"。作者还具体提出了以人为本的"三个层次目标"，并作了较详细的论述。这三个层次目标是：消除贫困、全面提高生活质量和人的全面发展。这里，将人的全面发展，纳入以人为本这个核心，并列为发展的最高层次，是很有见地、很有理论意义与实践价值的。每个人的全面发展，正是马克思主义关于社会主义–共产主义社会的本质规定。这一系列关于发展的理论阐述，都是有见地、富有启发意义的，是对科学发展观的一种比较深入的了解与理论阐释。

作者还论证了转变发展方式这一非常具有现实意义和实践价值的问题的议题。实质上，它是科学发展观得以贯彻的保证。作者于此提出几个转变：从过分关注速度、产值转变为更重视发展质量，实现速度、效益、质量与结构优化的统一；从重视经济建设转变为经济与社会发展互相促进、互相配合；从资源要素驱动为主逐渐转变为创新驱动为主；从以GDP为本转变为以人为本。这"四大转变"的归纳与提出，切中时弊、抓住了要害，既有理论意义，又有实践价值。作者还进一步申述了创新发展模式的问题。这使他的论述更深入，也更有指导作用。他指出，我国改革开放以来取得的巨大成就有目共睹，但是也存在一些问题，具体包括：固定资产超常增长、宏观调控下房价居高不下、对外开放水平亟待提高、国家财政需更多用于民生等。为此，就需要创新发展模式。在提出需积极推进观念更新、体制制度创新、评价体系创新之后，又提出了"四相构造"的新的发展模式的构思蓝图，这就是：经济系统的良性循环、社会系统的良性循环、自然资源与生态系统的循环和人口、经济、社会、自然生态互相促进良性互动的循环体系。这一基本思路，将经济发展纳入人口、社会、自然的大系统中来观察和"安排"，这是科学发展观的具体化，是按科学发展观做出的经济发展的创新模式。

仅就上述几个要点的简略介绍，就可以体察到作者对于科学发展观做了具有独创意义的阐释，并且对实践具有指导意义。

本书第二大主题是东北振兴。实际上，在第一主题的论述过程中，已经蕴含着第二主题的指向。科学发展观是东北振兴的理论基础与战略指导，而东北振兴则是科学发展观的实践过程与实际体现。在这个"实践部分"，作者发挥科学发展观的理论指导与战略思维的作用，提出了系统的创新性指导思想：从创新文化、创新精神，到"三大创新"（体制与制度创新、战略与政策创新、观念与文化创新）；从战略创新到市场、组织、机制、技术的创新；等等；并作了系统的、详细的、规范的论述。这种"创新思维"对于东北振兴的战略启动与推进，是十分重要的，其作用与效应不仅是多方面的，而且是功德无量、功在子孙的。作者在东北振兴战略发动之初，就提出这一指导思想，对于实践的意义是不可忽视的。还应该特别指出的是，作者把目光注射到"环境"这个具有发展的主体性的目标上，提到原则高度，给予系统的、多方面的论证。这对于振兴东北的经济与社会发展，同样具有关键的、悠久的、原则的意义。他所提出的改善生态环境、创建生态省、塑造良好发展环境、环境有偿使用等具有战略意义与战术意义的论述，都是富有理论意义与实践价值的。

此外，本书关于创新这一主题，还有专门的论述，关于学科建设与人才培育，也作了专题性论述。这些都具有理论意义和实际价值。这部著作，体现了张今声教授在实际事功与学术研究两个领域，在学风学德两个方面，都有优异的表现，都取得了可喜的成就，值得人们学习。

一个读者的心声

——为《沈阳日报》恢复《万泉》与《书斋》副刊致王辉函

王辉同志：

今天在贵报赫然而见《书斋》副刊，感到分外亲切而且兴奋。记得还见到过近期的《万泉》。我疏于"统计"，说不清它们都是几时恢复的，但在我是"赫然而见"，感觉上有点"久违"。今时见，故有老友重逢的亲切感。为什么感到"兴奋"呢？这有多方面的原因，容我稍加细说。

副刊——必须说明这里专指文学的与文化学术的副刊，是中国报纸的独特创造、独具的文化园地。它至少是五四时期的产物，也是在这个时期兴旺发达。它在新文化运动和中国文化从传统向现代转换的进程中，发挥了重要的无可替代的作用；于中国新文学的发展与创造，以至新兴作家的培养与成长，都起到过特殊的作用。中国杰出的现代作家中，许多都与报纸副刊有着"血缘"关系。当然还不可忽视它对于广大读者的文化养育作用。在20世纪从20年代至40年代的几十年中，副刊曾经参与了对一代代青年的思想培养与文化灌输。我自己在20世纪的40年代至50年代，就曾大受益于报纸副刊，许多知识、"学问"，来自报纸副刊。报纸副刊的作用，还有两点应该指出：一是及时性，与时代精神的同步；二是实用性，不是高头讲章，不是"不食人间烟火"。因此它的作用不是课堂教学和书籍可以取代的。

在新中国，报纸办副刊的传统继承下来了，而且有了新的发展和成就，此处不细说。然而，近些年来，报纸的文化学术副刊渐渐式微，不受重视，至今则有点"生存维艰"了，许多声名卓著、素多贡献的报纸副刊都消失了。这与市场经济的发展，人们对于金钱的热衷和对于文化的冷淡，有着重要的关系。精神太驰骛于物质，而对于"头上的星空"

无暇也无兴趣一瞥。因此，报纸上的股票、汽车、体育、娱乐及所谓"生活"类的副刊，比比皆是，连篇累牍；但是，却不免冷待了文化学术副刊。这令有些读者觉得遗憾，而于报纸来说，则不免是个缺陷。

这里涉及一个如何对待市场经济需要和读者趣味的问题。报纸当然要符合读者的需要去办，否则如何生存？但报纸担负着政治、经济、文化、生活、娱乐等多方面的任务和职责，不能有所偏废。报纸是一种文化产品，属于文化产业，其效益应该是社会效益经济效益与文化效益的统一。作为宣传教育工具，它是思想、文化、科学的重要的起到引领作用的旗帜。因此，一方面，它要满足市场的需要，适应读者的口味，刊登各种"应其所需"的稿件；另一方面，则仍然需要向读者灌输文化知识，培养进步思想，提高公民素质。就像文学艺术作品一样，既适应对象的口味和水平，又要培养和提高他们的兴趣和水平。如马克思所说，"对象产生主体，主体也产生对象"。读者"产生报纸"，报纸也"产生读者"。后者，是报纸重要的，也是光荣而不可推卸的责任和社会使命。尤其现在，人们普遍比较忽视文化，报纸更应该以文化享读者，成为他们的思想的引领者、文化科学素质的提高者和文化品位的培育者。现在报纸动辄数十版，"分文化以一杯羹"是并不困难的。当年报纸四块版，尚且有文化学术副刊的一方"土地"，何况如今？是不为也，非不能也。

作为一个读者，表示这样一点感想和希望。愿贵报坚持下去，祝贵报各种文化学术副刊办得更好！

彭定安，2009年12月3日匆就

〔谨以此文，纪念英年早逝的出色编辑王辉同志！2018年11月17日〕

辽海遗珠翻新篇，仙樵诗作耀辽东

——《〈刘仙樵诗抄〉校注》序

我很高兴地读到《刘仙樵诗抄》并获悉诗抄校注本集即将出版。这不仅是辽阳文坛可纪念的盛事，也是辽沈地区的文坛佳话，值得庆幸，值得纪念，值得人们和有关方面考虑相应的举措，做有益的宣介工作，以补正历史的遗憾。

辽阳有关人士发现清刊刻本《刘仙樵诗抄》，从而发掘出一直被埋没的诗人刘文麟，这不仅是辽阳历史和文学–文化史的一件有意义的事情，而且在辽宁省的文学–文化史以至全国近代文学史上，也都是可圈可点的一件颇有意义的事情。正是出于这种认识，我贸然接受辽阳有关同志的邀约，为诗抄的校注本撰写序言，虽然深知"我非其人"，在这方面又寡识谫陋，却勉为其难，写一点感想和建议。

刘文麟何许人也？向不为人所知。据辽阳有关同志告诉我，他们查阅文献资料，关于刘文麟多数无所载录，个别载录者则语焉不详，简短得寒酸。而实际上的刘文麟虽非赫赫有名，却也绝非庸常之辈。他于清嘉庆二十年（1815）出生于辽阳城东沙浒屯。父刘名震，嘉庆六年（1801）辛酉科拔贡，曾任盛京觉罗学汉教习，官至四川龙安知府。刘文麟11岁随父入蜀，20岁回乡。道光十七年（1837）中举，时年23岁，次年联捷成进士，分发广东任知县。少年成名，传为辽阳文坛佳话。道光十九年（1839）到广州，道光二十至二十二年（1840—1842），先后任广东平远兼长乐知县、海南岛文昌知县。其时其地，他亲历了第一次鸦片战争全过程。道光二十二年丁父忧离职，久不得复，至道光三十年（1850）始补河南沈丘知县。其任期内政声颇佳，后却因揭前任"积年库亏"开罪上司，被借故参劾降职为县丞。他愤而辞官，回乡奉母。咸丰六年（1856）受翰林院庶吉士、盛京承德人王晓坪之邀，赴沈垣主讲萃升书院。后王晓坪辞世，乃撤讲席回乡。自此，从同治元年至六年（1862—1867），身居茅舍，布衣素食，闭门不出，诗酒为伴。同治六年以肺病卒，年仅53岁。其诗友马珸林搜其遗诗793首，编为十二卷、补遗一卷，命名《刘仙樵诗抄》（以下简称《诗抄》）刊刻行世。（以上据《一个英才吟唱的衰世挽歌——刘文麟与〈刘仙樵诗抄〉》）

从这个简要的生平记述中可以看出，刘文麟家学渊源，幼而好学，少年成名，青年为官；为学有成，为官清廉，品性耿介，无意仕途，却钟情诗文；且出盛京，履历粤海（南）蜀豫，既具"行万里路"之慨，又经中原、西蜀、南国之文风染熏；特别亲历古国巨变之滥觞的第一次鸦片战争，刺激深沉、感应激越，思想观念居时人之前，复以诗人之情志，寄心抒坏，故其诗作颇富时声，而具历史与社会价值。

不过，却由于他官位不彰、文名不盛，后又居辽东之偏，与京畿中原疏隔，故作品流传不广，其《诗抄》也淹而不闻，埋没文渊，不为世知。辽阳人士叹为"沧海遗珠"，实非徒托空言。

综观刘文麟的诗作，最令人瞩目且富有历史文化价值的，自然是作于1841年，即鸦片战争当时的"感事"诗八首。这真正是即时纪实的"诗史-史诗"。就目前情况看，也许是唯一的反映中国近代史大事件的文学作品。其弥足珍贵，不言而喻。这应该说是中国文学史上的一个新篇章，也是刘文麟的光荣，而作为刘文麟故乡的辽阳乃至辽宁省，亦与有荣焉。这八首诗不仅以其内容记叙了鸦片战争的史实而理所当然地受人瞩目，而且还由于作者不但是以身历其境的"现场感"纪实，更是以身处事中的"当事人"的身份和心境来创作的，所以感人。进一步说，更为令后人敬重赞赏的是，诗作所表现出来的作者的思想是进步的，见解是通达的，情感是具有民族意识的。这就远远超出了当时的处于鸦片战争前沿或远在京畿的决策者们的颠顶愚鲁、进退失据的情状，而表现了他的进步性、民族性与爱国情愫。本书在这组诗的题解中说："这八首七律是一组感事诗。……当时战争尚未结束，而作者以远见卓识，透视了这场战争的方方面面：坚持禁鸦片、反侵略的正确主张；拥护以林则徐为代表的爱国反帝的政治路线；歌颂了三元里人民自发抗英卫国的壮举；揭露了琦善、奕山等军政大员畏敌、媚敌、祸国殃民的丑恶行径；对饱受战乱的人民深表同情。"并标举这组诗为"全集中的翘楚，同时也是中国近代文学史上罕见的佳作"。这些评论，都是有根据、有诗为证的，足可信人。

《诗抄》开首第一篇中有句：

> 险要屯兵仍不守，凶顽附寇竟如归；
> 包容自私从前误，革弊除奸计岂非。

抨击凶顽、赞颂进步、谴责颟顸、肯定英明，立场鲜明而态度明朗，这在当时是十分难能可贵的。后人读了，不能不生敬佩之心。

第二首最是愤火喷射、谴责有力而又痛心疾首、浩叹无际：

> 烽燧连年照海红，貔貅万队拥元戎。
> 杀人最痛师无律，夺地徒闻贼有功。
> 民宅颓残千炬火，夷船来往一帆风。
> 珠江多少繁华梦，回首同归浩劫中。

民宅千炬火，夷船一帆风，珠江繁华梦，都付浩劫中！这控诉很有力，这慨叹激发民心。想想**此诗**出于任职粤海身为林则徐部属的官员之手，其挺林反上的胸襟气概，令人敬佩，其诗作之历史与文学价值，于此显现。

第三首直指"荷兰"（实际是指英国）侵略者，暗揭琦善等清朝大员，也是有力的抨击文章檄书篇：

> 为鹅为鹳费安排，甘委生灵作劫灰。
> 防海金台非我据，横江铁索是谁开。
> 狂澜未挽戎兴祸，滋蔓难除将乏才。
> 竟至荷兰恭顺否，捷书虚报事堪哀。

后续数首，书写鸦片战争过程中诸多史实，或继续抨击琦善等大员颟顸误国，或痛诉割地赔偿，甚或指斥道光皇帝用亲不用贤，或颂扬林则徐、关天培，或赞扬三元里民众抗英，等等，一一记录、反映了鸦片战争的过程与大事。其诗作爱憎分明，扬正气、批惰性、反英帝、赞民心，于理于情，均升扬民族气节，反击民族失败主义和侵略者的霸气罪行。

王夫之有云："身之所历，目之所见，是铁门限。"（《姜斋诗话》）仙樵写鸦片战争，为身历其境且身处其中，自然是切合这个诗作规范、诗学规律的，因此能为他人所难为。同时，还必须指出的是，这些及时反映现实、政治性很强的诗作，却不是"政治掩盖艺术"，缺乏诗意，而是政治与艺术统一，其审美素质亦可圈可点。除前引诗外，如"貂蝉几辈幸承恩，罚罪酬庸更莫论"（其五）、"更难为继民财竭，纵得粗安国体亏"（其六）、"幸得闾阎起壮夫，为王敌忾效前驱；呼声动地重围合，众志成城逆势孤"（其七）、"鸿雁于飞思集定，豺狼无厌肆贪求"（其八）、"论功谁入名臣传，怀远难消旅客愁"（其八）等句，于思于艺，即思想性与艺术性都是结合得比较好的，有诗意，具有可读性。

刘文麟诗作甚多，见于《刘仙樵诗抄》的诗作中，当然并不是只有上述"感事"八首堪称佳作，只是由于它们的内容记录、反映了鸦片战争这件近代史上的大事而特别值得赞赏，所以特地提出来加以介绍，其他诗作中，也有为数不少的写得很好的，证明刘文麟不愧为优秀的诗人。

从他的其他诗作中，可以体认到刘文麟在作品中表现出的一种诗人的秉性，才思艺心，付诸笔端，或吟咏山水风光，或怀人悼友，或感时评事，或叹春悲秋，体察人生，皆能论事、察世、品性，有超然之心境，发深沉之叹喟，思绪邈远，情意深邃，既具今心又蹈古意。于选词炼句间，经营出幽雅沉潜的意境。如他早年在蜀地所为诗，时正青春时期，功名心盛，但是其《武侯祠》《古剑》《读汉高本纪》《马嵬》等诗，均能站在较高立足点评骘历史故实与人物功罪；另有一批诗作，心意散淡、旨趣高远，颇具诗意，读之感到诗人的心性平实、胸襟阔大。如"闲愁预怕花成雪，春意潜回绿到门；从此离心摇荡处，薄烟凉月浅黄昏"（《新柳》）、"明月照如故，美人思到今。筝琶不能合，抱人老松林"（《古琴》）、"鸿雁南飞八月秋，凄烟凉露起新愁；芦花羡汝红颜好，不向西风怨白头"（《老少年》）等作，都诗意浓郁，意境颇为深远，句式词语也颇具审美质地，读起来韵味盎然，皆足称佳构名篇。有的诗作，颇有社会蕴涵，评世论事，针指现实。如《女娲墓》，越过前人窠臼，由女娲造人而联及现时人心人性，写道："黄土抟人偶游戏，生齿日繁心各异；如今世人缺陷多，借问补救当如何？"感时忧世，寄怀世情人心。需要特别指出的是，他有一系列感怀诗作，大都从自身身世机遇出发，而及于时代与环境，对时势蕴含痛惜与抨击，对人生颇多体认与感奋，怀黍离之悲，蓄忧天下之志，寄意高远，诗意蕴藉，思想内蕴较深，诗艺亦堪赞誉。如《岁暮感怀》《崖门感南宋事》《出山辞》《将进酒》等，都属此类佳构。

总体上，刘文麟的诗歌作品，在思想立意、诗意追求、遣词造句、工整对仗、韵律和谐及意境营造等诗学审美的创造上，均有所成就，足称辽海诗史文坛的翘楚。王夫之在《姜斋诗话》中说："无论诗歌与长行文字，俱以意为主。意犹帅也。"仙樵诸多诗作，意在家国、抗击强权、评骘当道、忧国爱民，其意高远，以为"诗帅"，自臻上乘。若以司空图在《诗品》中所划分的二十四诗品来看，说他占"实境"、"悲慨"、"劲健"与"冲淡"，殆可被接受？细说这四品是："实境写情事""悲慨对酒歌""劲健有力常""冲淡有余情"。证之王仙樵的诗歌作品的实际，我以为应属贴切的。

临末，关于校注，我欲赘言几句。首先，我以为应该感谢诸位校注人员在发掘、整理刘文麟被历史淹没的作品方面所做出的努力和功绩。这实在是一种历史与文化的责任感的表现，是一种可贵的文化情怀。他们的工作，不仅对于地方文化发展是有功的，而且，对于辽宁以至东北地区的区域文化史的研究与撰著，也是具有很好作用的，甚至对于中国近代文学史的发掘与研究，也是一份贡献。而在校注方面，他们又付出了艰深的努力，对史实、词语和故典等都作了认真细致、深入的考订，考释训诂，解读诠绎，都详而不烦、巨细有致、准确恰当，这些都是需要有认真的态度、严谨的学风和国学的根底以至审美修养，才能做到的。因此，整体上，校注是可信的、严谨的、合于学术规范的，是成功而具有学术水平的。在当今社会人们心理浮躁、重物质与实利，而轻精神、轻文化的面前，这种自觉的文化担当与责任心，是应该受到表扬而对之表示敬意的。

以上拉杂写了一些粗浅感想，意在推介被埋没的诗人及其作品，并希望引起有关方面的注意，也借此向悉心从事这项文史工作的辽阳诸同志，表达一分真诚的敬意。文不足观，情意真挚，权为序。

2010年8月25日于沈阳

崔春昌《序百篇》序

　　崔春昌同志多年来为文友写序，积而成百，现结集出版，诚为他文墨生涯中之盛事，亦辽宁文坛之一佳音。他邀我撰序，我乐于赞誉，却不敢言序。

　　综观百篇序言，我有几点感觉。一是崔春昌同志文友之广，令人既惊讶又欣喜。因为能够邀其为之作序的作家、诗人，竟达近百人之多（书中收有作者的自序若干），此外自然还有更多未曾为之撰序的文友，合计起来那数量是很惊人的。西谚有云："计算生命意义是以朋友而不是以岁月计。"据此可以说，春昌的人生和生命，是很有价值和意义的。第二，春昌为之撰序的诗人、作家，老中青均有，其中老者，不乏他的师长辈，如阿红、项冶、刘镇等，这些老作家出版作品，而邀约春昌写序，足见对他的信任之重和友谊之深。而中青年诗人、作家请他写序，则除了友谊、文情，还有对他的尊重和信任。由这样两点，自然会想起第三点，即春昌在辽沈文艺界奔走着、活跃着，他的身影在文坛多处出现，并发挥他的应有的作用，也是奉献。这些，是令人闻而欣喜，愿予赞誉的。

　　文艺事业的发展，不仅需要诗人、作家，也需要编辑、出版人，他们是"为他人做嫁衣裳"者，也是文艺事业的倡导者、支持者，他们是不可或缺的、有贡献的。崔春昌自己创作颇丰，但他同时还兼任这些"为他人作嫁衣裳"的工作，并且卓有成效。他这方面的工作和奉献，就体现在他的为人写序这件事上。这本《序百篇》，就是他这种工作的业绩体现，但同时也是他的有价值的作品。

　　我除了浏览过全书目录，又翻阅了文本总体，以窥全貌之外，还细读过本书的一些篇章，看到春昌之写序，都是认认真真，不是敷衍了事的。他做了几样写序需要做的工作，即序文需要有的内容。一是书作者的有关情况；二是他与书作者的关系和交往；三是作品文本的主题思想内容、成绩及成就。这三件事，他都认真地做到了。比如为阿红、项冶和刘镇所写的序言，就对他们的身世经历、文学业绩以至为人品格特点，都有所记叙，对其总体成就、文化业绩和本次出版的作品的内容和艺术特点与成绩，也都作了记述和评论。对于他的同辈学友或年轻文友，他也都尽可能地这样做了。这不仅表现了他的认真负责的态度，也体现了他对于文坛、文友的熟悉与情谊。

比如关于阿红的记叙，从早年到晚年，简要而丰赡，读来令人感动，尤其写他的晚年，更是如此：

> 当然，更多的时间，先生还是蜷居在他那汗牛充栋的小小望云斋书房里，读书写作习字，接待八方宾朋。这里几乎每天都有客人慕名来访。先生平易、恭谦，无论访者位卑尊、年长幼，总是盈笑迎送，并亲为客人斟茶、倒水。先生热心肠，且善解人意，从不以权威自重，交谈时，很注意倾听，常在幽默、轻松的气氛中与客人双向交流。对于登门索字、索文、索联者，总能让其满意而去，文友们都乐于光顾他的望云斋。近些年，先生的作品也大多出自于这主雅客多、书香四溢的小屋。

晚年阿红的音容笑貌、豁达谦恭而笔耕不辍的形象，跃然纸上。同时，对为之写序的《艺趣无涯》，也作了简扼恰当的评论：

> 读《艺趣无涯》，我们不仅读出先生坦诚炽茂的文质，也读出先生磊落豁达的人品。它昭示着先生个人的文路心路，也承载着在先生视野审视中的辽沈及海内外文坛一批人的艺术履痕和文化踪迹，因而它的出版也为有关研究工作集成一批珍贵资料。

写项冶，亦如斯；但又有其特色：

> 初识项冶先生是20世纪80年代初的一个秋天，在《辽宁戏剧》编辑部举办的一位作者作品研讨会上。那时他已人到中年，但看去却很年轻。记得他穿着的一件半旧的黑呢料大衣，把本来白皙的面色衬托得越发白净，他神情宽和中带有着机智，满脸的英气，谈吐很有学者风度。我很钦慕我眼中的这位长者。经介绍我知道他是刚刚到任的省戏剧家协会副主席、《辽宁戏剧》主编。后来我经

常参加省戏剧家协会和《辽宁戏剧》编辑部举办的活动。与项冶先生的接触也多了。他在戏剧文学创作和评论等方面给予我很多指导和帮助。可以说他是我从事戏剧方面写作的一位可敬的启蒙老师。

这段清顺畅达、娓娓而言的记叙，也画出了中年项冶活泼倜傥的风貌。同时，对项冶的作品也作了应有的恰当评论：

> 读项冶先生作品，可以清晰明了地窥见他的艺术人生的一个个侧面，也可以便捷地走进他的心理世界，了解这位经历丰富、情感质朴、敏学善思的编辑和受人尊敬的师长所恪守的信念、追求和在人生道路上前行的铿锵步履。

写刘镇，因他年岁稍轻，文坛资历略浅于前面两位，与之交往的情况也不同，而记叙也就另一种风范：

> 与刘镇相识二十多年了，但由于我很少写诗，也很少参加诗歌活动，所以与他的具体交往并不多。过去，虽对他的人和作品了解得甚少，但对他的直观印象却很鲜明：他那英俊潇洒中总带有些南方人的精细和儒气；他那在人前很少张扬，"不显山不露水"的沉静；他那总是谦恭、客套、随和的微笑……总之，他那诗人的气质，都留给我些印象。

这记叙，简略但鲜明，人物形象呼之欲出。

当写到曾经的同学、同事，则是另一番景象了。他这样写李凤环：

> 从同学到同事，这当是人生冥冥中的一点缘分了，我们由此有了多于同学的了解。我那时对她的印象是聪明灵秀、守规守矩，做事有负责心、有热情。但在那说官话、喊口号时髦的年代，我们没有太多的心与心或情与情的碰撞，因而，还算不上真正的了解，……直到20世纪90年代初，才在一次同学会上会晤，交谈中对他的工作、生活有了些了解。总体说来他还算得上是一位幸福的、阳光的、充满着爱心的职业女性。这便是我对她的粗线条的了解或印象史吧。
>
> …………
>
> 应该说李凤环在她的同学和同事中都有着较好的口碑。她一生

都从事教师职业，敬业爱岗，是一位称职的人民教师。她的许多作品都自觉或不自觉地表现出他敬奉的职业姿态和恪守的职业道德。

评论她的作品，则是一种同辈文友兼老同学的赞誉和评析：

> 读她的作品，我们还可以清晰地看到作者的朴素的人格修养和豁达宽厚胸襟。
>
> …………
>
> 这本文集中的大部分作品是从作者心底流淌出的心血结晶，作者选择了文学的方式吐露她的那些刻骨铭心的记忆和挥之不去的情感的牵系。这是一个自觉的创作过程。在这一过程中，她的心理是难以平静的。

这些对不同对象不同的记叙和评论，表现出崔春昌为人写序是富有真情、精心结构的，语言也具有表现力，具有韵味。

因此，我还想说一点的是，春昌的序文，有好些颇具可读性，有的片段本身就是散文，尤其在述往事、叙友情、话平生，在此等处，他挥洒笔墨，叙事抒情，娓娓道来，文笔自然流畅、人物神情生动、环境情景毕现，确实可圈可点。如前引写阿红、写项冶、写同学同事李凤环等篇章，便是这种文章，堪称佳构。此外当然还有，此处不一一列举。

略述感想几则如上，读后感而已，权为序。

2015 年 10 月 24 日

纵使枯涩亦风流

——言颐荪著《枯涩的风流》序

我很有兴味地拜读了言颐荪同志在与病魔斗争中，矢志不懈，坚持写作，所完成的纪实文学作品《枯涩的风流》。读过之后，我很受感动，也引发许多感想。我对老朋友言颐荪同志，更为增加敬意，也因此希望他的这本出自内心之作，早日出版，不仅可以使他宽慰平生，而且发挥本书应有的社会作用。

20世纪80年代初期到中期，是改革浪潮席卷中华大地的时期，也是中国经济、社会经历大变革并取得震惊世界的伟大成就的时期。那是一个思潮澎湃、经济发展、民族振兴的时期，那是全民族表现出聪明才智、意气风发的时期，因此是令人难忘的一段美好岁月。忆往昔，峥嵘岁月稠。至今回忆那段时光，仍然令人神往而神旺。

正是在那个时期，辽宁省出现了一批走在改革前列，在改革浪潮中"涛头立"的人物。他们被称为改革家，也被称为当时才时兴起来的新的社会角色——企业家。言颐荪同志当时领导的松辽汽车厂，是属于这一批改革取得可观成绩的国营大中型企业中的一个。言颐荪同志本人，也理所当然地列队于那一批著名的改革家、企业家的行列中。他所取得的成绩，得到军队领导机关和不少领导同志的关怀、支持和表彰。我那时供职于辽宁社会科学院，参与一些经济、社会改革的理论研讨会，或参加这一类的调查、考察和咨询活动，因此有幸与其中许多改革家、企业家结识，有机会向他们学习并且的确学习到许多东西，并与有的企业家成为朋友。言颐荪同志便是其中一位。

对结识的一批这样的朋友，我根据他们的实际状况，加上自己在理论上的体会，称他们为"实践着的理论家"，意思是：他们的改革实践是有理论支撑的，或者说，他们是胸怀一种理论抱负、理论指导，而付诸实践的。他们是为了实现改善社会主义制度的目的，而到实践中去使理论得以实现。这个理论概括和命题，写成文章在报上发表后，得到了理论界的认同。回忆这件往事，只在说明，这一时期，包括言颐荪同志在内的那些改革家、企业家，他们的改革实践，是在"实践"与"理论"双重意义上，具有认识价值与历史价值的。

前面说到我是很有兴味地读这本书的。原因之一就是它使我回忆起我们曾经在某种程度上共同度过的"峥嵘岁月"。对于美好岁月的回忆也是美好的。它不仅使人欢欣地忆起过去，而且思索过去，总结过去，在反思的基础上，得到启发和指导，以利于今天的工作和发展。"一切历史都是当代史"，克罗齐的这个论断是正确的。他教人尊重历史、不要割断历史，并从历史中汲取教益。属于历史的，无论是成功还是失败，无论是经验还是教训，对于今天都具有教益的作用。正是在这个意义上，我不仅觉得《枯涩的风流》读起来令人觉得饶有兴味，而且对人们具有启示和教益作用。这不仅有属于作者本人的辛勤劳动和真诚的奉献。而且，还有实际——当时的现实所提供的事实的教益。书中提到当时的一个流行的说法，即"摸着石头过河"。借用这个比喻，当时人们的实践，或者是摸准了石头，安稳地踏着石头过了"河"的一小段；或者是，摸着的石头，没有能够渡过一段河流；或者是，踩翻了，不是垫脚石，而是流沙或滚石；等等。但不管是何种状况，都是当时的改革实践。这对于愿意了解改革过程和历史进程的人们，包括实际工作者和理论工作者及学术研究者，都是具有参考意义的，都是一种资讯。

这里，我还想说一点"私房话"。由于工作的关系，我当时除了参与社会上的有关改革的理论研讨和有关领导部门的关于改革的咨询活动之外，在我所供职的单位，也进行了一定程度的改革，也遇到了种种问题、挫折和苦恼。其情景，与言颐荪同志的"遭遇"有许多相同处，因此，也就在一些方面，他之所言，"于我心有戚戚焉"，有共同的感受。我们的工作性质不同，工作内容相异，但是，问题、苦恼、挫折这些"内核"类同。我想，在那个时期活动以至活跃于改革浪潮中的人们，都会从中体验、感受到一些东西。"阅读"本来就可以不仅是"读"别人之所言，而且可以是一种抒发、寄托、"借他人酒杯抒自己块垒"，并且还是按"相似原理"的精神，增加自身思想与精神营养的"思想-精神-心理"活动。从这个意义上说，我以为，《枯涩的风流》能够获得相应的读者，能够给予读者一些东西。

由此我也想到，《枯涩的风流》作为历史资料、社会档案、改革记事，它具有值得注意的社会价值和思想意义。

言颐荪同志作为一位军人、企业家，能够写出《枯涩的风流》这本纪实文学作品，是值得祝贺的。他在"自序"中说，他坚持真实。这是很重要也很正确的。他做到了这一点。这本书，写得自然流畅，有叙事、有议论、有场景描写、有心理抒发，其可读性不低。那些改革的经历，读来使人不仅饶有兴味，而且引人思索。这是作者写作上成功。

言颐荪同志是在病中写作的，不仅写作的规划几经变动，而且还进行了多方面的考虑，做过多种尝试，最后，才决定采用现在的这种写作方式和作品形式。他的这种精神令人感动。这虽然是他自身的一种"自我实现"和"自我满足"，但也是一种社会工作，一项社会奉献。为此，应该向言颐荪同志致敬并表示祝贺。

自然、人文两优异

——《鄱阳不乏江山助——历代名人与鄱阳》序

今年初夏，回故乡鄱阳短暂停留，得县有关领导热情接待，又得重见与结识县新闻文化界老友新知。盘桓二日，招待周全，并座谈议叙，多及故乡历史文化，所获甚多，亦多请益，虽时日短暂，然知识掌故，得未所得，友谊盛情，至今不忘。其间，陈先贤先生以大著《鄱阳不乏江山助——历代名人与鄱阳》见示，并邀为序。此书主旨之立，思想文化意义可嘉，陈先生雅意可感，乃勉为其难，欣然应命。

归来浏览，惊异鄱阳古邑、亲爱故家，竟有如许名人与之关联。远自秦代，中经汉唐、魏晋，以迄唐宋元明清，直趋近现代，历代相传，几无缺遗。或出身斯土，立德立功立言，奉献当世，名垂青史；或官鄱阳或寄寓灵地，留存业绩诗文，福披吾乡，余音犹存；或革命征途，丰功伟绩，起自鄱阳。在在与鄱阳有关，处处显山川灵秀。举凡历代名臣义士、忠良志士、学士文人、书圣艺杰，皆有历履、事迹、著述、诗文与之关联，甚至有血肉相亲者。如汉之名将、异姓王番君（本名吴芮），为鄱阳首任县令；西汉宰相田千里，长眠斯地；晋庶族太尉以名言"惜寸阴"传世之陶侃，出身鄱阳；郭璞炼丹留有凰岗郭璞峰，王献之遗稀世墨宝"鄱阳三帖"；谢灵运首拟鄱阳湖诗，欧阳询终老鄱阳桑梓；李颀有鄱阳之游，白居易行鄱阳之旅；李白吟诗篇送弟之鄱阳，颜真卿书《报蔡明远帖》。而后，唐之李嘉佑、张籍、贾岛，宋之姜夔，明之清之，民国之李守诚，现代之方志敏、彭涛等，均与鄱阳有关。其中，姜夔、李守诚、彭涛皆为鄱阳养育。史实历历，光照丹青。捧读之下，激赏之情，油然而生，自豪之感，充溢心怀。甚感吾乡鄱阳，诚地灵人杰、人杰地灵也。

感谢陈先贤，茹苦含辛，挖掘典籍，收集资料，淘洗剔抉，分析排比，撰写篇章，而成斯书。于后人了解历史、景仰先贤、学习继承，功莫大焉。克罗齐有言，"一切历史都是当代史"。自西汉至当代，诸多名人事迹、事功、人格、学术，均可为当代之楷模，使后人精神成长、思想发展、学术精进，并"从古老智慧中寻觅当代灵感"，其育人增智之功，培植艺思才情之力，皆属潜移默化，不可以考分成绩与夫雕虫小技计，而于民族素质之提高，功不可没。

捧读斯书，更感吾乡鄱阳自然与人文资源丰盈优异，殊堪注目，其于今日鄱阳经济、社会之发展，现代化之建设，皆为极有益之现实"资本"。运用发展之妙，存乎一心，观念一变，遍地黄金。若利用乡土教材，发展教育；若文化旅游之开展，旅游文化之建设；若利用历史传统，保护文化遗产，建设传统与现代化结合之新鄱阳，走新工业化道路，建现代化伟业，启动民智，发掘文物，皆为我等后人，拥有之丰富资源，肩担之沉重责任。

陈先贤先生撰写此书，史材丰富，收集浩繁，以独特视角，集独有资料，颇费工夫，亦见功夫，诚有心人，诚真用功。以"与鄱阳有关"立意拟题，掌握质料，又紧扣主题、围绕中心，为文叙述，夹叙夹议，颇具可读性。即每篇之题，重点突出，特色明显，亦可表露用力之深。

编著者热情相邀，谨志数语，权为序。

2005 年 6 月 18 日于沈阳

贺《鄱阳湖文化研究》创刊

欣闻故乡成立鄱阳湖文化研究会并出刊《鄱阳湖文化研究》，甚感兴奋与欣慰。此举表现了鄱阳县委县政府领导，具有思想、文化见地与经济、社会发展战略眼光。文化，在高科技时代、技术经济时代、信息化和网络化时代，已经上升、转化为新的生产力，新的不竭的资本。它已经从经济-社会发展的跟跑角色，变成领跑力量。当代经济、社会发展的竞争，已经演化为人的科学技术与人文文化素质的竞赛。重视文化，发展文化，运用文化的力量来推动经济、社会发展，是创造经济、社会既好又快地发展的根本方面。重视文化，也是切实贯彻执行科学发展观的保证，是落实党的十七大关于文化大发展、大繁荣，建设文化软实力的精神的表现。

鄱阳湖文化是赣文化的重要支脉，又具其巨大、鲜明、独特的特色。浩浩彭蠡，巍巍匡庐，养育了鄱阳湖文化，并以水光山色的浩瀚邈远、巍峨崇峻、嶙峋秀雅的自然，熏染陶冶了人与地域的文化，赋予特殊的文化面貌与气质。受自然濡化的人的文化和文化人，又以其创造的文化，衍生创造了地域文化。鄱阳湖文化资源丰富独特。历代人文荟萃，创获丰润，代有才人出。如何发扬前人的文化精神、继承其文化传统，而又创获现代成果，促进地域经济、社会、文化发展之新业绩，是今人的任务与荣耀。

鄱阳湖文化研究会及其刊物，首先是尽力抢救、整理既有的鄱阳湖文化资源，并在研究的基础上，给予切合实际的"现代化诠释"，使之为现代化服务。其次，所谓研究，是要在掌握资料、理解精神、准确把握的前提下，挖掘文化资源的"原意"，并在此基础上，运用现代理念、现代意识、现代理论，去创获"意义"。再次，在研究的基础上，理论结合实际，使文化转化为今天的经济、社会发展的软实力。

文化的意义和作用，远不只是为实际的经济、社会发展直接服务，其悠久意义与深远价值还在于养育人的思想、精神、道德，培养提高人的科学素质与文化素质，使社会进步、文化发展，为建立和谐社会，实现现代化和民族的伟大复兴发挥无可替代的伟力。

祝鄱阳湖文化研究会不断取得研究成果！祝《鄱阳湖文化研究》越办越好！

趁《鄱阳湖文化研究》创刊之机，略述感想与祝福如上，并求教于诸乡贤。

喜读《渔家傲——鄱阳渔俗文化通览》

我很高兴地拜读了来自故乡的《渔家傲——鄱阳渔俗文化通览》（下简称《渔家傲》），它既是第一部有关鄱阳的历史文化著述，又是开辟继续有关鄱阳历史文化研究与撰述的开端。凡事开头难，但是，凡事也是开头者"居首功"。应该为此向组织、领导和撰写这部著述的有关人士致谢和致敬。

一个区域或一个城市，都有其民族文化共性中的个性，这是它们独具特色的生产和生活的精神产品，是其灵魂和价值的现实存在。因为工作关系，我曾经初步涉足有关中国行政区域和地理位置的"中基层"构造——"县"的研究。我的领会是：从文化视角来看，中国县一级的区域，既是其所辖地区中的基层——部落、村庄、乡邑文化的"蓄水池"，又是省、市以至更大区域范围的文化的"灌溉渠"，起着文化的"承上启下"的机枢作用。也就是说，它一方面聚集、汇合本县各部、村、乡、邑的"基层-基础-基本"文化元素，并集中、汇融、濡化、提高；另一方面又接受来自省市以至全民族的文化灌输与文化养育；同时还可以说，它们也向大区域文化（省市一级）以至民族文化输送自身的文化精粹、"文化籽粒"，做细微或甚至是可贵的奉献。鄱阳在这方面，有它值得也是应该的自傲、自爱、自重的处所和因素。鄱阳是历史文化古县邑，早在秦代就建县，是江西境内上古时期极少数郡县之一。只从这部《渔家傲》中所载，仅唐宋两代，就有诸多"名士风流"抒写番邑、驻迹饶州、惠顾鄱阳，更有不少出身鄱阳。唐朝欧阳询、李白、白居易、王勃，有宋一代颜真卿、梅饶臣、范仲淹、王十朋、岳飞、江万里等，均与鄱阳有关有缘有情；更有"鄱阳四洪"——洪浩及其子洪迈、洪适、洪遵，以及白石道人姜夔，均是历史文化贤士名臣，留下鸿篇巨著，显迹文坛。他们均籍属鄱阳。这些文化名人的文化圣迹与遗存，孕育了鄱阳古老传统文化，浸润了乡土民俗。这些传统文化的"库存"，既是鄱阳的文化遗产，又是现今鄱阳的文化风范。发掘、整理、研究、书写这些文化遗存与传统，对于今天的文化建设以至经济、社会发展，树立文化自信与文化自觉，都是很有必要、很有益处的。因此，《渔家傲》开个头，是很好、很有文化价值的，应该予以祝贺，并向从事这项工作的同志们致敬。

民俗文化是精英文化的基底、元素和渊源。它与人们的居住环境和生产、生活的关系极为密切，是"从物质到精神""从基础到上层建筑""从实际到文化"的反映。美国著名文化人类学家露丝·本尼迪克特在她的世界名著《文化模式》中，引用迪格尔印第安人的箴言为卷首题词："开始，上帝就给每个民族一只陶杯，从这杯中，人们饮入他们的生活。"这就是说：自然环境是居住于此的人们的生产、生活的决定性因素。你的"陶杯"是什么样的，你的生产和生活就会是什么模样的。马克思主义的地理环境理论，也深刻地论证了地理环境对生产力和生产关系，即生产什么、怎样生产和人们的社会关系的决定性意义。这是我们探讨民族文化的根本理论指导。《渔家傲》中描述了鄱阳的自然环境，即那只"陶杯"："吴山楚水"，"四山二水二分田，二分草洲和庄园"，"腰缠四条河，脚踩一盆湖"。它拥有四条大河，包括225条小河支流；除鄱阳湖之外，还拥有属于"雪湖群"的20个主要湖泊。而湖内港汊甚多，有"48大汊，84小汊"之称。水，是鄱阳民俗的滋润的渊源，是其民俗文化性格的元素。鱼与水是"命运共同体"，水因鱼而富饶、鱼凭水而生存。有鱼便有渔，有渔业生产。鱼米之乡的鄱阳，因为渔业生产的产生、发展、蔓延、伸展，而产生文化——从民俗文化到精英文化。《渔家傲》顺着这一理路，从鄱阳的自然环境出发，到渔家的生产、生活，到民俗文化，一一道来，以详细系统的材料、有序的章节和简明的叙述，首次记述了鄱阳的渔俗文化，涵盖渊源、内涵、形态、气质，包括生产工具、生产方式、生活习惯、民间传说、民间故事与民间信仰等诸多方面。这不仅有利于鄱阳人自己进一步认识本县的渔俗文化，而且有利于外界认识鄱阳的渔俗文化，甚至可以使本地人更好地认识自己的文化，也有利于外面的世界了解鄱阳的文化。这对于鄱阳的经济建设和社会发展也是有利的。

《渔家傲》中说，作为"吴头楚尾"的鄱阳，其文化质地，具有"吴楚文化的豪迈浪漫气质与吴越文化的求真务实的精神"，这一概括很好。我读到第七章关于渔家女在大风来袭、狂浪波涌的危殆之际，"散鬓咬发，裸胸操舵"的描述，实感惊心动魄。渔家女为挽救危局，英气勃发、气势凌厉、英勇无畏，既威武又美丽，确实体现了既豪迈浪漫又求真务实的精神和形象。这场面即使原态进入文学创作与影视作品，也是精彩片段。这是鄱阳渔俗文化中的亮点，也是《渔家傲》中的感人片段。

作为生在鄱阳、长在鄱阳的"鄱阳佬"，我少小年岁直至青年时代，都是生活在鄱阳镇，但对农村接触极少，而对渔家生活更是漠然无知。今读《渔家傲》，又了解到美好故乡的另一面，蕴含着渔家生产、生活、文化、习俗与精神面貌的精彩描述的一面，因此更进一步了解了鄱阳，也更爱故乡。

鄱阳作为历史文化古县，文化积淀丰厚，可述说的文化很丰富，传统文化、精英文化、通俗文化、经典文化和民间文化，都可以有予以挖掘、整理、研究、撰述的内涵和价值。我愿以后会有更多的这方面的文化著述问世，为鄱阳的经济、社会发展服务，为鄱阳人的文化自信与文化自觉输送文化滋养。

县文联徐燕同志为《渔家傲》索序于我，勉力写一点读后感，权为序，乞方家指正。

中国文化自信：体现并引领新世纪
人类文化发展大趋势

在20世纪尤其是进入21世纪以来的世界文化发展中，有三股思想文化潮流滚滚前行并相互交集与汇融，出现了诸多新的发展趋势。这三股思想文化潮流是：西方文化的衰落、中国文化的勃兴和人类文化方向的调整及其主要大趋势的产生。

其中，中国文化的勃兴蕴藏着中国"国学"（即"中国固有之学术文化"）基因、精髓的新的发现、新的阐释和向现代的创造性转化。而其主要的体现形态则是新时代中国"四个自信"中的文化自信。在新世纪，它体现并引领着人类文化发展的大趋势。

一

梁启超在论述中国近三百年学术史时，曾经对时代思潮之兴起与发展的轨迹与规律作过这样的论述："始焉其势甚微，几莫之觉；浸假而涨—涨—涨，而达于满度；过时焉则落，以渐至于衰熄。"[①]前述三大思潮在长时段历史时期中，尤其是在20世纪，不断行进、发展、增长，正体现了这种思想文化的发展轨迹。这三股文化思潮，"始焉"各自行进，及"涨—涨—涨"而至相向而行，终于交集汇合而形成人类文化在新世纪发展的大趋势。其中，值得注意、深思和研究的是中国固有文化精神、文化基因的世界性认同，以及现今中国的文化自信，它正体现甚至引领新世纪人类文化发展大趋势。

在20世纪初的1918年，德国历史哲学家斯宾格勒的巨著《西方的没落》问世，首次唱响了"西方文化衰落"的丧曲。但犹如梁氏所说

---

① 梁启超. 中国近三百年学术史 [M]. 上海：上海三联书店，2006：10.

"始焉其势甚微"，它甚至遭到否定和强烈反对，被称为"恶的预言"。之后，它却"浸假而涨—涨—涨"。仅举其后续之荦荦大者而言，各路分进赓续的。

首先是法兰克福学派，他们高扬批判理论；对西方实现的资本主义现代化以及发达工业社会、科技文明予以深刻批判；他们以"反抗现代性"为主旨的理论反思和进行文化批判，对以征服、支配自然为出发点、以技术理论至上为特征、以人类中心主义为核心的坚持"人类–个体中心主义"的总体文化选择与文化方向，以及"工具理性"、"技术理性"、"功能主义"、利益标准、物化机制、道德失范、艺术衰颓、精神萎缩、文化平庸化、均质化、模式化等展开全面批判；他们从新的理论和新的社会现实等方面批判论证，不仅继续奏响斯宾格勒的"衰落丧曲"，而且使其具体化和深化了。他们的批判之声，被认为是现代国家应该谛听的"清醒之音"。

其次是早已产生而在当代勃兴的美国自然文学（Nature Writing），它主要思索"人与自然的关系"，提出"土地伦理""生态良心""荒野意识"等理念，倡议人类与自然保持和谐的关系。其首倡者爱默生提出的《论自然》（1836）引发了另一声"震撼世界的枪声"（应是西方世界）。这种从文学思维出发的哲思，虽未达到中国传统文化的"天人合一"的高度和广度，但整体方向则与之契合。

之后出现了后现代的新理论、新批判。其理论锋芒直指"处于危机状态之中"的西方文化，抨击其深重弊害。其认为"人是自然的主人、世界的中心"；人使用不断发达的科学技术，深度掠夺自然，而人自身则沦为"技术的附庸"。据此，它提出人只是世界的一员，要重视"与自然的和谐"。

20世纪90年代，格里芬等提出建设性后现代主义。其理论要旨进一步补充、提升了后现代主义的不足，明确指出：现在这个世界的问题，不只是自然遭到严重的破坏，更有"精神文明的衰落"、人的心灵的被荼毒。人类必须对"自命不凡"予以摈弃，而确认自己不过是众多物种中的一份子。它倡导"全球伦理"，强调人与自然的同一，其准则是："若一事物保护生物群落的完整、稳定和美好，那它准是对的；否则必错。"

此外，还有种种个人著述的警告，以及研究机构的考察与研究报告的警告。

早在20世纪20年代中期，法国著名作家罗曼·罗兰就在给高尔基的信中指出："欧洲并非被敌对的东方毁灭。它在自我毁灭，把地球其余的广大地区都发动起来反对它。至于它的文明，正扮演着英国传教士手中的《圣经》的角色，有意无意地充当着银行和大公司的代理人，剥削世界，但它剥削不了多久了。"（转引自《中华读书报》2019年4月24日《书评周刊》）而伟大的科学家爱因斯坦则在其所著《我的世界观》中阐明："要是没有'伦理文化'，人类将难以获救。"爱因斯坦以为足可拯救人类的"伦理文化"，正是中国传统文化的基因。20世纪60年代初，美国科学家雷切尔·卡森的《寂静的春天》问世，她谴责滥用化学农药，"为人类用现代科技手段破坏自己的生存环境发出了第一声警报"。她把"人类与大自然的融洽相处"这个基本观念带给世人，将世界领上环境保护的道路，从此"环保"成为世界性呼吁和行动指归。20世纪90年代，英国E.F.舒马赫的《小的是美好的》问世，批判"以工业化为中心的发展模式"，指出工业文明引发环境污染、资源枯竭，威胁人类文明和生存；批评"西方人对自然的态度"，即"视自己为命中注定可以主宰及征服自然界的外在力量……要与大自然搏斗，却忘记如果他们战胜自然，转眼即已处在败方。"①

1974年，罗马俱乐部研究报告《人类处在转折点》也发出警告和忠告，其指出：人类在近三个世纪中，实行"征服自然""人定胜天"的政策，经济持续高速增长，但产生"危机综合症"，如人口危机、环境危机、粮食危机、能源危机、原料危机等。有报告提出："必须限制经济和技术发展，或者至少改变其发展道路"，实现"有组织的增长"和"可持续增长"。20世纪90年代初（1992），联合国环境与发展大会发表的《里约环境与发展宣言》指出，"和平、发展和保护环境是互相依存和不可分割的"，号召"保存、保护和恢复地球生态系统"，"以与自然相和谐的方式过健康而富有生产成果的生活"。

20世纪末，美国历史主义大师雅克·巴尔赞的巨著《从黎明到衰落——西方文化500年：1500年至今》出版。该著作用事实和雄辩"证实"了西方文化的衰落。他在首页"作者的话"中就指出："20世纪即将结束。进一步深究后，还会看到过去500年的文化将同时终结。"在

---

① E.F.舒马赫. 小的是美好的 [M]. 李华夏，译. 南京：译林出版社，2007：4.

"序言"中他又补充说："西方文明博采众长"，因其"独创性而兴旺发达"，"而目前，这些目的得到了最大限度的实现后正在导致它的灭亡"。

这说明西方文化的衰落是由于它"最大限度地实现"其目的，而没有"止其所当止"。他用"无可争辩的事实做坚实的基础"来论证其结论，具体包括人物、著作和事件等。

在这一批判西方文化过于破坏自然和毁坏人性的文化倾向中，以及批判"人类-个体"至上、破坏人类、自然、社会三者的关系中，很自然地产生了把视线和注意力转向东方的趋势，即所谓"回眸东方"。而其主要方向更则作为东方文化的中心和代表的中国文化。20世纪80年代至今，有《通过孔子而思》（David Hall 与 Ames T. Roger 著）在美国问世，它是积极评价儒学和进行中西文化比较的研究著作；还有的西方学者称《老子》为"来自东方的绿色圣经"，认为其中所蕴含的"非人类中心主义"，"与当代深层生态学相似"。深层生态学的创立者阿恩奈斯认为深层生态学的最高准则"自我实现"，与老子的"道"相通；美国学者马希尔则指出，"道"是生态形而上学首选的"概念资源"。此外，具有"天下情怀"，其哲思为"万物一体""无物我""无人己"的王阳明心学，在西方流传甚久，至20世纪90年代兴盛，进入新时期，其传播更达到多元发展的境界。

概括来讲，西方这种文化体认的发展趋向就是钱穆所论外倾性西方文化的"开物成务"，即以高度发展的工业文明和科技向自然开战，进而征服自然、开发自然、利用自然以至毁坏自然，导致人与自然走向毁灭境地，造成人类三大家园（自然、社会、人的精神世界）的毁坏，从而引起思索、批判与反对，而其潜在的扭转文化方向所指，正是中国文化精神的本体基因，即钱穆所说中国内倾型文化的"人文化成"。

英国历史主义大师汤因比与日本作家池田大作于1974年在进行"展望21世纪"的对话录中指出："中国人和东亚各民族合作，在被认为不可缺少和不可避免的人类统一的过程中，可能发挥主导作用。"池田大作也说："从两千年来保持统一的历史经验来看，中国有资格成为实现统一世界的新主轴。"①

---

① 汤因比，池田大作. 展望21世纪：汤因比与池田大作对话录 [M]. 荀春生等，译. 北京：国际文化出版公司，1985：294-295.

现今，中国在新世纪人类文化发展新趋势中正发挥着重要的"主轴"作用，中国道路、中国方案、中国建议、中国智慧均受到世界的瞩目，中国文化也受到西方的重视。意大利学者洛丽塔·纳波利奥尼在其所著《中国道路》中指出："无论是联合国还是世界银行，乃至广受尊敬的非政府组织，没人能否认中国正行进在正确的道路上。"

当今，研究中国文化为一时之盛：孔子学院遍布世界各国和地区，广受欢迎；各国学习中文者为数众多并日益增加。中国关于构建"人类命运共同体"的建议获得世界人民的认同和赞许。中国的和平崛起和文化自信，成为世界瞩目、仰望和学习的对象。中国正以文化自信的姿态出现在世界舞台的中心，体现和引领新世纪人类文化发展的大趋势。

当然，前述西方文化的衰落，是就其发展大趋势而言的，不管是"欧洲中心论"已经消衰，还是西方文化统制世界的情势衰微消退，都是"现在进行时"而不是"过去完成时"。现实的状况是，西方文化仍旧以其逼人之势极力推行，并"挽狂浪于欲倒"。曾经风靡全球、红遍世界的好莱坞影片，如今显其颓势，时而暴露"挣扎"样态；而中国电影则走向世界，时受青睐。这种一衰一兴之势，正是东西方文化兴衰变异的显徵与象征。

二

值得注意的是，在同一个历史时期，在作为东方文化的代表和东亚文化中心的中国，却经历着另一种文化方向的发展历程。其文化思潮之兴起和发展，历经一百多年的历史进程，正如前引梁启超之所论，由"始焉甚微"到"涨—涨—涨"达于高潮，而至引领世界文化新思潮。

"国学"兴起于20世纪之初的爱国情怀。1908年，国学大师章太炎在东京便向中国留学生讲国学。而同一时期，梁启超、王国维等也通过著作宣扬国学。值得注意和思索的是，他们均是学贯中西的国学大家；他们是在国运危急中宣扬国学；他们所讲均是发掘、发扬中国固有的学术文化，在发扬踔厉民族精神，充溢着爱国热诚；他们不是发"思古之幽情"，而是发掘民族传统文化之精粹，启迪民族之现代觉醒。这里蕴含着双重的文化精神与文化方向：既发民族悠久优秀传统文化之精粹，以驱逐沉沦颓疲之时代病症；又取西方文化之进步因素革新民族既有文化，却又不"亦步亦趋"和"全盘西化"。

20世纪初叶，中国萌发了新文化运动，并不断酝酿、积蓄，至前两个十年相交之际，爆发了轰轰烈烈的五四运动，使中国古老的文化进入新的转型期。今天来审视百年前的文化运动，能看到一种错综复杂、特色鲜明却又"殊途同归"的隐含旨意，值得重新审视与梳理。激进派高举"打倒孔家店"的旗帜，引进西方文化的"德先生与赛先生"（即民主与科学），但并没有完全彻底地否弃传统文化。首先，"剑戟"所向，主要是孔子和他的儒家，批判的重点是被历来封建统治者歪曲借用的儒家政治文化濡化而成的封建统治术。对道家文化尤其是佛学，则甚是"忽略"、未及"计较"的。更重要的是，那些激进的传统文化的批判战士们，同时还在整理、钻研中国传统文化的优秀部分。例如，鲁迅讲授《中国小说史略》，校《嵇康集》，出版《小说旧闻抄》《古小说集成》《唐宋传奇集》等古籍，不遗余力收集汉画像石；胡适讲授《中国哲学史》，更提出了"整理国故"的口号并身体力行。纵观其行，其文化选择与文化使命，不是完全否弃"国学"（即中国固有之学术文化），而是促其更新。中国文化数千年来，曾经多次实现这种更新，如汉之经学、唐之佛学、宋明之理学及清之考据学。这种文化情境，是一手向西方文化"截取"吸收了"西学的精华"，以济"国学"之不足并使之转换；一手仍然在整理、研习、重释传统文化，即成就"新国学"。

值得注意和需要重新体认的是，对于文化保守主义的国粹派要进行全面认知。国粹派的骨干梅光迪、吴宓、胡先骕等，都是留学西洋、学贯中西的学者。他们既了解当时处于工业文明中的西方文化所显现的文化弊害，又以西方文化为"他者"，来思考中国文化的革新与转型；他们既主张"昌明国粹"，又提倡"融化新知"；他们主张弘扬国学即中国固有之学术文化，但顺应世界潮流之趋向，犹应注意发掘与弘扬传统文化中的自由、平等、民主、共和的观念；他们也将西学新知引进传统思想文化，起中西文化"调和互补"的效应。可见，他们只是反对"醉心西方文化"，尤其是所谓"全盘西化"。从历史发展的路径和文化发展洪流的总体走向来看，对于国粹派和革新派，以长时段历史观和综合历史观视之，虽然当时"两军对垒"，但却有"异曲同工"的一面，即在结果上都对中国传统文化向现代的创造性转化起到重要作用。当然，在思想、学术、文化上，"五四"文化革新派代表了历史的主流、文化的新质。

综合"五四"时期中国文化发展大趋势，中国文化一面汲取西方文化的优长以补传统文化之不足；一面还促进"国学"即中国固有之学术文化革新转型。纳入大历史观的范畴，它应该被视为与汉之经学、唐之佛学、宋明之理学和清代的考据学一脉相承。季羡林先生曾有言，中国文化曾多次借取外来文化以"输液"和"换血"。那么，发生在20世纪的五四运动，对于中国传统文化可谓既"输液"又"换血"。中国文化的总体文化方向，与前述西方文化的自我批判取"相向而行"的态势，具趋同之势。

三

在"五四"之后的历史时期中，中国文化走过了曲折的道路，既得到了适应世界潮流和时代需要的巨大的新的发展，延续着从传统向现代转化的进程，也经历了严重的曲折和挫折。

到20世纪七八十年代之交，中国进入一个通过反思而突飞猛进的文化发展时期，即"文化热"大浪潮。这股文化大浪潮的产生，有着历史的、时代的与世界文化的巨大背景。其主要根源与表现，大体可以列举为以下几方面。

首先，经历过巨大曲折、接受了历史教训后，人们肯定地回首传统文化，注意发掘其悠久与优秀的基因。所谓"亚洲四小龙"（即中国的香港、台湾，以及韩国、新加坡）的新兴发达，引起人们对中国传统文化的反思与重视。"四小龙"中的香港、台湾是中国的地区，继承了本民族传统文化，另两个国家则深受中国文化的影响。人们一致认为，从它们的经济发展成就中，不难发现"儒家文化"与经济发展和现代化并不抵触，而且可以成为其重要的文化动力。

其次，中国开始实行改革开放，国门大开，热情地引进西方文化，从古典到现代，"恨不得"在短短几年间，把耽误的时间找回来，把人家几百年的文化成果，一股脑儿搬过来。可见，"文化热"包含着两个领域：国学热和引进热。但"引进"是"借取"，是"输液"，本体仍然是中国文化的革新与进步。在此基础上，再对传统文化做出适应时代精神的现代诠释和现代化"处理"。

第三，中国的"文化热"是与实行现代化的进程相"匹配"的，又是同实行社会主义同时、同步进行的，这就是中国特色社会主义。它既不同于西方国家的现代化与资本主义发展同时进行，又不同于西方国家的以西方文化为动力和基因的现代化。

一个民族和国家的现代化，首先会接受民族传统文化的检验和选择，即在现代性的选择上打上民族文化的深深印记。中国的现代化选择正是如此，它是在实现社会主义大目标和体现民族文化精神的基础上确立的。例如，最早出现在《诗经》中的"小康"目的之确立，就体现了中国特有的悠久民族文化刻痕。中国的现代化模式，就不同于既有的西方模式。

中国在现代化道路、模式、理论等方面，都立足于悠久优秀的民族传统文化，即择其文化基因而以现代意识、观念和理论化而用之。

中国的城市化及处理工业和农业、城市和农村两大矛盾的路线、方针、政策，均不同于西方现代化。尤其党的十八大以来，在习近平新时代中国特色社会主义思想指引下，现代化发展以人民为中心、以共同富裕为宗旨、以保护自然为前提，在"绿水青山就是金山银山"的理论思想指导下，致力于保护自然、建设生态文明；现代化必然实现的城市化，在中国不是农村被消灭、农民流离失所，而是城市、农村共同发展。新的城镇化道路使农村与城市共同繁荣，以新的范式解决了城乡矛盾和工农矛盾。这一切均显示了中国特色社会主义道路自信、理论自信、制度自信和文化自信。

中国的这种新世纪的文化自信的内蕴和指向，正与前述西方对自身的文化批判"相向而行"。他们期盼和纠偏的文化内蕴，正是我们正在实行的文化现实。中国的文化自信，具有其民族的、世界性的意义和价值。

四

将上述西方与中国在文化取向上的"相向而行"的文化境况综合汇流，便成为新世纪人类文化发展的新的大趋势。其总体精神与文化取向是去"欧洲中心"论，破"西方文化优越"论，扭转"向自然开战"致使三大家园遭到破坏、地球处于面临毁灭境地的状况，摈弃"人类中心论"及西方文化统治全球文化的态势，进而回眸东方，瞩目中国文化。

人类在进入21世纪之时，带着20世纪的"问题遗产"，进行了多方面的反思，综括言之，主要进行了三大反思，并在此基础上采取了三个"适度回归"的对策和文化选择。而其文化方向与趋势，正契合中国文化精神与基因。事实也印证了汤因比当年所作的预测。

所谓"三大反思"，即在对"现代性"、"无顾忌使用高科技"和"人类最佳生活标准"的反思的基础上，对自然和传统、人文文化和更自然的生活方式的适度回归。在此基础上，人类开始在实践层面上调整文化方向，从放纵高科技，肆无忌惮地向自然开战、索取、榨取以致破坏自然使之濒于毁灭的险境，回归到与自然和谐相处，缓和人类与自然的对立与矛盾，修复与补偿自然受到的损失与破坏，在保护自然的基础上求得发展。同时，在传统遭到过度破坏、否弃的状态下，适度回归传统，并采取正确的科技政策，使科技具有人性和人性地使用科技；从收敛过度消费、具有损害性甚至反人性的感官享受，向更自然也适度朴素的生活回归；基于环境保护和建设生态文明、维护人类自然的本性，从极限物质享乐、感官刺激的路上回归，复苏更接近自然也更自然的相对朴素的生活。这些成为人类共识基础上的整体行为，反映了新世纪人类文化选择与文化方向的调整与大趋向。

　　正是在这一人类性文化方向的转换上，中华传统文化精神、价值取向成为最好的文化导向和文化资源。敬畏自然、道法自然、天人合一、文明以止、和为贵、天下大同、协和万邦等中国"国学"的基因，即天、地、人一体与正确处理三者关系（即自然、社会和个人的和谐一致）等，这些中国文化精神的基因与精粹，成为全人类共同信任的、对出现严重问题的"现代性危机"和"过度现代化"进行纠偏补罅的"文化药方"。这一中国文化资源，正是当代中国文化自信的民族根源和深厚的文化基底。

　　文化自信是当代中国的现实形象，它出现在东方，显现于世界，既充溢于中华子民的心胸，又出现于21世纪的世界。这既是中国实行改革开放四十多年来经济与社会发展成就积蓄至今的爆发性文化显现，又是中国文化新的形象的现代袒露与发力。中国人正以文化自信的现代形貌出现于国际舞台，成功地处置国际事务，放眼世界大势，发声建言、折冲樽俎，为世界瞩目谛听、尊重接纳。

　　一个民族的文化自信，是民族兴盛发达的基本。习近平同志指出，在"四个自信"中，文化自信更基础、更广泛、更厚重、更悠久。文化自信是道路自信、理论自信和制度自信的基底。而且，从本质上说，道路、制度、理论，均属于文化范畴，是文化的内涵和表现。因此，现在提出文化自信，不是没有缘由的，也不是单纯的文化事项，而是经济与社会发展现实的文化表现和源远流长文化传统的现代体现。

这里，且捡取我国传统文化基因的精粹——国学的精粹——在当前世界文化发展中的作用和新世纪人类文化发展大趋势中的纠偏补罅的意义略加阐述，以观文化自信的体现与其引领新世纪人类文化发展的大趋势。

在三大反思中的"现代性反思"中，就含有过度现代化和资本主义剥削制度对人性的戕害、对人民的剥削等的批判。而中国实行的社会主义现代化与中国现代化模式，正是坚持以人民为中心的发展思想，着力保障和改善民生，使人民群众的获得感、幸福感和安全感不断增强。中国模式、中国道路所取得了巨大的成就。四十多年的改革开放，使一个贫穷落后的国家从站起来到富起来再到强起来，成为世界第二大经济体，这吸引了广大发展中国家的瞩目和欣羡，也是新世纪人类文化发展大趋势的方向与圭臬。

《易经》这部国学经典被任继愈先生称为"璀璨夺目"的"中华文化花朵"的"母树"之一，既具有太极整体观、周而复始生生不息观，又有"天行健，君子以自强不息"的顺应、效法天道行事的积极人生观。它确立了正确处理天、地、人（即自然、社会、人）三者之间的关系，引导人们践行。这既是华夏先人在初步掌握自然现象的基础上成就的原创性的、深刻的、正确的哲思，又是恩格斯所说的古人的"天才的直觉"。其作为原创思想、文化"原点"与"元典"，足可成为今人的宝贵思想资源。其蕴含的"天人合一"的哲思，作为正确处理人与自然的关系的基本认知与指导思想，成为现今人类解决自然家园遭到严重破坏问题的最可贵的思想文化资源，也成为中国在实现两个伟大目标进程中的基本指导思想和行动原则。中国现在雷厉风行的生态文明建设及其取得的成效，得益于"绿水青山就是金山银山"的理念，以及以前所未有的加强生态环境保护的决心和力度。中国"坚决打赢蓝天、碧水、净土三大保卫战"，绝不以牺牲环境为代价来谋求经济发展，为子孙后代留下蓝天碧水的美丽世界。这些均引起了世人的瞩目和赞扬，也体现并引领了新世纪人类文化发展的大趋势。

"文明以止"与"节以制度"，是《易经》中的重要思想"原点"与"元典"。人类社会的发展进步，需要止于所当止，要有节有度。如《易经》所言："天地节而四时成。节以制度，不伤财，不害民。"其要义在于效法自然"四时"成而又有节度。这些，都符合前述的"有组织的发展""可持续发展"的号召与"三个适度回归"的精神与文化原则。中国现在实行的新发展理念——创新、协调、绿色、开放、共享，正是这个古老思想资源的新时代的实践、发展与提高。它给新世纪人类文化发展大趋势以实践的体现和实际的表率，起着引领作用。

中国的城市化道路不仅开辟了现代化必备的"城市化"的新道路、新模式，而且正确而美好地解决了"三大矛盾"中的城乡矛盾、工农矛盾。产业兴旺、生态宜居、乡风文明、治理有效、生活富裕的农村发展理念的践行，新的农村发展战略和城镇化道路的实施，使农村繁荣发展。农民既有进城打工创业的，也有打工而回乡创业的回返者。中国现在的农村在城市化的过程中，不是农村破产、农民流离失所，而是建设新兴繁荣的社会主义新农村。而且，农村成为新兴的旅游胜地，"农家院"遍布全国农村，成为城市人所乐于度假、短期居留的乐园。这既反映了农村的新业态、新发展与繁荣景象，又体现了人们回归传统、回归自然的生活追求。这正是新世纪人类文化发展大趋势的重要内涵之一。

留得住乡愁，也成为中国人在现代化进程中适度回归自然、回归乡土、回归宁静的"现代/传统"选择与生活方式，这也正是"三个适度回归"的精神与文化方向的体现和引领。其中，包括对于一系列传统节日的全民性投入与欢度，人们于其中既接受、继承传统节日中的民族文化、习俗、礼仪、心理的文化元素，也表现出继承、发扬传统文化和留得住乡愁的文化选择，同时在欢度节庆的方式与内容上，也注入诸多现代因素，使传统与现代结合，促进传统文化元素向现代的创造性转化。

当前，世界面临第四次工业革命，人类文化发展的大趋势出现科技与生产力空前发展、日新月异的局面。在这方面，由于经济、社会、科技和学术文化的发展，中国的文化自信中，正蕴含着体现与引领的作用。外媒对此作出了这样的评论和赞誉："中国成为全球能源变革中心"，"中国将执全球科学研究牛耳"，"现在的中国有许多领先世界的科技成果，这些成为中国经济前行的重要驱动力"，"中国将成为第四次工业革命的领军者"，等等。

和为贵、和而不同、世界大同、协和万邦，也是中国传统文化中的"原点"和"元典"，它们指引着正确处理人与人、国与国、民族与民族之间的友好、协和、共同发展的原则。中国现在活动在世界舞台的中心，不断提出中国制度、中国道路、中国智慧、中国建议、中国模式的创见与倡议，得到世界的赞扬与倾心。其提出的构建人类命运共同体的创议，获得世界响应。中国矢志不渝地推动建立更加公平公正的国际秩序。推动人文交流和文明对话，是中国外交的一个重要支点和一道亮丽风景。平等、互利、共建、共享，对话与包容，这些是中国的文明观。习近平同志在国际会议上提出："中国愿继续同各方携手努力，秉持可持续发展理念，体现人类命运共同体担当，倡导多边主义，完善全球治理，共同促进地球村持久和平安宁，共同创造更加繁荣美好的世界。"这正体现了新世纪人类文化发展大趋势中的全球化、文明多元共存互惠和共同构建人类命运共同体的大趋势。

所有这些，都是我中华传统文化精神的现代诠释、发展、提升与实践。它在总体上也是符合、体现并引领新世纪人类文化发展大趋势的。

结语

绵延五千多年、未曾断裂而不断更新发展的、悠久的优秀的中国文化，凝聚于其古老的、充满智慧与"天才直觉"思想文化的古老经典之中，成为珍贵的思想文化的"原点"与"元典"。它始于20世纪初国家处于落后贫弱、民族危亡之秋，融汇着爱国情愫和现实诉求，被命以"国学"的名号流传，并不断被注入现实生活的诉求和新的释义。其"原点""元典"的"原意"，被发掘、引申出创意而成时所需的"意义"，从传统到近代化，更向现代创造性转化。这并没有违背它的本义和原意，只是以其"原意"为基础、基点和依据，给予了新的诠释、发展和提升，而使之获得了新的意义和新的生命。如今，"国学"之名已经扩展、衍生、延伸而成为"中国传统文化"与"中国固有之学术文化"的代称与名号。它经历了从世纪初的五四运动至今的百年沧桑，以及改革开放四十余年之后的经济与社会的长足发展，尤其经历了党的十八大以来的突出发展与巨大成就，已成为世界第二大经济体的文化基因、后盾、保证与智力支撑，以文化自信的英姿出现于世界文化境况之中，注入新世纪人类文化发展的大趋势之中，发挥着"马首是瞻"的作用，体现并引领这一人类文化划世纪的发展趋势，代表中华民族作新的贡献于人类文化之新的发展。

这是它的新的成就、新的高度、新的起点。

[本文为提交中央文史研究馆第六届国学论坛（2019年10月）的入选论文]

多元一体文化魂，国之重器奉献多

地理是历史的舞台。辽宁地属优渥：襟黄、渤二海而带医巫闾、燕山二脉，居通衢大道、扼咽喉关隘（山海一关），内之为沟通关内门户、外之为辐射关外前哨，既得全国风气之先，又开东北地区风气之先。五千年前，此地红山文化临世辉耀史册；如今，其正以社会主义文化为本构筑成为国之重器。

"秦开却胡千里"。汉族携中原农耕文化润泽广袤草原的游牧文化，诸多草原民族，乌桓族、鲜卑族、契丹族、蒙古族、女真族和满族，挽弓控弦、驰骋征战，在此与汉族混居杂处，推动了文化与族属融汇和合，形成既同属中华母体文化又独具自身特色优势的多元一体的区域文化。其既受惠于地理气候之历史锤炼，又融汇草原民族之特色文化——大气、诚朴、强悍、雄健、刚毅。

近代以来，此地历受日、俄帝国主义侵略宰割，注入了反抗斗志和精神气质，充溢着爱国主义，以及斗争的意志、拼搏的襟怀、担当的气魄。九一八事变中，此地首开抗日第一枪，义勇军、抗日联军浴血奋战十四年，顽强抗击日寇；解放战争时期，辽沈一役掀开三大战役序幕，使国民党反动统治走向溃败。中华人民共和国成立后，这种文化精魂转化成长为爱国奉献、拼搏担当的"长子精神"，不断奉献，成为国之重器。新中国成立之初，辽宁产的钢铁、煤炭、重型机械输送全国，装备各省，助推国家工业化进程。"一五"时期，156项国家重点工程落户辽宁；有"工业元帅"之称的钢材，60%出自辽宁；第一架喷气式飞机、第一枚导弹、第一艘万吨轮船、第一台机床等也出自辽宁。辽宁的原材料、机器、设备、技术、人才等陆续输出或整体迁移，为共和国建成独立完整的工业体系和国民经济体系作出了历史性的重大贡献。

改革开放以来，辽宁人发扬既往、追踪潮流、迎头精进，在党中央坚强领导下，"弄潮儿涛头立"，再次创辟多个"首开"之功：沈大高速公路——"神州第一路"、第一家承包租赁经营责任制企业、第一支上市企业股票的发行，都在辽宁。

实践出精神。劳动、创造、奉献之中，还衍生了蕴含爱国、奉献、拼搏、担当、勤劳、智慧、创新的"共和国长子"情怀和"劳模精神"，为祖国增添精神财富与可贵的软实力。

现今，辽宁在习近平新时代中国特色社会主义思想的指导下，继往开来，开拓创新，在机器人及智能装备、数控机床、航空航天装备、先进轨道交通装备、海洋工程装备及高技术船舶、汽车、集成电路装备等领域，不断刷新纪录，创造新业绩，不断发扬光大长子精神，扬多元一体文化优势、继以往"劳模精神"、创新时代"工匠精神"，在建设小康社会、实现中国梦的伟大征程中继续前进，创造新业绩。

（本文发表于2019年8月20日《光明日报》）

新时代中国知识分子爱国主义思想的新内涵与新高度

在建设中国特色社会主义的新时代，对于具有爱国主义思想传统的中国知识分子，其历史悠久的"家国情怀"，具有了崭新意蕴的新内涵，达到了有史以来从未有过的新高度。这种"新内涵"和"新高度"，既具有高水准、高文化含量的历史传统和内蕴，又有新时代新的社会内涵与思想境界，更具有超越历史的新高度。两者均在世界同类思想积淀中居于前列，优秀而又厚重。

中国传统的知识分子的称谓是"士"。"士"者，在中国历史上具有被尊重的社会地位，甚至向来有"士农工商"的社会阶层排序，"士"居首位。中国传统的"士"阶层，具有的核心意识与思想期许是"忠君爱国"。杜甫在《奉赠韦左丞丈二十二韵》中的诗句"致君尧舜上，再使风俗淳"，大体陈述了这种爱国情怀的基本内蕴。中国传颂的历代爱国士子与英雄人物，其思想行为也大致不出此思想情感范畴。汉之苏武留胡十九年而"节不屈"；宋代岳飞的《满江红》所吟"壮怀激烈""还我河山"，最后以"朝天阙"结尾；同历史时期的陆游、辛弃疾，其诗词所表达的思想情怀，也都不出此范畴和思想境域；明代文天祥向来以爱国英雄、仁人志士的形象为后世称颂，其《过伶仃洋》的结句"人生自古谁无死，留取丹心照汗青"历来被广为传颂，是后世爱国志士明心见性的"誓词"。概括言之，这些历代爱国仁人志士的心胸情怀、民族传统的历史积淀所表达的"爱国思想情结"，其基本内蕴就是"君、国、民"。

不过，作为中国传统"士"阶层的思想期许，还有更多、更深沉的意蕴，成为其"爱国情怀"的思想文化底蕴和升华。明代的顾炎武，把"国"与"天下"分开，认为"有亡国者"，只是"易姓改号"，比如说唐朝是"刘氏的汉朝"改为"李氏的唐朝"，宋代则以"赵家的王朝"取代李氏的唐朝，而"天下"则是人民的。据此，梁启超把他的一段有关"亡国"与"亡天下"有不同意义的话，概括为"天下兴亡，匹夫有责"，从而扩展了爱国主义的文化内涵和思想境界。北宋的张载提出的著名的"横渠四句"，则更加充实、提高了"士"阶层爱国爱民的崇高期许与文化内涵。他指出："为天地立心，为生民立命，为往圣继绝学，为万世开太平。"这就把思想境域扩展、提高到不仅爱国，而且扩及自然、人民、文化和历史。这种思想与胸襟是宏阔而崇高的，它使"士"的爱国情怀达到"天人合一"的崇高与深沉的境界，大大丰富了哲学与人文思想的内蕴，因此向来为中国爱国爱民的知识分子所信奉，甚至立为自己毕生的信条与高山仰止的崇高目标。

具有近代意义的爱国主义，则是从清末反清爱国运动兴起后形成和成熟的，其代表人物正是梁启超、章太炎等。中国近代知识分子的爱国情怀，既继承了上述中国传统"士"的文化内蕴和思想境域，又更增加了近代内涵，这就是"救亡图存"，反对帝国主义侵略，挽救民族危亡的思想内涵。这种近代爱国主义思想，一方面继承了传统"士"的思想文化积淀，另一方面又充填了反侵略、唤醒国民的近代的历史与社会内涵。这自然是一种提高，一种发展。"五四"一代知识分子的爱国主义思想，则包含了现代思想内涵，包括增加反帝反封建、充填"科学"和"民主"的内涵。"五四"以后，直到全民抗日浪潮兴起，在中国共产党的马克思主义思想文化的熏染和广泛影响下，中国知识分子的爱国主义思想更进一步发展到争取民族独立、人民解放、建设社会主义的思想高度。

回顾历史的发展进程可以体会到，中国知识分子的爱国主义思想既具有历史悠久的、深厚的传统文化底蕴，又具有强烈的反对帝国主义侵略的近现代内涵。

自从进入20世纪80年代，即改革开放以来，尤其是到21世纪，这种中华民族悠久、优秀的知识分子爱国主义思想又有了新的发展，其突出变化是：进入新时代以来，这种传统的和近现代的爱国主义思想，有了崭新的时代内涵和文化底蕴，因而也具有了超越过去一切时代的新的高度。

这里，从几个主要方面，来阐述爱国的思想这种新时代的新内涵与新高度。

首先，过去的爱国主义思想立足于拯救"积贫积弱"的中国，立足于反侵略，立足于救民于水火；自从中华人民共和国成立以来，中国人站起来了，扬眉吐气，实现了"立足于世界民族之林"这一民族理想。中华人民共和国成立以后，经历几十年的发展，中国在政治、经济、社会与文化各方面都取得了翻天覆地的巨大变化。但是，由于各种主客观原因，中国尚处于发展中国家的位置。

我们曾经以实事求是的态度，坦诚地承认自己的"一穷二白"的国力，但我们以艰苦奋斗的精神建设国家，改变了这种落后的面貌，取得了世人瞩目的成就，初步改变了民族面貌、国家地位。但总体上，我们还是处于经济落后的发展中国家的行列。党的十一届三中全会以后，我们采取"以经济建设为中心"的总体发展方针，实行改革开放的政策，向着工业化、现代化的目标奋进。通过几十年的努力，我们改变了面貌，在"站起来"的基础上，实现了"富起来"的目的，所取得的成就引起世界的瞩目，国家与民族的面貌和形象也大大改变，工业化、现代化、城市化的目标逐步在实现。尤其是党的十八大以来，在以习近平同志为核心的党中央领导下，在习近平新时代中国特色社会主义思想的指导下，我们在"站起来""富起来"的基础上更上层楼，走上了"强起来"的道路和国家民族的新境界。"中国崛起"成为世界经济与社会发展的最引人注目的新气象。我们不仅远远抛去了"一穷二白"的旧帽子，而且成为了世界第二大经济体。二者的距离是多么的巨大，二者的变化是多么的惊人。而且，我们的经济和社会仍然在突飞猛进地日益发展。一个拥有十几亿人的大国，成为世界第二大经济体，这对世界面貌和世界发展具有多么大的作用。现在，我们在"一带一路"倡议的指引下，推行共商共建共享的发展理念和路线，不仅自身发展，而且与遍及亚欧非和拉美的许多国家和地区共建共享、互利发展，并在世界经济的发展上贡献自己的力量。在这样的国力基础上，知识分子的爱国主义思想充满了民族自信，洋溢着民族自豪。它是强劲的、宏阔的、深沉的、充满愉悦的。这是与过去的、传统的爱国主义思想不同的，它具有了新的内涵，达到了新的高度。

过去梁启超将中国发展史的"路径"分三个阶段，即"中国的中国""亚洲的中国"，最后的阶段是清代乾隆末期到近代，是为"世界的中国"。可是这时的"世界的中国"是被强制地纳入世界资本主义体系的，是被蚕食的中国、被侵略的中国、被宰割的中国。而现在，我们已经远远不是这种性质的"世界的中国"了。现在的中国是崛起的中国，是站在世界经济前列的中国，是不断向世界提供中国道路、中国方案、中国建议、中国智慧的中国，是具有道路自信、制度自信、理论自信、文化自信的中国，是走向世界舞台中心的中国。现在，世界的经济发展、新的秩序的建立、和平发展局面的维持，都要靠中国的力量和贡献。"中国是世界潮流的引领者""全球不确定性需要中国的稳定之锚"，这是世界舆论依据事实而得出的结论。这一切，给爱国知识分子的爱国情怀赋予宏伟、自信、自豪的新内涵，达到了新高度。

历史悠久的、世界"四大文明唯一没有断裂"的传统文化，一方面在急速地、创造性地向现代转换，另一方面又以其优秀的文化基因，即"天人合一""人文化成""文明以止""和为贵""和而不同"等文化DNA引发世界性的瞩目和学习体用的积极性。它以习近平同志的"绿水青山就是金山银山"的表述，成为世界性生态文明建设的引领者，成为人类改变自己的文化方向的基本原则。中国的文化自信具有深厚的民族文化底蕴，以及对西方式现代化模式施行纠偏补罅的力量和作用。这种"文化性底气充足"的文化自信，注入知识分子的心胸，成为他们的新爱国主义思想的辉煌的基质。这无疑成为他们的爱国思想的新内涵与新高度的标志和旗帜。

我们正在积极地、具有信心地和已经获得初步成效地建设和发展中国特色的学术文化，建设中国特色的社会科学和人文科学。我们的自然科学和技术科学更是走向世界前列，有的已经位居前列或者参与世纪前列的科学研究工作。这是知识分子身份归属在社会范畴的成就和前景，也是知识分子爱国主义思想的最切近的新的内涵和新的高度。

由于上述原因，新时代中国知识分子的爱国主义思想便具有世界意义和国际责任感。习近平同志多次在重大国际会议上提出"建设人类命运共同体"的倡议，显示了中国在国际发展和人类进步中的担当气度和胆识。这种宏伟的人类发展目标注入知识分子的心田，便成为他们的爱国主义思想的新内涵、新高度中国际责任感与人类命运担当的内蕴。

因为我们已经成为"世界第二大经济体"，因为我们已经具有道路自信、制度自信、理论自信和文化自信，因为我们已经具有前面简略的叙述的种种成就，所以新时代知识分子的爱国主义思想就应该和已经具有了这样的历史上从未有过新内涵，达到了历史上从未达到过的新高度。

早在20世纪中期，世界有识之士，包括英国历史主义大师汤因比在内的学者就曾预言："下个世纪是中国的世纪"，"希望在中国"；我国的季羡林先生也曾多次论证：西方文化衰落了，有东方文化在，有中国文化在。现在，21世纪的事实证实了他们的预言。怀着对具有高度和深邃文化积淀的中国传统知识分子的爱国主义思想蕴藏，怀着具有新内涵、新高度的爱国主义思想，有志气、有出息、有担当的中国爱国主义知识分子，正以其思想文化的能量，为祖国发展、世界发展、人类进步而努力、而献身。这是他们的光荣和幸福！

辽宁文化建设的一次盛举与成果

——记《中国地域文化通览·辽宁卷》的编撰与出版

2008年，我省文史研究馆接受中央文史研究馆的任务，启动《中国地域文化通览·辽宁卷》的编撰任务。这是一项国家级文化工程，全国各省市有关单位在中央文史研究馆（以下简称中央馆）的统一领导与指导下，分别承担自身的编撰任务。完成的书稿交由中央馆审定，统一由中华书局出版。

中央馆的任务下达后，我省文史研究馆在名誉馆长、省政府原副省长林声同志的主持与指导下，组织二十多位专家学者先后参加编撰工作，成功、圆满地完成了任务。该书稿得到中央馆领导的赞扬，被评为优秀学术著作。而且，在林声名誉馆长的倡议下，在得到滕卫平副省长的批准和支持后，我省还超出中央馆的计划，组织完成了本省14个市的文化通览。这是我省文化建设的一项盛事与业绩，也是文化积淀的可喜成果。

中央馆下达编撰《中国地域文化通览·辽宁卷》的任务之后，我省编撰工作即于2008年9月正式启动，成立了《中国地域文化通览·辽宁卷》组委会，由副省长滕卫平和原副省长、省文史研究馆名誉馆长林声担任主任，同时组建了由林声同志任主任的编委会，并在滕卫平和林声同志的领导下，组建了一支由十几位专家学者组成的撰稿集体。

组委会一直领导、支持和关注《中国地域文化通览·辽宁卷》的工作，滕卫平副省长先后召开几次会议部署工作，其中，包括布置各市除了为《中国地域文化通览·辽宁卷》提供意见和相关资料外，还撰写本市的《文化通览》，并召集各市有关领导落实各市的具体编撰规划。林声同志一直具体领导书稿的撰写工作，倾心倾力，关注支持。

撰写《中国地域文化通览·辽宁卷》的学术团队，由十几位学有专长的文史方面的专家学者组成，还有几位专家先后参加了该著作提纲的讨论和部分节、目的撰写。其中有从最初到现在一直领导红山文化遗址发掘的著名考古学家和熟悉辽史的考古学家，有通史专家和专治辽金史、清史的专家，还有文化学者、文学史家和画家等。这个学术团队从始至终参与《中国地域文化通览·辽宁卷》的提纲和篇、章、节、目的讨论与制订，而后又按各自的专长分工撰写有关章节。

编委会确定由林声同志担任《中国地域文化通览·辽宁卷》的主编，我担任执行副主编（后定为与林声同志联合主编），徐德源、顾奎相、王绵厚、姜念思四位先生担任副主编。我们在林声同志的支持与指导下进行编撰工作。自2008年10月开始，我们进行了纲要的研讨与撰写工作。根据中央馆的明确规定，该著作的体例是分上下两编，上编写文化发展的历史，下编写文化亮点。根据这一要求，我们首先经过研讨制订纲要，把辽宁文化的发展历程梳理清楚，同时提炼出辽宁文化的特色与亮点。然后在此基础上，按照具体的撰著规范，制定全书的篇、章、节、目。因为这一工作以前学术界从未涉猎过，可以说是学术上"开辟草莱"，所以这一阶段的工作费时费力、较多较大，光篇目的确立就易稿数十次，小的调整变动则难计其数。

我们确定的编撰方针是：先慢后快。首先，认真、细致、深入地讨论、研究、撰写完整、全备、系统、能够准确反映辽宁文化的发展历史与文化亮点的纲要。纲要的研讨与撰写先后进行了30多次，至于由执行主编或几位副主编进行的个别修订，就不计其数了。每次在集体讨论的基础上，由我和其他副主编共同草拟纲要文本，使章、节、目、条全面、系统，形成一份完整的通览纲目正式文本。文本经我修订定稿后，呈林声主编最后审定。每次文本都请徐德源先生输入电脑打印出来。每次打印的纲要文本徐先生都保留了，还说如果将这些打印材料装订成册，可成一部厚厚的书。经过几个月的深入研讨，至2009年3月纲要才最终定稿。事后的事实证明，"磨刀不误砍柴工"，由于纲要制订得准确、周详、细密、整饬，编、章、节、目、条结构完整，内容完备，史实定位与亮点确定均具体、明确、准确，所以虽然按章分工撰写（有的作者还只是撰写一节、一目），但并不显得分散凌乱、体例纷杂，最后构成完整的学术著作。这好像在建筑高楼大厦，地基打得好，房架轮廓齐整，整个建筑工程就进展得好、不返工，更不会推倒重来。事实上，我们的撰写工作相当顺利，那种前后章节互相不接榫、内容重复、风格不一以致返工重写的情况，一次都没有发生。

《中国地域文化通览·辽宁卷》的纲要经中央馆审批同意后，即开始分工撰写。为了使书稿能够符合中央馆的要求，我们根据中央馆历次通知和袁行霈主编及其他领导的讲话精神，制定了《〈文化通览〉撰写规范20条》并分发给各位作者，要求其按规范撰写书稿。其中提出"着眼文化，着重文化，以文化观念、文化视角写历史；在历史叙事中写文化；以文化为主体与主线，突出文化内涵，揭示文化意义、文化价值、文化特色及本地区文化在全国文化中的地位与贡献"等要求。

当首先完成的三篇书稿（初稿）交稿后，主编作为"样品"分发各作者参考，并对其提出评审意见，指出有的类似考古报告，有的学术论文的成分大，有的叙事使用古词语过多，提醒各位作者注意。书稿第一稿完成后，主编、副主编集中封闭式审稿，逐章逐节审议并提出补充和修改的要求和建议；然后召开全体作者会议，提出具体修改意见。根据中央馆的意见，我们还聘请省内五位专家审读。其中有通史专家、辽金史专家、清史专家和民俗学家。根据他们提出的意见，我们又进行了一次全面的修订。

修订稿完成后上报中央馆。中央馆审读小组既肯定书稿"认真梳理一方文化的发展历程和特点、亮点，资料翔实，用力甚勤"，又提出了系统的修改意见。以后，《中国地域文化通览》副主编陈高华、陈祖武、薛永年先生和陈思娣司长又到沈阳直接指导撰写工作。我们根据中央馆的两次意见，进行了全面、认真的修订，使书稿在内容、规范和叙述上都得到改进，质量进一步提高。

经过三次大修订后的书稿作为"二上稿"上报中央馆。中央馆审读"二上稿"后，又提出了系统的、逐章逐节的修改意见。我们根据中央馆的意见，再次进行了全面的修订。同时，我们还经过自查，在内容和词语等方面，进行了小的调整和修订。书稿经过四次全面修订后，已经可以定稿了。但我们为了提高书稿的质量，保证在文字上也无可挑剔，又将定稿本请语言文字专家审读。他经过审读，在语言修辞方面提出了许多意见。还有一些史实上的问题，他也提出修订与商议意见。我接受他的意见，在定稿本上进行了全面的文字修饰，剔除语法修辞上的瑕疵，使文本的语言文字更臻完美。

在插图方面，我们也认真细致地进行了收集、整理、选择和安排。这时期，吕宏同志来馆主持工作，他除热诚支持《中国地域文化通览·辽宁卷》的定稿工作外，也参与书稿的文字修饰工作，尤其在插图的选择、应用与说明的撰写上，倾注全力、认真细致，颇有贡献。

2010年6月底，《中国地域文化通览·辽宁卷》终稿完成，总字数40万、插图101幅。

2011年12月10日，《中国地域文化通览》第十二次编撰工作会议评审《中国地域文化通览·辽宁卷》。会上，各位专家一致给予好评，总主编袁行霈馆长在总结会上讲话指出："《中国地域文化通览·辽宁卷》正是我希望看到的那种学术性很强的著作，同时，它也有很强的现实性和可读性，我非常钦佩。在我看到的所有各卷里，《中国地域文化通览·辽宁卷》可以说是精品，当之无愧。"他具体指出了突出的几点："首先，《中国地域文化通览·辽宁卷》的学术性强表现在学术视野很广阔；其次，从注释的体例来看，也做得非常讲究；第三，从插图来看，可以说每一幅都很精彩，彩图很精彩，黑白插图也很精彩；第四，章节题目的设计很有分寸，值得其他各卷借鉴，题目都不是随便设的，是经过审慎推敲的……一看目录就知道这部书出自学者之手，很有学术水平，是值得信赖的。"最后，袁行霈先生总结说："总之，《中国地域文化通览·辽宁卷》这部书稿是精品，能够代表文史研究馆的水平，能够使领导满意、读者满意、专家满意。如果各卷都能写到这部书的水平，就可以了。我们全国各卷要向《中国地域文化通览·辽宁卷》学习！"

除了较好地完成《中国地域文化通览·辽宁卷》的撰写之外，辽宁还主动、超额地完成了全省14个市的《文化通览》的撰写与出版。这是在林声同志的倡导、主持与指导下完成的我省一项文化事业。它得到滕卫平副省长的批准与支持。林声同志为此热情奔走、多方推动、倾注心血。他亲自分别在辽阳、营口、阜新召开并主持省内中、南、西三片发动与组稿会议，邀请有关市的领导和文化单位的负责人参加，向他们阐明编写市级《文化通览》的意义和现实作用，并由省《中国地域文化通览·辽宁卷》的几位副主编就有关撰写要求和规范等问题向与会人员讲述。各市先后启动撰写工作后，在吕宏同志组织领导下，召开了三次编撰会议，由各副主编，就编写提纲问题进行宣讲。各市的撰写纲要和初稿，也都交由省各副主编审读，提出修改、补充意见和建议。我省14个市的《文化通览》最终先后出齐。这在全国是独一份。

《中国地域文化通览·辽宁卷》和我省14个市的《文化通览》的编撰出版，是我省文化建设与文化积淀的一项盛事，对现实工作和今后的文史研究均有一定的意义和价值。

彭涛与一二·九运动及其他

——《耄耋回首往事前尘》之五

1979年，我接受故乡江西省中共鄱阳县委委托，撰写一篇关于我的长兄彭涛（原名彭定乾）的传记。为此，我专程赴北京走访彭涛生前的老战友，收集传记材料。在彭涛夫人、大嫂高惠如的帮助和安排下，我先后走访了当时尚在世的一二·九运动领导人姚依林、谷景生、郭明秋、孙敬文等，以及李雪峰、梁膺庸、曾绍山、陶鲁笳、李庄、阮章竞夫妇等革命前辈，得到许多关于彭涛革命经历和生平事迹的珍贵材料。其中，走访上述名单中的前四位领导时所谈内容，都是关于发生在1935年的一二·九运动和彭涛在这次影响深远的运动中的作用和地位的。时光流逝，已经过去将近40年了，我拟在此追忆一下那时走访多位革命前辈所得资讯，以及关于长兄彭涛的革命经历及其作为革命前辈的性情、人品与贡献。

这里，首先需要对为何要写这篇历史回忆，作以简要说明。

一是，关于一二·九运动的发动和领导这一历史事件，有不少异说，其中误记、讹说不少，尤其当姚依林、郭明秋等一二·九运动领导人先后去世之后，更出现一些误记、误传及不符合史实的说法，甚至竟有一种"一二·九运动不是共产党领导"的谬说。面对这些谬说，我认为有必要用当事人"现身说法"的真实历史事实来加以澄清，以正视听，还历史本来面目。

二是，我与彭涛的亲属关系需要交代一下。我与彭涛本是亲叔伯兄弟，但因他从事党的地下工作，隐姓埋名，长时期与家庭断绝联系，我伯父即彭涛父亲以为他已牺牲，故将我过继为子。伯父去世后，我即行孝子礼，其墓碑上亦署"孝子定乾、定安"。

一、访问姚依林时谈彭涛与一二·九运动

关于一二·九运动的历史记载，有几次演变的过程。在改革开放以前，无论是正式的历史著述还是私人回忆中，都没有提及彭涛，他也没有被公认为是一二·九运动的代表人物之一，更不在主要领导人的行列中。在1956年党的八大上，黄敬作为一二·九运动的代表，当选中央委员。在我1979年访问姚依林同志时，他还特别说到这件事情。他对我说："八大会议上，我和彭涛坐在一起。选举结果出来时，黄敬当选中央委员。我说：'他怎么成了一二·九运动的代表！'彭涛说：'我们自己不要提这个事。'"1958年八大二次会议时，彭涛、姚依林才当选为中央候补委员。1960年末，彭涛在逝世前几个月，有感于历史的失真，发表了关于一二·九运动的谈话记录，但未公开，故历史的记载依旧没有变化。直到20世纪80年代初，才开始出现改变失真的旧说的内容，从而"复原"了历史的真面貌。其中较早出现的"订正"之一，是我根据访问姚依林同志所得材料写出，并经姚依林同志审定后在辽宁的报刊上发表的《彭涛与一二·九运动》。20世纪90年代以来，当年一二·九运动仅存的领导人一个个先后故去后，出现了不同的说法。有的人甚至把彭涛在北平的家误记为他的家，"张冠李戴"，甚至有了"一二·九运动不是共产党领导的"言论。

现在，我且回顾历史，将近40年前的访谈情况追记一番，以存历史之真，也把当年健在的一二·九运动几位主要领导人（主要是姚依林）的回忆复述其要，以"当事人的回忆"的真实性来佐证历史，并存历史之真。

1979年秋，我去北京拜访当时所有仍然健在的一二·九运动领导人，了解这个影响巨大的历史事件的经过。我在大嫂、一二·九运动的积极参加者、时任化工部医药总局局长的高惠如，和一二·九运动的领导人之一、当年的北京学联主席、时任国家教育部顾问郭明秋两位领导的联系与安排下，先后访问了时任国务院副总理姚依林，以及谷景生、孙敬文（当时任化工部部长）等领导。其中主要是对姚依林同志进行的访谈。

一个阳光明媚的下午，我如约来到中南海姚依林副总理的办公楼。他的秘书引领我到一楼一间不大的会议室里落座，说："你稍等，依林同志一会儿就来。"过了不大一会儿，姚依林同志就来到会议桌前落座，他让我就坐在他的身边。因为事先已经定好访谈的主题，所以他一坐下就说："彭涛是一二·九运动的主要领导人。"他这个语重心长的开场白也是结论，使我惊喜。我立即回应也是询问地说："可是在已有的历史记载上，以及私人回忆录中，都没有提及彭涛。"他点点头，然后把手中的一份打印材料交给我，说："这是我关于一二·九运动的一次谈话记录。你先看看，然后我们再接着谈，看你还有什么问题。"我接过材料，认真但迅疾地阅读这份打印材料。材料中详细地叙述了一二·九运动当时的具体情况，突出地表述了彭涛的领导作用。我收起材料，接着问："这里的记述，正是如您所说，彭涛是这次运动的主要领导人。那现在，是否应该恢复历史的本来面目呢？"他很痛快地首肯，说："应该恢复历史的本来面目！"

在谈及一二·九运动前夕，酝酿、发动和进行组织工作的情况时，姚依林说："我们组织了一个事实上的核心小组，但无名义。有四个人：彭涛是头，黄敬（他当时还未恢复组织关系，一二·九运动后才正式恢复），还有郭明秋（她当时不是党员，是团市委组织部长）和我。我们四个人经常在一起讨论问题。担任北平学联总交通的是孙敬文同志（镜湖中学学生，现任化工部部长），他联系各学校。"

这里，我还可以插入补充一点细节。姚依林在谈话的前面部分，还

彭涛与一二·九运动及其他

说到我的大嫂高惠如。他介绍说："彭涛是辅仁的学生；他爱人高慧如（按：此处记录，音对字错）同志是师大女附中的，与彭涛同居，是跑交通的。"彭涛在世时，曾经说到过当时他住在辟才胡同，他们那时总在他家开会；高惠如则对我说，他们住在"辟才胡同洋车厂后面，开会都是在这里"。高惠如是张家口人，她的口音说"洋车厂"，类似"样拆唱"，因此我的印象特别深，记得很牢固。前几年，有的人说，一二·九运动的学运领导经常在位于辟才胡同的他家里开会（但未注明后面的"洋车厂后面"这个细节），这肯定是误记。这是一个细节，但却是侧面反映原则性历史面貌的细节，故此订正。

说到一二·九运动的具体情况，姚依林说："一二·九运动的游行酝酿了很久，但不是在斯诺那里酝酿的。1935年11月18日，北平学联成立后，即开始酝酿了。游行前夜，12月8日晚上，彭涛、郭明秋、黄敬、孙敬文与我五个人，在女一中研究决定第二天搞游行。""'一二·九'当天，参加的学校比较少，北大未拉起队伍。当游行队伍路过沙滩时，……黄敬敲起钟来。""'一二·九'没有什么其他准备，决定黄敬在队伍中指挥，我和郭明秋在西单亚北咖啡馆指挥；并约定十一点在新华门请愿后，在王府井汇合集中。"

（关于我访问姚依林同志的具体谈话情况，我在《彭涛与一二·九运动》一文中有比较详细的记述。此文收入本文集的第14卷《社会与文化转型论》中，此处从略。）

二、访问姚依林之前的一些有关情况

据谷景生的日记记载，1960年前后，彭涛曾找他，见面时拿着两本《一二·九运动回忆录》，非常生气地批评作者误写史实，对历史不负责任，有心向中央报告。但是，两人经过反复商量，决定采取沉默的态度，由人们任意书写，他们不去争论。

不过，后来彭涛在参加1961年9月中央在庐山召开的工作会议期间，在普查身体时发现肺部有阴影，疑似肺癌病变。记得宋任穷同志告诉我说，当时与会的部长们都笑说："这个小地方医院检查的结果，作数吗？"但为了小心，他还是下山到上海进行检查，结果确诊为肺癌，而且是开放性的。随后他立即赶回北京治疗。

在 11 月 24 日逝世前不久，彭涛决定在离世之前打破沉默，作了生平第一次也是最后一次关于他和他的年轻战友们共同领导一二·九运动的历史性谈话，以亲身经历说明历史的真相。这篇详细的记录未曾公开。他的谈话内容，与姚依林 1979 年的回忆是完全一致的。

现在略引几个关键段落，以与姚依林的回忆互相印证，来确证历史的真实面貌。

谈话首先简要介绍了运动发动前的历史背景和北平地下党的状况，这补充了姚依林的回忆。彭涛指出："由于'左'倾错误的影响，1934年北平我地下党的组织已几乎全部遭受破坏。当时北平尚有几个党员，但是没有党的组织。1935 年初，党组织才开始恢复起来。这时和河北省委取得了联系。……当时发展党的组织非常慎重。党员全市共有十来个，连共青团员不过 20 个。……其他进步组织很多，如读书会、学生自治会等。历史上不大被注意的学校，进步组织就比较多。过去比较进步的学校，这时被控制得很紧。"

他接着说："北平地下党与河北省委联系上后，北平就成立临时市委，成员有王学明（后曾任财政部副部长）、我、冷楚（后曾任中央政法干校副校长）等，还有谷景生（曾在中央军委工作过，是共青团的负责人），市委书记是王学明。在'中华民族武装自卫委员会'北平分会活动的是周小舟。他和姚依林、郭明秋、董毓华、邵清华、孙敬文、刘杰等都是当时很活跃的同志。"接着又指出："党的活动是单线进行的，我们和上面也没有多大联系。党的工作当时主要抓组织学生，先是搞'黄河水灾赈济会'，利用合法斗争，进行募捐救灾，把水灾赈济和国民党的制度联系起来。这个活动很成功，大部分学校都建立了赈济组织，出面的是原来不大露头的学校，如女附中、汇文中学等。当时如果不用这种组织形式，而用'左'的面目出现，群众就更不好组织。国民党不让爱国，说抗日有罪，因此采取这种组织形式是正确的。接着又发起搞平津十校宣言，用学生名义发表。对这个宣言，在学生中有两种看法，有的认为强调联合抗日过右，但我们认为这个宣言写得很好，是正确的。以后华北形势变化很大，日本人在冀东搞防共自治政府，又在北平搞'冀察政务委员会'。接着很多学校提出南迁，各方面矛盾突出，学生中思想斗争剧烈。我们感到革命时机已经成熟，可以搞运动了。但当时对同学们觉悟估计不足，认为发动不会这样快，因为学运在这之前受到破坏，学生一度沉闷，表面上看起来都是读死书，其实他们心里对局势都很愤慨。由于各种组织教育工作，加上形势一紧张，一号召大家就起来了。"

彭涛的这些回忆，简要但重要地阐明了当时北平党组织对形势的正确分析和据此而采取的党的正确活动策略和方式，并且取得了成功。这就为发动随后的一二·九运动奠定了群众基础。

然后，彭涛具体回忆了发动一二·九运动的经过。

他的回忆与姚依林的回忆互相对照，可得互相补充的效果。他回忆说："一二·九运动前两天，河北省委派人（李常青）来北平，同意在北平搞运动，并指示要抓紧时机发动学生，把学生团结起来。一二·九运动用合法斗争，开始有些人不同意，当时意见不一致。我们还是决定开始用请愿的形式，提出停止内战，一致抗日。一二·九运动前夕，在燕大开会，这一天到会人数很多，学联主席是郭明秋。各校代表有的同意抗日的口号，不同意停止内战的口号。我们的主张是搞统一战线，把各种力量组织起来，不管哪个力量，是不是国民党的，只要反对日本、反对华北自治，都可以参加。会上还布置了游行口号、策略、路线，并提出六条纲领（内容是全面动员、一致抗日、全面武装、没收官僚财产等，其他记不清了）。当时在燕大开会是公开的，同学们都知道。这时参加领导学运的经常是黄敬、我、姚依林、郭明秋等几个人。一二·九运动前几天，我们四个人是在辟才胡同我的家里开的会，决定发起请愿斗争，城里由东北大学带头，城外由清华带头。那时常在这儿开会，经常开到天亮，成天都研究运动，一二·九运动的一切行动部署都是从这里发出的。当时北平地下党力量虽不大，但起了很大的作用。一二·九运动中还有教授方面的力量，他们分散在各校（如东大、中大），也起了很大作用。决定一二·九运动在新华门请愿，没有成功就改示威。队伍每到一处总有人参加，路线是护国寺、沙滩（这时北大才参加，因为北大复杂，发动较难），队伍到王府井被冲散，这是城内情况。城外的没能进城。

"运动中，党的其他领导干部都没有公开出面，公开出面的只有董毓华。

"从一二·九运动看到我们对学生估计不足，原估计可能有一千多人跟我们走，但事实是很多中间学生也参加进来了，甚至落后的也参加。一二·九运动后，很多学生都自动集会，要求更大规模的第二次行动。'一二·一六'便是'一二·九'的继续，是群众的要求。'一二·一六'比'一二·九'组织得更好。党研究了运动的具体计划，发动群众的方法是'冲校'，即用先进的学校带动落后的学校，制定了完整的口号，还划分地区，确定那一校为中心，把队伍分成几路，这样可分散敌人的兵力。同时确定了第一集合点和第二集合点，这样可以保持打不散。运动中还利用教授和外国记者的汽车来隔住警察。在'一二·九'后的一周时间，党主要抓了大示威的准备。那时工作效率很高，文字的东西也不少，姚依林还写了对外国的宣言，证明了越有运动党越能发展，群众越发动，党也就掩护得更好，后来党一直没有遭到大的破坏。"

彭涛的这些回忆，非常真实也非常珍贵。他清晰明白地把历史的状况和运动一步步如何发展的情况都陈述得清晰完整，在许多方面，充实了姚依林的更侧重于"一二·九"当天的情况的回忆。至于"一二·九"当天游行的情况，他没有作详细的陈述，只说明："这天游行，我没有去参加。规定很严，党的领导干部不能参加公开活动。开会地点选择在天桥，这是劳动人民聚会的地方。队伍后来被阻于宣武门外，陆璀等是钻进城门的，城门开后军警大肆镇压，受伤者很多。"这一说明，同姚依林、郭明秋的回忆完全一致。

最后，他对一二·九运动作出了这样的评价："对一二·九运动，估价不能太过高，和五四运动到底不同。'五四'是历史的转折点，'一二·九'是起了配合红军的作用。"他这一评价，是客观、公正、符合历史实际的，没有炫功夸大，也未故作谦虚，抹杀历史作用。

接着，彭涛又回忆和阐述了一二·九运动嗣后的发展情况与党的斗争策略的发展。他说："'一二·一六'参加的人很广泛，各学校差不多都参加了，没有参加的是被警察包围没有冲出来的学校（人员）。落后的辅仁和志成中学也都发动起来了。""'一二·一六'后，运动怎样发展呢？示威已经是学运中最高的形式，再提高就要搞武装暴动，但这是不行的，于是便提出到工农群众中去和工农结合。之所以要这样做，是为扩大运动影响，向全国发展，把运动中的骨干力量保存、巩固下来，进一步提高他们的觉悟和发展党的组织。接着就是南下宣传。南下除上述的目的外，还想扩大影响和冀南的高蠡暴动结合（后没有联系上，这个意见也没有向同学公开）搞游击队。南下的共有500人左右，都是好样的，分成3个团。天津的没有联系上。后来成立'民先队'（即民族解放先锋队），决定所有宣传团成员都是队员。""在南下的路上，一路发展党的组织，发展得很快，经过'一二·九'和'一二·一六'，积极分子殊多，一说就成，党的队伍壮大很快。后来党员发展到几百人。"

汇总以上所追述的1979年我访问姚依林、郭明秋、谷景生、高惠如、郭敬文等一二·九运动领导人和参加者所回忆的当年的情况，以及彭涛临终前的历史性谈话，所有历史参与者的记述都是一致的，连许多细节都不例外。这些才是真实历史的反映，是历史的真面目，它足可订正、排除诸多有意或无意的误传与歪曲的宣传，以及有些虚构和臆造。

三、彭涛生平事迹略述

作为重大历史事件一二·九运动的领导人，彭涛应该说已经成为"历史人物"了，因此，我于记述他与一二·九运动的关系之外，再就他的生平事迹作一略述。

彭涛，原名定乾，1913年出生于江西省鄱阳县鄱阳镇土井巷。1920年入私塾。1923年10岁时作文，即显示其才华与志向。他写道："如蹉跎岁月，无所用心，寄蜉蝣于天地，忘蟪蛄之春秋，生无益于世，死无闻于后，食息于天地间，实一蠹耳！"他于此批判了胸无大志、碌碌无为的庸碌人生观，表达了胸中宏志、心性旷达。1926年，他入县立高等小学就读四年级，在校受共青团员李新汉老师的影响，思想开放，信奉马克思主义，从此走上革命道路。1927年，他担任鄱阳县儿童团总团长，并加入共青团。他少小年岁，即表现出革命激情和领导才能。我幼时，就常常听家人讲述他的机智而有趣的革命故事。

关于他如何走向革命征途，他跟我说过，还受到革命文学的影响，如鲁迅、高尔基的作品。彭涛一向热爱文学，广泛阅读文学作品。记得赵树理在中国作协大连会议上的讲话中说到：化工部长彭涛读的中外文学作品比我这个作家读的还多。我在他的自传中，还读到他说"受到劳动人民的寄娘（即奶妈）的善良、质朴的思想影响"。

1927年，"大革命"失败后，彭涛依旧坚持秘密进行革命斗争，受到反动派迫害、追捕。1928年被迫离开鄱阳，转辗南昌、九江的学校就读。这时，他与组织失去联系，便北上，到北平就读北平大学附中。

1932年，加入北方"左联"并加入共青团，不久入党，任北大附中共青团支部书记。1931年，参加南京请愿示威运动，开始职业革命者生涯。1933年，受党派遣，赴喜峰口二十九军宋哲元部，从事秘密军运工作，并任共青团张家口市委书记。共产党员、爱国将领吉鸿昌的察哈尔抗日同盟军失败后，乃转回北平，考入辅仁大学，继续从事地下工作。1935年，参与领导了一二·九运动。

一二·九运动后，奉组织派遣，转天津，任天津市委委员、区委书记。1937年抗日战争爆发后，奉中共北方局决定，赴山西前线，任正太特委书记。此后，先后任中共太行区冀西地委书记、武乡地委书记、太行区党委委员并担任民运部长、宣传部长。

在任武乡地委书记兼第三军分区政委时，他以武乡县为主要活动地区，对地、县、区的基干武装力量进行调整，大力发展民兵组织，建立武工队、游击队等，开展地雷战、麻雀战等灵活机动的游击战，有效地削弱了日寇的力量。武乡县的民谣这样传诵："自从来了彭政委，家家户户日子美。"

抗日战争胜利后，晋冀豫军区改为晋冀豫野战军，下辖四个纵队，彭涛任三纵政委；纵队司令员是陈锡联。我在访问曾任三纵所辖某旅旅长、后任沈阳军区副司令员的曾绍山将军时，他适于前一天胸部骨折，不能多说话，病中接见，仍勉力说了最重要的评论："三纵司令员陈锡联是放牛娃出身，彭涛是大学生，他们合作得很好，是知识分子与工农结合的典型。"陈锡联将军为彭涛纪念册题词，写道："我与彭涛同志共同经历过抗日战争、解放战争的战火洗礼，彭涛同志坚持原则、善于团结、作风民主、联系群众的优良品德，将永远值得人们怀念。"

1947年，彭涛随刘邓大军强渡黄河，千里跃进大别山，奉命经略皖西，任皖西区党委书记兼军区政委。1949年随"二野"进军大西南，任川南区党委第二书记，后转任重庆市委第二书记。1954年调任国家计委副主任。

1956年，中央决定成立化学工业部，彭涛任部长。我在访问曾任中共中央书记处书记李雪峰同志时，他说："中央决定成立化工部，让我提出任部长的预选四人名单。当我拿着名单向小平同志汇报时，小平同志听后立即决断说：'当然是彭涛。'"李雪峰还对彭涛作了这样的评价："他思想敏锐，常能首先发现问题，提出有创造性意见，尖锐、新鲜很启发人。至少我有些比较正确的意见，是由他发端、提出的，我和党委再作反复思考、开展，由大家共同完成。我说你似乎思想艰苦不够，没能由提出到深刻，多分析，进行更系统的思考。他说：'我是向你们说话嘛。'"其意思是"这只是向领导建议，不好展开详说"。

对于他在化工部的工作，曾任化工部常务副部长和代部长梁膺庸作了这样的总体评价："他在化工部辛勤工作了五年多，为我国化学工业的发展做了多方面的开拓工作"，"他为化工部开了一个好头"，"他是一个品德高尚的人，受人尊敬的人"。

彭涛还是书法爱好者，堪称业余书法家。有论者指出："彭涛的草书，章法自然，用笔方法得当，点线结合，结字端美，行笔率意，动中取静，境界高远，显出其率真和粗放的品性。钟情于书法，是一种坚守，面对着笔、墨、纸、砚，彭涛以虚掌灵指而活笔，染诗情而入素纸，写心中之逸气，让思绪放飞，使心性交融，超然物外，独享自己的心灵世界。书法之于彭涛，犹如心灵的润滑剂，已经融入到他的生命之中。"

1961年11月14日，彭涛逝世。首都各界一千多人举行了公祭仪式。周恩来总理主祭，中共中央书记处书记李雪峰致悼词。悼词肯定了他在一二·九运动中的功绩，指出："在1935年的一二·九运动中，彭涛同志参加了领导工作，成为运动的组织者和领导者之一。"

我参加了这一隆重的公祭仪式，并在领导慰问家属时，有幸与周恩来总理握手。当梁膺庸代部长介绍说"这是他弟弟"时，总理又回身问我："在哪里工作？"我恭谨地回答了总理的提问。此情此景，至今记忆犹新。

一代鸿儒廉吏，万世师表楷模

——彭汝砺礼赞

彭汝砺，一代宗师鸿儒、万世师表楷模。

作为有宋一代铮臣廉吏，彭汝砺忠心耿耿、赤胆铁骨，既廉洁奉公、一尘不染，又秉直忠谏、嫉恶如仇，为后世树立晶莹刚毅之楷模；作为博学鸿儒，彭汝砺著述深厚，《易义》解经释义，获王安石赏识，《鄱阳集》皇皇巨著，入藏《四库全书》，为继承发扬国学，奉献珠玑，为民族文化积淀，集聚珍滴，堪称学识超拔之万世师表。为官、为学、为人，彭汝砺也备受赞誉："读书为文，志于大者；言行取舍，必合于义；与人交往，必尽试敬"；学术上被赞誉"为文命词典雅，有古人之风范"。《宋史》有传，彪炳史册。

彭汝砺，字器资，江西鄱阳滨田村人，生于宋仁宗康定二年（1041），卒于宋哲宗绍圣二年（1095），宋英宗治平二年（1065）乙巳科状元，时年25岁。他是鄱阳唯一一位文科状元。

彭汝砺高中状元，还有一段有趣而有意义的故事。当他高中状元的捷报传到饶州时，一路风光，亲族乡人皆以为荣，并议论：他的发小熊本与他一起在州学读书，将来是不是也会进士及第呢？几年后，熊本果中进士高第。这一文脉佳话传遍且激发饶州（鄱阳）普遍的好学上进之风，此后总有士子登第，有时一榜竟高达几十人。这段历史故事，反映了彭汝砺影响一世和当年鄱阳文风之盛，其流风遗韵流传后世，今之鄱阳学子，应予服膺、继承与发扬。

彭汝砺高中状元后，宋英宗命建锦标坊，以示褒扬。尔后，官历保信军（治所在今安徽省合肥市）推官、武安军（治所在今湖南省长沙市）掌书记、潭州（治所在今长沙市）推官、国子直讲、大理寺丞、太子中允、监察御史、起居舍人、中书舍人，兵、刑、礼三部侍郎，吏部尚书、枢密都承旨（副宰相）。他曾因被诬陷于"蔡确案"中而落职徐州，旋被召回，加集贤殿修撰，代理兵、刑两部侍郎，徙礼部，拜吏部侍郎，进权吏部尚书。元祐八年（1094），再一次被诬告与反对王安石变法的刘挚有牵连，被贬以宝文阁直学士知成都府，未及上任，又降为待制，知江州。临行时，他还劝哲宗"政唯其善，人唯其贤"。到任仅数月，即病逝，临终还在任所写下遗书给朝廷，希望施仁政，行节俭，远佞人。此时，朝廷正拟任命他为枢密都承旨，然敕书送达，他已离世，享年54岁。

作为一代铮臣廉吏、有宋一代之直谏名臣，彭汝砺的官运蹇滞困顿、屡遭贬谪，然其官职地位之起跌浮沉，均源于其亲民廉政、坚持正义、秉公执法、斥除邪恶。其晋升，则出于功有应得，而其遭贬则由于冤屈。其命运正显示了铮臣廉吏之浩然正气与铮铮铁骨。他被举荐入御史台，任监察御史。履职即首陈十事：正己、任人、守令、理财、养民、振救、兴事、变法、青苗、盐事。事事关注国计民生、指陈利弊、直言不讳，言他人所不敢言。时宦官王中受宠，神宗欲让其统兵，彭汝砺直言极谏，虽见神宗不悦，仍不退缩，拱手侍立不动，跃如相机再谏，其神情气度使神宗为之感动，左右臣僚亦无不叹服其忠贞勇毅。

他的勇毅刚直还表现在曾经两次弹劾当朝宰相，一劾吕佳问重商抑农，二劾蔡确任人唯亲。两次正义之举，均遭贬谪，弃朝廷命官而贬为地方微吏。然他坚持不懈，将个人厉害置之度外。他有《正声回俗疏》，箭矢自指当朝皇帝。书中，他首先论证"修身以正天下"的意义，指出若"俗成"即相沿成习，就是俗子匹夫皆能恪守，于是举国清正，社会安宁；接着严正指出：当今"淫丽之文胜，纯厚之朴衰，漫诞之风长，正信之俗微"。据此，他竟直陈责问皇帝：

> 陛下试反而思之：其躬行未笃欤？其昔者奢侈之弊，因循而未革欤？亦教之未至制之不严欤？所求于士者，止以语言而不以德欤？所取于臣，急于利欤？不然，何风俗之难回也？陛下……惟无为而已，为之无不可至也。

这种责问直谏的奏疏，显示了彭汝砺把个人生死完全置之度外，而以江山社稷、民风习俗为重的勇毅刚直的品性与崇高精神。

作为一身刚毅正直之气的廉吏，彭汝砺还能不计个人恩仇，以德报怨。神宗时期，彭汝砺曾经被蔡确借故赶出朝廷，罢中书舍人，出知徐州。后来蔡确因被诬告写有反诗，将被朝廷"置之极法"，此时，重回朝廷的彭汝砺，毅然挺身而出，仗义执言，谓蔡确是被罗织罪名，绝不应纵容有人陷害泄愤的恶行。这表现出他秉公执法、不计私人恩怨的高风亮节。

作为一代鸿儒，彭汝砺的诗文深沉亮丽、意境高远，故其《鄱阳集》得以入《四库全书》。其中有一首《冬日道中作》写道：

夜卧衾稠单，不敢嗟体寒。
晨餐蔬食微，不敢叹腹饥。
重念饥寒民，亦有甚我身。
我心若嗟吁，彼俗当何如。

诗中表达了对自己的被单衾薄不敢言寒，对自己的晨餐微薄不敢叹饥饿，只是深深挂念饥寒之民的生活而内心嗟叹。其亲民之心跃然纸上。这正是他清廉正直、刚正不阿、道德高尚的精神基底。

鄱阳作为彭汝砺的故里，因他而引以为傲，但更重要的是值得后人的敬仰与学习。

追忆参访巴黎圣母院

惊悉巴黎圣母院惨遭火灾，损失严重，全法国人民为之哀痛，世界人民也深感惊惜。巴黎圣母院作为法国八百年人文古迹，因雨果的名著传扬世界，是世界各国人都仰慕崇敬的圣地。对巴黎圣母院火灾的关注，引发我对1988年访法时的一段记忆——参访巴黎圣母院的情景和心境、感受和凝思。

记得当年我访法归来，曾经凑了几首打油诗。其中有句："去国离乡六时差，正当巴黎四月花"，记下了正是在美好的春天，我到访美丽的巴黎。另有写实之句云：

> 坎坷平生梦凄厉，何期今日到巴黎。
>
> 不羡红灯绿酒好，惟觉学术艺文丽。
>
> 圣母院里乐音美，罗浮宫中绘塑奇。
>
> 雨果故居忆哀史，罗丹旧馆惊高艺。

谫陋之句，抒写的是对于享有"欧洲之都"盛誉的巴黎，虽然繁花似锦，但我并不羡慕它的灯红酒绿，而是瞩目它的学术文化、文学艺术的成就与展现，其中列举了先后参访的闻名世界的文化古迹：巴黎圣母院、罗浮宫、雨果故居和罗丹博物馆。其实还有足可观赏法国当代文化景象的蓬皮杜文化中心，诗中没有列出。

对于巴黎圣母院，我侧重点出的是"乐音美"。是的，那里的音乐，感动了我，感化了我，并且启迪了我。

那天，当漫步于巴黎圣母院前面宽阔幽静的广场时，我眺望钟楼，心里在想："极丑却极善良正直的那个敲钟人卡西莫多在哪里？有'集真善美于一身'美誉的那位美丽刚烈的艾丝美拉达在哪里？……"我想起了雨果的《巴黎圣母院》这部"是为叙说'命运'一语而写"的杰作，这部"愤怒而悲壮的命运交响曲"，便带着人生感悟与生命体察的心绪，迈步走进巴黎圣母院。

当我迈进圣母院硕大的礼拜堂时，那里正在举行大弥撒，已经有好几百人围在做弥撒的人群后面。虽然人数众多，却静悄无声，只有唱诗班歌唱颂圣诗的歌声在礼拜堂里回旋，那乐音庄严、肃穆、悠扬、委婉，我立刻站在人群的最后排，立定静听，内心忽然浮起"此曲只应天上有"之句。优美动听的歌曲，无需听懂它的歌词，只是那乐音回旋耳际，进入心田，感受宁静、肃穆、庄严、纯净，感受到一种生命的律动和心灵的无尘，不禁生发音乐是人类心灵的咏叹的感受。我好似暂时从尘世的劳顿和烦忧中脱离，进入自我的生命体验。我非宗教信徒，但这没有语言的音乐语言，却导引着进入一时之间超越现实的生命体验。

唱诗班的歌声停歇后，便是牧师的布道。我离开人群，独自漫步到礼拜堂两侧月牙形的一间间隔离开的小小祈祷单间区。我独自静静沿着单间漫步，偶尔驻足，透过玻璃门，看一眼里面的祈祷人。他们中，有老人，有中年人，但没有发现年轻人，以中年女性为多。每一位祈祷者，神情庄严肃穆，身心投入，他们那种虔诚、温驯、沉浸的神情，使我感受到他们是在实现灵魂的自我净化，是在申述、倾诉、自我救赎和自我净心。他们每一位都衣装体面、气质优雅。我想，富丽豪华的巴黎，能够进入这举世闻名的大教堂来祈祷的人，绝非一般人，至少是中产阶级。记得就在来此前的一日，与一位法国著名的社会学教授作学术访谈，我曾问他："法国在'二战'后，社会的主要变化是什么?"他回答说："中产阶级化。"他指着他的巴黎高级住宅区的门房老人说："他是一位工人，但他的儿子正在巴黎读大学，他们将进入中产阶级。"

我漫步着，心绪流淌着、思谋着。巴黎人，富豪或者中产阶级，他们的生活是优越的、享受是高等的、拥有的物质资材是丰富的，但是他们仍然有自身的苦闷、苦恼以至苦痛，有他们的惆怅、忧伤和惶恐以至错失，需要向他们心中的神来申说、倾诉、解释或者忏悔。这表明，金钱和物质填不满"幸福感"的空间，还需要文化、亲情、爱情、友善的人间情来弥补、填充那不完满的"幸福感"。我从这巴黎圣母院单间祈祷室的人们的身上，体察和感受到一种深沉的人生感悟。因此，我在前引自作打油诗中有句"物质福身心神损，文化再造育魂灵。欧西文明多所取，东方精髓亦须寻"。其意思是：西方文明"物质福身"，但"心神"受损，需要精神文明的补正，亦即需要中国的文化精髓的继承和发展、转换和创造。

记得我在此后的论著和讲演中，多次提出我们每个人都需要"建设自己的'文化后院'"的学术与生活的命题与"规劝"。此论颇得社会认同。巴黎圣母院的感受是其渊源之一。

火灾后的巴黎圣母院，著名的钟楼已经坍塌。但不知那记忆中的大礼拜堂和它四周美轮美奂的艺术品，还有那祈祷的单间，是否完好无损? 念念。

（此文发表于2019年4月23日《沈阳日报》）

东北"非遗"的集大成之作

——评"东北非物质文化遗产丛书"

东北大学出版社最近出版的"东北非物质文化遗产丛书",以十卷本的规模,全面、系统地介绍了东北地区的非物质文化遗产,体系完备,内容丰富,制作精良,堪称选题好、规划好、组织好、撰写好、出版好的"五好出版工程",不愧为国家出版基金项目的成果。这是东北大学出版社也是东北大学的文化盛事和文化贡献。

东北地区的非物质文化遗产具有文化的统一性和突出的区域性、民族性,特色突出,精彩纷呈,而大不同于中国其他大区域,比如西南、西北、华北等区域。露丝·本尼迪克特在她的名著《文化模式》中,引迪格尔印第安人的如下箴言为题词:"开始,上帝就给每个民族一只陶杯,从这杯中,人们饮入他们的生活。"这个"陶杯"就是每个民族生活的自然地理环境,包括山水林田、气候物象等,这些决定了他们如何生产和生产什么以及如何生活。东北长时期生活和活动着先后出现的众多草原民族,他们拥有的"陶杯"是基本一致的:连绵一片的广阔高寒地带和丰美的草原,"三江一河"(黑龙江、松花江、乌苏里江与辽河)贯穿、原始森林覆盖、广阔草原伸展,既有自然条件严酷的一面,又有物产丰富的一面。诸多草原民族就从这种"陶杯"中,饮入他们的生活。但正如马林诺夫斯基在其名著《文化论》中所指出的,他们又不是完全被动地在这只"陶杯"中匍匐生活,而是"人因为要生活,永远地在改变他的四周"。因此,他们改变自然,使之适应自身的生活,同时也就创获了他们特有的民族、民间文化。这种文化显示了人民战胜严酷自然条件,又利用并获益于丰美自然环境的生产与生活,从而创造了独特的、具有鲜明而优秀的民族与民间文化,既显示了民族智慧,又体现出坚韧、刚毅的性格。由于历史的原因,东北地区这种优秀而具有独特、鲜明民族与地域特色的民间文化，国人知之甚少或者了解不够。如果对这部分属于民间文化、基层文化、生活文化的优秀传统加以介绍、展示，大可改变过去的"东北文风不盛"的老印象，使国内外的人们进一步了解东北。现在，"东北非物质文化遗产丛书"正是以集大成的优势做到了这一点，很好地起到了这个作用。

从更广泛和深刻的意义上来体认，这套丛书还有更加值得赞许的方面。中国当代的文化自信，既体现了新时代中国特色社会主义的文化成就与伟力，又立足于悠久的传统优秀文化，其中包括优秀民间文化。对东北民间"非遗"的全面、系统的介绍，就是对文化自信提供一份有益的文化资讯和文化底气。而进一步扩大视野，更可以深入到新世纪人类文化的总体趋向中，包含着"对现代性的反思"，即"现代性的追求"中对传统破坏过多过深、抛弃过多，所以需要向传统的适度回归。"东北非物质文化遗产丛书"正应了这一文化大趋向。

纵观全套各分卷，可见这套丛书有众多优点：选题高端、体例完整、资料全备、内容丰富、插图精美，各卷学术水平齐一，陈述简明扼要，论说要言不繁，并具有学术性和文化意蕴。这对于一部由多位学者分头撰写的著作来说，是需要匠心运作方能奏效的。这十部分著对"非遗"的十个部分，即信仰、礼俗、岁时节日、饮食技艺、服饰、手工技艺、建筑技艺、体育技能与传统医药、民间文学、表演艺术，均作了恰当、简明的介绍和扼要的论说。其内容体现了通俗与提高的结合：对各项内容均介绍了它的产生历史与文化意蕴、民族与地域特色以及尚存的"非遗传承人"，介绍了其生活实践与文化生成，并且对这些内涵均有作简明的理论阐述，体现了实践与理论的结合；所介绍的内容大多数属于传统，也有的现在仍然"活"在现实生活中，这也体现了传统与现代的结合。如对萨满、神话、礼俗、蒙医、二人转、旗袍、满族剪纸等的介绍与论说，均体现了这种结合的特点。再如对萨满与神话，包括"跳大神"的迷信成分，既没有渲染其迷信、蒙昧的内容，又从人类学和文化学角度，介绍了它们的地域和民族特色与文化意义；对独具特色的东北各民族的服饰，则指出：它在服饰文化的多种功能中，"对自然环境的适应性功能表现得最为鲜明"，故有狍皮、鹿皮、羊皮、鱼皮服饰等，而对至今已走向世界的"旗袍"的演化改制的创制历史，解析清晰；对二人转这一仍然活动在各种演出场合的民间表演艺术，也没有详细介绍

东北「非遗」的集大成之作

它们落后的负面表现，又没有忽略其体现民族智慧与民间气息的优长之处，对其现代命名的由来、表演特点、艺术特色和主要曲目与流派，均一一缕述；对满族剪纸，除了一般介绍其民族、民间生活的元素之外，还指出了它的艺术思维与特色，与萨满和民族迁移有关联；如此等等。从内容的涉及面来看，在内蕴上，其涉及民俗学、民间文学、历史学、民族学、社会学、文化学、文化人类学，虽然未曾展开地阐述，但内里涉及、蕴含这些学科意蕴，体现了这部丛书可贵的学术品格与文化内蕴。

纵观丛书全体，令人深深感动而对古人先辈、民间伟力产生敬畏之心。他们在艰苦严酷的自然条件下，既敬畏自然、崇拜自然、顺自然之理即"天理"，生存、发展、创造，又战胜自然、利用自然，改善生活、发展生产，并创造文化而遗惠后人、推动历史进程；同时，也锻造了雄健、坚韧、刚毅、豁达的民族性格与地域精神，从而丰富了中华民族的母体文化的整体。这是古人、民间的奉献，也是我们今天应该学习、继承和发扬的民族品格与区域性格。

"从传统中发现和寻找现代灵感"，是现代对传统的继承、发扬和利用的一个课题和现代想象。这套丛书在这方面也提供了一个例证，也体现了现实性。比如其中的岁时节日、饮食技艺、民间服饰、民间表演艺术、民间建筑技艺等，均可在现实运用和继承发扬方面，发挥其"传统的智慧与威力"。又如在旅游业、手工技艺、艺术表演以至文化产业等方面，都可以设想到传统的现代启迪与现实运用，其艺思的启迪、形式的转化、技艺的利用等，都是大有可为的，具有广阔的天地。我们可以这样设想：将民间智慧提升为民族智能，引优秀传统注入现代生活，化传统精华为现代"神奇"。这并非无根据的推论，而是在国内和国外已经有了实际事例和创获丰厚经济效益的前例的。

东北大学出版社继此前出版独具特色的大型词书《中华古典诗词比兴转义大辞典》获得广泛佳评之后，现在又推出规模更大、内容更丰富并获批国家出版基金项目的十卷本"东北非物质文化遗产丛书"，取得了优异的出版成绩，在此谨致热烈祝贺！

《诗外文章》"诗""思""史"

——读王充闾新著《诗外文章——文学、历史、哲学的对话》

在拜读王充闾先生的新著《诗外文章——文学、历史、哲学的对话》（以下简称《诗外文章》）的开始以至整个阅读过程中，就想起并一直出现海德格尔关于"存在"的论述的"基底"："诗"与"思"的一体性及"诗""思""史"三者"生命体"性质的不可分割性。这实际上是这部著作的主体性，是我的领会中的客观反映。的确，《诗外文章》的思想与艺术分析的骨干和有关的论述，都贯穿着这种思想文化品质。这一点的详细论证，我且留待后续段落里来申说，这里先从著作的产生说起。

一、惟博学者方能为

翻开这部诗歌选本及其诠释就能感受到，此非一般学人所能作，唯博学者方能为。首先，选择便是一个难题，非浅学者能够胜任。

鲁迅在《"题未定"草（六至九）》中，谈到"选本"问题时，曾经提出了"选者的眼光"这一命题。他的意思是：选者的"眼光锐利"并"见识深广"，选本才能准确。（见《鲁迅全集·第六卷·且介亭杂文二集》）这两个前提条件，这里也暂时搁下不说，且先说这"前提"的前提：要做到这样两点，其前提则是博学。这一条，充闾先生可谓绰绰有余。他家学渊源，幼习诗古文辞，博学强记，积学丰厚，及长又日积月累，胸中自有古典诗词渊薮。常见他于谈话论学中，随口即出适用的诗词典故，它们几可说是他思维与述说的"词汇"。由此可见他对中国古典诗词"知根知底"。这是他完成此著之前提——"选诗"的强劲基础。而其所选，以我的粗浅感受，有许多个"敢"字堪赞：他敢选习见之作（不怕解不出新意），敢选孤僻之作（不惧人谓孤陋寡闻），敢选选本皆不选之作（也敢不选习见选本皆有之作），敢选唐宋诸多名家大师之非著名之作（也敢不选他们的其他选本必选之名作），敢选诸多"名不见经传"的诗人之作，敢选虽为名士但诗作并不著称之人之作，等等。其基准就是诗作要符合他的这部著作的标的——富于哲理。不过，通读全书，有的能明显地看出其哲理性，有的则初看缺如，而于诠释中揭示底蕴。这些，足以他那种如鲁迅所说的"眼光锐利"和"见识深广"了。比如《诗经》可弃《硕鼠》之类而选"爱情诗"《蒹葭》作新解；又如对唐宋著名诸家如唐之李白、杜甫、白居易、韩愈、刘禹锡、杜牧、李商隐，如宋之范仲淹、欧阳修、王安石、苏轼、李清照、陆游等的作品"选"与"舍"，都表现了这种眼光之锐利与见识之深广。同样，于诗人之取舍上，也是如此。如乐昌公主、梁锽、灵澈、花蕊夫人、道潜、冲邈、秦略、偰逊、湛若水、江阴女子之入选，以及苏曼殊、邹鲁诗作的收入，也都表现了这种"锐利"与"深广"。

博学——眼光——披沙拣金——剔掘内蕴——深度解析，这就是本著的学术路数与文化内蕴。

二、"诗"、"思"与"史"相融汇

至此，再回到前述的"海德格尔联想"。

海德格尔认为，人、思、言、诗是同一的；"语言是存在的家。在其家中住着人"，"必须有思者在先，诗者的话才有人听"。这就是说，"话-语言"有两种形式——"诗"和"思"，二者密不可分。而人就活在"话-语言"这个家中。同时，一方面是人创造了"历史"，另一方面人又生活在"历史"中。所以"诗""思""史"是一个生命体，共同构成了人的"家"。这些，都很恰当地显现于《诗外文章》的文化内蕴，也可以说这部作品的思想内蕴体现了海氏的这些论说。充闾先生笔下生花，剔选出自古至近代的中国富于哲思的诗歌，对其中蕴含的种种哲理与情愫，予以剔抉、揭示，并加以言简意赅的诠释。

以上所言各项，是相当丰富和意味深长的，包含着哲理的、历史的、社会的、文化的、文学的、审美的以至创作心理的等各方面内容，也表现了作者博学的特长和优势。书中每一篇的题目，就是一个"立项"，揭示一种哲理。诸如"出污泥而不染""持盈保泰廉而后可""人心险于山川""公道自在人心""种蒺藜者得刺""师法自然""瞬息浮生""行者常至""语浅言深""功成身退""寒操劲节""推己及人""处惊不变"等，几乎涉及中华文化DNA中的本体论、认识论、方法论，以及生命哲学、人生感悟、社会事理、知人论世、处世哲思等内涵。这里自然关涉"诗""思""史"。

海德格尔还有一个妙论，是说由于各自语言的不同，所以欧洲人和东亚人"也许栖居在完全不同的一个家中"。这是他在和日本东京帝国大学手冢富雄教授的一次对话中表述的。他使用了"也许"的猜测语式，实际他说得很正确。其所谓"东亚"，当然包含中国。而且，中国式的"语言"这个家，更富于象征、比譬、隐喻、想象的质地；其哲思，或"隐藏"，或象征，或隐喻，或托物寄情，或人与物互渗。其实，中国诗学理论思维中，也就有"诗"与"思"汇合一体的元素，只是采取点到为止的体察，而没有进行系统的、逻辑规范的理论阐述。宋人魏庆之所编《诗人玉屑》中有云："诗以意义为主，文词次之；意深义高，虽文词平易，自是奇作。""古人为诗，贵于意在言外。""故昔人论文字，以意为主。"这里的"意""意义"，不就是"思"吗？不过中国的"语言"这个"家"，贵在也是好在"句中无其辞，而句外有其意"，读诗解诗，"不可言语求而得，必将观其意焉"。（以上所引均见《诗人玉屑》）充闾先生之所为，就是"剥开"语言的遮蔽，即海德格尔所说的"去蔽"，把那些隐含的、象征的、比譬的"言外之意"的"意义"及"平易之处"的深意高议揭示出来，并予以恰当的诠释。而中国文化中，向来是文史哲不分的。所以对其进行诠释的话，自然关涉哲理、文学与历史。

充闾先生的解析诠释中，既潜蕴着海德格尔的言说，又运用着中国传统诗话的底蕴，而使"诗""思""史"汇融一体，最终和合于他的诗体散文之中。

三、从"原意"臻于"意义"

罗兰·巴特指出：作品提供"原意"，而读者经过"读者的工作"（即解读、诠释、扩展、延伸甚至误读）创获"意义"。《诗外文章》的工作，就是起先解诗的"原意"，然后"去蔽""观其意"，揭示诗中的"深意高议"，使诗作从"原意"达于"意义"。这里，有几步工作：先解其"原意"，而后越过字面，揭示、"挑明"那诗中蕴藏的暗示、象征、隐喻、比譬、托物寄情等的"意义"。但对作者的"原意"以及可能存在和足可创获的"意义"，不会是单一的、"纯粹"的，而是存在"各执一义"的差别甚至是意义相反的解读。这又需要辨别、解析、"据理力争"，方可得出一个准确的或者仍然待议、可由读者选择的"可能"的结论。这里，包含着多方面的讨论、商议、辩驳，也就是学问见识的考验。清人赵绍祖在《读书偶记》中曾说："作诗者在当时或为一人而作，或为一事而作，圣人录之，则不为此一人一事也。"他在《消暑录》中还说："夫文章有理、有气、有事、有情，岂可一概而论。"这说明了解诗的复杂性和多义性。这也是对博学的考验。

充闾先生在《诗外文章》中经受了这一考验，他广证博议、解意决疑，从外（语义）到内（内蕴）、从物到人、从景到情、从历史到现实、从诗人之"一己"到社会之"众相"，一一解析，娓娓道来，做到了从"原意"达到"意义"，但又不止于此。其解诗有的是确切结论，有的是结论待定，有的有倾向却不定谳，等等。因此说，《诗外文章》理、气、事、情皆备，"原意""意义"俱在，内容丰富，事理清晰，要言不烦，委婉明丽，非博议性论著，是可读性散文。

四、博采众议而独创

《诗外文章》的解说，博采众议，精彩纷呈；但并不只取一家说，而是驳议论列，分析说理，然后有的定于一谳，有的仅提供思索的线索，由读者思考定夺。这方面，也体现了作者的博学。其中的每一首诗都引用了多家解说，从古代到近代以至现今。在此基础上，作者依据诗作及其生平，结合当时的社会状况、历史环境予以分析，析理明晰，陈义中肯，多数取一种论说为准，或弃诸说不用．而抒发己意。如开篇的《诗经·蒹葭》，就取用了多家论说，而略取钱钟书的"可望而不可即的'企慕之情境'"说，但予以发挥伸展，指出，"《蒹葭》中所企慕、追求、等待的是一种美好的愿景"，"我们不妨把'伊人'看作是一种美好事物的象征"。又如对脍炙人口的陶渊明的《饮酒（其五）》的解读，引证了自古至今的七位名家之说，又引发陶氏生活情状而"反征"其诗作与哲思，而以标题揭示其"意义"——"此心自在悠然"。

采陈子昂的《登幽州台歌》，是作者"敢选众人皆选之作"的表现之一。而其诠释则有新意。一是将时代背景与作者身世境遇提出，为解诗提供了基准；二是采历代以至今人的解说而融汇之，而立己说。

> 诗人把自己对现实时空的深切体验，转化为对心理时空的奇妙想象，从而创造出诗歌中的时空来，在今古茫茫、天地悠悠的慨叹中，从心灵深处迸发出凄怆、悲壮的痛苦呼喊。

这诠释，将现实时空、心理时空、创作心理、审美心理融为一体，既有古典诗话的传统风范，又有现代艺术心理学的解析风格。

这类事例贯穿全书，这里只举例而言，以窥全豹。总之，作者博采众议，"颇有斩获"。但是，无众议则薄，仅众议则浅，惟聚众议而议之，且立己说，而具有新意，乃为上。这是《诗外文章》的优异处。

五、"诗""思"为文创新篇

《诗外文章》颇具创作新意，取得了新的成就。它具有"三新"，即选诗之新、解诗之新、散文之新，故称它"依托哲理诗的古树，开放文化散文新花"，并非溢美。这里所说的"三新"，前两项上文已经述及，此处只言散文之新。

我以为它开了盛行的文化散文的一种新风。向来的所谓文化散文，大都篇幅延绵、盈盈大观、借史言事、写景抒情，洋洋洒洒说开去。是为大观，作者本人也有多部这样的文化散文集问世，且颇获佳评，成就卓著。但这次他创新了。选解哲理诗，长于说理，难免会绵延文字，屡屡行行，以明究底。但《诗外文章》却别开生面，用抒情明丽之笔触，议哲理诗之哲理，"理路""哲思"点到为止，画龙点睛，而文字潇洒飞扬，说理、解析、抒情于一体，娓娓道来，成可读之散文篇章。即以二例为证，且引两段文字，可见一斑。

姜夔：《江湖味 故乡情·湖上寓居杂咏（十四首之一）》

本诗意蕴，可以"江湖味，故乡情"六字概之。正由于它所抒写的，不是罢乃是心，不是景乃是情，不是遇乃是境，因而应从荷叶、青芦等兴象中，体察诗人栖居江湖的凄清情境，咀嚼远离家乡、辛酸寂寞的清苦况味，如此，则庶可把握诗中真髓。

这段解析以流丽清顺、鞭辟入里的笔触，从艺术心理和创作心理的视觉对诗的意境予以诠释，从"诗"达于"思"，亦涉及浪迹天涯、终身寂寞的作者生平、性格，而进入"史"，而臻于散文境界。

又如对郑燮《别开生面的竹颂·题画竹》的一段解读诠释：

> 本诗突出强调了主观因素的作用，是富有积极意义的，极具现实的箴规、针砭价值。
>
> 人生追求、价值取向来说，古往今来，凡是心怀远大目标、有志献身国家民族的人，在声色货利面前，总能正身律己，坚守原则，珍重节操，秉持一种定力。而且，淡泊自甘、不慕容华、不媚俗。不张扬，不出风头，不哗众取宠。即使坏风邪气袭来，遭到"蜂蝶"的滋扰，由于自己正气凛然，贞洁自持，也能够不为所动，予以有效的抵御。
>
> 我们还可以从中认识到艺术与科学的区别。从植物学角度看，竹子不开花，与害怕招蜂惹蝶没有联系；但作为诗歌艺术，采用拟人化手法，却可以这么写。同样道理，唐人的"岸花飞送客，樯燕语留人"，"无情最是台城柳，依旧烟笼十里堤"，等等，都属于诗人的拟人与移情之笔。

这里既有对诗的解析，又有从社会学和艺术心理学、创作心理学角度的"说开去"。换言之，既有对诗的解析，由"诗"入于"思"，又有对读者的"诗"（创作心理学与接受美学方面）与"思"（社会学与哲理方面）的启迪，从而使诠释成为具有诗意的"思"的散文。

这种散文叙事的新体新意，可谓比比皆是。我在这里"偷懒"，仅顺便举出两例以为证。在总体上，这种新的文化散文的体式精魂，就是把"诗""思""史"融会贯通、统为一体，而以简练篇幅，以散文风范、明丽洒脱的文笔，精练简洁地书写出来。它本身也是"诗"、"思"与"史"结合汇融的，因此成为散文园地里的华章新篇。

一幅美好的画卷，一首壮丽的颂诗

——赞《印象沈阳》

　　大型画册《印象沈阳》，是一幅美好的画卷，是一首壮丽的颂诗。它完美地呈现了沈阳的自然和风光，表达了沈阳的历史和现实，歌颂了沈阳的人民和事业，一幅幅画卷（摄影或画幅或图表）用生动的形象、逼真的画面、真实的场景、英雄模范或普通群众的写真，形象地抒写了沈阳远古的辉煌、从古代到清代及近代的绵长历史，抒写了中华人民共和国成立以来沈阳的变化和贡献，特别歌颂了共和国长子的精神和奉献。它更抒写了改革开放以来，沈阳在中国特色社会主义现代化进程中的雄迈的步伐、突出的业绩、社会的发展、建设的成就和文化的进益，以及城市面貌的现代性突出变化。老沈阳的优美历史遗迹犹存，新沈阳的现代都会面貌凸显。这些，构成了一幅现代特大城市——沈阳的美好画卷，谱写了一首由画幅图片构成的、形象的、壮丽的诗歌。

　　其开卷为一幅《盛京缅盛图》，让我们领略到老沈阳的繁华盛景，从历史步入沈阳。而后便是上篇《志存高远之沈阳印记》，以五章规模，用种种美好的画面陈述了自"乌金璀璨的历史沧桑"到"工业长子的复兴担当"的、从历史到现实的沈阳发展史，用画面展现、用文字陈述。接续的是下篇《厚积薄发之沈阳万象》，它以"文化沈阳""生态沈阳""幸福沈阳"三个主题单元（六章）构成。其内容和画面更加宏阔、磅礴、璀璨、艳丽，更加现代化，也更加全面，特别是显现了生态文明建设的成就和景观。其中，有文化的创造与奉献，有生态的复苏和建设，有幸福生活的生动写照。下篇将画面与文字结合、历史文档与现实记录交汇、事实与人物晖映，谱写了一首历史与现实融汇的交响曲。

　　整部画册立题高远、内容丰富、意蕴深沉、韵味醇厚，叙事结构精到、分层选进、古今分述、章节严密、选材恰当、安排有序，照片与图景搭配合适，文字说明简明扼要、朴素严谨、清顺畅达，既有历史的亮点，更具现实的辉煌。其中，有许多珍贵的历史照片，不乏场面宏伟、内涵丰富的油画、国画大制作。如努尔哈赤所建"堂子"，民国时期的北市场"杂巴地儿"，20世纪初和30年代的中街，九一八事变次日中共满洲省委抗战宣言，1932年东北抗日义勇军攻入沈阳城，"一五""二五"时期沈阳铁西工业区，有"东方鲁尔区"之称的沈阳新兴铁西工业园区，浑南新区航拍全景，沈阳金融商贸开发区夜景，沈阳院士专家创新创业园，郎朗钢琴广场，沈阳七星和法库獾子洞湿地公园，等等，均是很有纪念意义的历史文献或充分显示现实新兴场景的照片。而《八女投江》《〈四库全书〉从北京运往盛京景象》《"九一八"时中国军人打响抗战第一枪》《沈阳人民庆祝光复》等国画或油画，则均是气势恢宏、场面廓大、表现有力的美术力作。它们很好地表现了"印象沈阳"的主要内容和思想文化内蕴。

马克思、恩格斯在《德意志意识形态》中指出："历史不外是世代的依次交替。每一代都利用以前各代遗留下来的材料、资金和生产力。由于这个缘故，每一代一方面在完全改变了的条件下继续从事先辈的活动，另一方面又通过完全改变了的活动来改变旧条件。"《印象沈阳》正是既用照片、绘画、图表等体现了沈阳曾经有过怎样的"各代留下来的材料、资金和生产力"，如何利用它们"在完全改变了的条件下继续从事先辈的活动"，又"用完全改变了的活动来改变旧条件"。这就是既善于利用旧世界的遗存，又能够创造新时代的业绩。主编正确、准确地选择了"历史发展的关节点"：新乐时期、候城时期、清入关前、民国（张氏父子、近代化转换）时期、共和国初期、改革开放时期、新沈阳勃发猛进时期。对以上各个时期，都使用图片、照片图表来形象地体现、表述了这些历史内涵和现实成就。

特别值得赞赏的是，编者将重点和亮点放在下篇的经营构筑上面。以"厚积薄发"为主旨引领全篇内容，揭示、表现新时代"沈阳万象"。

下篇以众多闪亮夺目的高质量摄影，包括航拍全景、中景经略、夜景闪现、特写凸显，把沈阳的现代化景象、新兴工业区面貌、高科技园区气象，以及文化建设的现代性显现（如"大钻石"盛京大剧院等），充分而美好地展现了足可立于世界现代大城市之林的现代特大城市的英姿与气派。

《印象沈阳》的立意谋篇，需要完好恰当地处理历史与现实、场景与人物、画图与文字的关系。编者很好地实现了这个目标，对史实的诠释，使历史成为为现实服务的材料和实证；使现实与历史对比、比照而显现其时代的面貌和历史的进步，使作品具有历史性、现实性、文化性和学术性。

大型画册《印象沈阳》的编辑出版，是沈阳市档案和文史馆工作的一次业绩展现，让密室文档成为公开文献，让固定档案成为活动资讯，让档案工作和文史工作动起来、活起来，为现实服务，为现代化服务，为建设新沈阳服务。

沈阳出版社能够出版这一大型厚重的图册，且编排得当、制作精美，也应该向其致贺、致谢和致敬！

（此文发表于2019年5月15日《沈阳日报》）

贺故乡70年辉煌发展

——记先后两次回乡见证鄱阳巨变与繁荣

20世纪的1949年和21世纪的2016年，我先后两次返回故乡江西鄱阳，通过"新旧"对比，亲眼见证了鄱阳在新中国，尤其是在新时代的辉煌发展与历史巨变。它具体而微地映照了中华人民共和国七十年伟大强盛的巨变。

一

那是1949年8月盛夏，我随部队文工团向南粤进军前在吉安进行修整时，突然接到我所在的解放军第二野战军第四兵团司令员陈赓将军的手令，令我立即持兵团政治部介绍信赶赴南京二野政治部报到。于是，我立即持有关手续离队赴南昌，拟转乘火车去南京报到。但到南昌后，得知长兄彭涛正回乡探亲，我便转道回鄱阳，与阔别十几年并失去联系的长兄会合。这时我才得知，是他在二野一次重大军事会议上请陈赓司令员批准，让我赴南京与他一同向西南进军的。

我重睹故乡面貌，心绪难平。

那时，鄱阳解放才几个月，国民党留下的一片狼藉的旧鄱阳，一切依旧。

那年鄱阳大水成灾，鄱阳镇泡在汤汤污水中，空气中弥漫着难闻的气味，不时漂流着死猫、死狗的残体。鄱阳镇的街道泡在水中，靠跳板通行。"水泡"下的鄱阳镇显得更加残破委顿。解放了，人民喜气洋洋，高唱着《解放区的天是明朗的天》和《东方红》的歌曲。但是，旧的残破面貌暂时还残存着，等待改变。我看着尚存的潘阳旧貌，记忆的闸门被冲开，旧社会鄱阳的残破影像不断映现。

旧时的鄱阳，县城只有横直两条街道，步行个把小时就可走完。我读中学时，每天从城边上的七条巷走到街的尽头处去上学，并不费事费时。街道用条形麻石铺就，已经磨损得坑坑洼洼，体现出历史的悠久和人世的沧桑。整个街道是窄狭的，街道两边商店的人们，不用大声就可以自由交谈。商店集中在两条街的中心处，都是传统的旧式店铺——曲尺柜台、农产土货，只有一两家所谓"洋货店"，卖一点时新商品。我记得只有一家书店、一家照相馆（叫"生生照相馆"）、一家大药铺（叫"太平春药店"）。

当时的交通工具主要是人的两只脚，还有运货的人拉板车和乡下来的坐人或运物的手推"鸡公车"。自行车是非常稀少的，偶有骑自行车的人过街，都会惹人注目、回望。

街头巷尾总是有乞丐踽踽而行，或者是一个蓬头垢面的小女孩，牵着破衣烂衫的女人；或者是男孩或女孩用竹篙牵着盲老人，沿街乞讨。看到这些总会令人心酸难忍，想起社会的困顿与不平。最可怕的是，时常会有从北门外麻风病人集居地跑出来的麻风病人，到人家来威逼式地乞讨。他们或者耳鼻烂掉了，或者手指不存在了，或者脸上正在溃烂。他们闯进谁家，都令人畏惧，所以他们会指着东西说："给我吧！"或者直接要钱。我家就曾经多次遭到过这种可怖的"骚扰"，我至今记忆犹新。这好像旧社会崩溃糜烂的象征。

那报时的工具——"二下锣"，我至今未曾忘记。每到夜晚八点钟，就有司夜人提着一个小小的铜锣，走几步便敲打两下"当——当——"，幽声慢气地喊："关门闭户——，熄灯啰——"那声响，沉闷而凄凉。每当我夜读时，在寂静中听到这传来的声音，总是感觉恐怖和凄伤。

整个县是闭塞的、落后的、陈旧的、贫穷的。有志的年轻人都想走出鄱阳，走出鄱阳湖，到外面的世界去闯荡。我就是18岁告别故乡的。

二

转眼间，一个甲子过去了。2016年，我回乡探亲祭祖，看到的是一个旧貌涤荡尽净、新兴的现代鄱阳！

当汽车停在饶州饭店门前的广场时，我看到后面一幢大厦，它与大城市的现代宾馆毫无二致。而当友人告知"这里就是王家洲"时，我更是感到震惊，不禁感叹道："'王家洲'，那以前是我家七条巷隔东湖相望的农村啊！现在却是高级现代型宾馆所在地，门前也是通衢大道！"我向四周瞭望，不见丝毫乡村遗迹，却是林林总总的高层住宅、规整而具规模的办公楼和公共设施，宽阔的马路上奔驰着来来往往的小汽车。远郊区的王家洲已经纳入城市区域，城区扩展得多么大！啊，鄱阳，我的故乡！你旧貌换新颜，成为一个现代城市了。我为此兴奋而快慰。但这只是"惊鸿一瞥"，还只是开始。

在宾馆住下后，可以看出宾馆内部的硬件、软件设施一应具有，与现代大城市的星级宾馆没有差别。

第二天，我按照主人的安排开始活动。

走出宾馆，汽车在宽阔的马路上行驶。哦，鄱阳，这是你？四通八达的宽阔的马路上，川流不息的多种型号的小汽车在奔驰。那曾经的仅仅不到几里长的横直两条街，消失得无影无踪；那窄狭街道两边的旧式商店消失了，扑面而来的是鳞次栉比的、繁花似锦的、各种现代模式的商铺；还有门外的摊位，琳琅满目的现代的、时尚的、洋式的服装、日用品、食品等，均展现出它们各自的风姿和"诱惑力"。步行道上，行人熙熙攘攘，一色服饰整齐、明艳或者鲜丽，只偶见一两位老人，穿着略显老式的服饰，显现出历史风情，倒也令人心亲目顺。昔日的横街、东门口、上宦岑都消失了，只留在人们的记忆之中，作温故的资料。我有点目不暇接，左右流连，思绪翻腾，没有感伤，唯有兴奋。

我先是参访我的两个母校——鄱阳中学和鄱阳一中。鄱中，我多么熟悉的名字，多么亲切的地方。这里曾经留下我无数的追思与回忆！它的面貌已经完全改变，令人无法辨认昔时的情景，只惊叹今日的辉煌。校舍建筑、教学设施、各类设备都是新式的、现代的、前沿的。更令人骄傲的是，从校史室里展示出的信息能够看出，在中华人民共和国的建设与发展中，有那么多有才华、有建树、有巨大成就的各类人才，是从鄱中走出去的。这是鄱阳的骄傲。

鄱阳一中，我多么熟悉的名字，多么亲切的地方。如今，它的面目也完全改变了。以前是竹篱茅舍当教室。为躲避敌机轰炸，学生每人持一盏小小的煤油灯放在课桌上，摸黑听课。物理、化学课，没有任何一点点实验器具，只是望空玄想物理、化学的变化现象。而今，教室、办公楼一幢幢排立，整齐美观，室内有教学使用的种种试验设备。校史室里也展示了几十年中培养出的各类科技、人文与军事等方面的优秀人才。我看着残留的一点点历史的遗迹，记忆中的旧时的学校面貌如幻影般闪现，与眼前的繁荣景象"相撞"对比，内心充满了兴奋与激动，不由为故乡文化教育事业的发达和成功感到自豪。

次日走出县城。乘车走不多久，我觉得不到半小时，就到鄱阳湖边。浩瀚鄱阳湖就在我的眼前脚下。以前，我离它是遥远的；只有乘船去南昌，才会走很长时间，到达鄱阳湖。现在，乘汽车、走公路，如此瞬息之间就到了。而且，我们登上了机动大游船并驶向湖中。烟波浩渺，一望无际，春水共长天一色，水波不兴，鸥鸟飞翔，游船辟浪而行。我瞭望四周，凝视绿波，历史与现实、人事与社会、经济与文化、今天和明天，林林总总，都来心头。"心事浩茫连广宇"，我兴奋、自豪地感受到故乡在祖国几十年里的发展浪潮中在不断前进，变得更加繁荣，人民的生活也更加幸福。同时，也能以一地之微而感受到祖国的伟大变化和繁荣发展！

游船行驶到大湖深处，浩瀚中显现一两处绿洲。游船靠近一个绿洲，有人告诉我这是香油州。鄱阳土语念"先（香）游州"，我便即兴称它"仙游州"。登上仙游州，绿草茵茵，盖过膝盖，清新的空气，细微的绿草芳香，沁人心扉，令人身心快慰，胸怀豁达。鄱阳湖，我今天终于得以站在你的身心之中！我自诩为"鄱阳湖之子"！今日之能够至此景况，均赖鄱阳实现了现代化的建设——公路、汽车、游船、湿地公园等。我顿时想起了马克思的闲暇时间理论：人们的闲暇时间（即"自由时间"）的长短与如何享用闲暇时间，是社会发展、人们享受生活的水平的标志。这次"鄱阳湖之游"，也在生活水平提高及其现代性方面，反映了鄱阳的发展与繁荣，具体便体现在人民文化生活水平的提高和质量的上升。

此后，我还参访了姜夔纪念馆、彭汝砺纪念馆，参访了芝山的鄱阳楼，这不过是鄱阳文化建设的一鳞半爪。县里还创办了两本文化刊物《鄱阳湖文化研究》和《鄱阳湖文艺》，内容丰富，质量上乘。这是现代鄱阳的文化发展、内在发展、精神发展。它是经济与社会发展的依托和底气。

这一切，还只是鄱阳的"内在"，它的"外在"更是不断扩展、走向全国。其高速公路通向景德镇、九江和南昌，四通八达，由此可以通向全国。鄱阳不再是闭塞、落后和古老的潘阳了，而是开放、进步、现代的潘阳！

以上，只是浮光掠影的一些观感，不足以反映鄱阳巨大而深刻的变化。但即使是这样的走马观花的记述，作为在鄱阳成长的"鄱阳佬"，旧的印象深邃，对比之下，新的观感就格外强烈和深刻。自从那次回故乡之后，新的鄱阳的辉煌发展和巨大成就的印象，就深深刻在我的记忆中，触动我的感情，为鄱阳70年来的巨大变化感到高兴。我为鄱阳骄傲，我以自己是鄱阳人而感到自豪。

值此举国庆祝新中国成立70周年之际，仅以此肤浅但切身的观光和感受表达我对家乡的祝福，相信在习近平新时代中国特色社会主义思想的指引下，鄱阳将取得更大的成就、更辉煌的业绩，一个看得见、可预期的更新、更美、更现代的鄱阳，一定会出现，人民的生活会更有获得感、幸福感和安全感。

（本文发表于《鄱阳湖文艺》2019年第3期）